海外中国哲学研究译丛

［新］陈金樑 著　杨超逸 译
刘梁剑　胡建萍 校

道之二解：

王弼与河上公《老子》注研究

Two Visions of the Way:
A Study of the Wang Pi and the Ho-shang
Kung Commentaries on the *Lao-Tzu*

Alan K. L. Chan

西北大学出版社
·西安·

著作权合同登记号：陕版出图字 25-2019-137

图书在版编目（CIP）数据

道之二解：王弼与河上公《老子》注研究/（新加坡）陈金樑著；杨超逸译. —西安：西北大学出版社，2021.12

（海外中国哲学研究译丛/赵卫国主编）

书名原文：Two Visions of the Way：A Study of the Wang Pi and the Ho-shang Kung Commentaries on the *Lao-Tzu*

ISBN 978-7-5604-4902-9

Ⅰ. ①道… Ⅱ. ①陈… ②杨… Ⅲ. ①道家 ②《道德经》—注释—研究 Ⅳ. ①B223.15

中国版本图书馆 CIP 数据核字（2022）第 018858 号

TWO VISIONS OF THE WAY：A STUDY OF THE WANG PI AND THE HO-SHANG KUNG COMMENTARIES ON THE LAO-TZU by ALAN K. L. CHAN

Copyright © 1991 State University of New York

The Simplified Chinese translation of this book is made possible by permission of the State University of New York Press 1991, and may be sold in Mainland China.

本书简体中文版版权由西北大学出版社独家所有。

道之二解：王弼与河上公《老子》注研究

[新] 陈金樑 著 杨超逸 译

出版发行：西北大学出版社

（西北大学校内 邮编：710069 电话：029-88302590 88303593）

经　　销	全国新华书店
印　　装	陕西博文印务有限公司
开　　本	880 毫米×1194 毫米 1/32
印　　张	10.875
版　　次	2021 年 12 月第 1 版
印　　次	2021 年 12 月第 1 次印刷
字　　数	230 千字
书　　号	ISBN 978-7-5604-4902-9
定　　价	88.00 元

本版图书如有印装质量问题，请拨打电话 029-88302966 予以调换。

海外中国哲学研究译丛

主 编

赵卫国

执行主编

陈志伟

编 委

杨国荣	梁 涛	万百安	李晨阳	陈志伟
朱锋刚	王 珏	宋宽锋	刘梁剑	张 蓬
林乐昌	贡华南	陈 赟	江求流	苏晓冰
张美宏	吴晓番	张 磊	王海成	刘旻娇
顾 毳	陈 鑫	张丽丽		

丛书受到教育部哲学社会科学研究重大课题攻关项目"海外汉学中的中国哲学文献翻译与研究"（项目编号：18JZD014）经费资助。

总　序

赵卫国　陈志伟

哲学"生"于对话,"死"于独白。哲学的对话,既体现为同一文化传统内部不同思想流派、人物之间的对辩机锋,也体现为不同文化传统之间的互摄互融。特别是在走向全球一体化的当今时代,不同文化传统之间的互相理解与尊重、彼此交流与融合,显得尤为迫切和必要。鉴此,从哲学层面推动中西文明传统之间的理解与交流,以"他山之石"攻"本土之玉",就成为我们理解外来文化、审度本土文化、实现本土思想文化创造性转化和创新性发展的一条必经之路。

在中国传统哲学的发展历程中,有过数次因外来文化传入而导致的与不同传统之间的互通,传统哲学因此而转向新的思想路径,比如佛教传入中国,引发了儒学在宋明时期的新发展。16世纪西方传教士进入中国,一方面中国人开始接触西方文化和哲学,另一方面,西方人也开始了解中国的儒释道传统,中西方思想的沟通交流由此拉开了崭新的序幕。这一过程大体上经历了三个阶段,即耶稣会传教士阶段、新教传教士阶段和专业性的经院汉学阶段。而自从汉学最先在法国,后来在荷兰、德国、英国、美国确立以来,西方人对中国哲学的理解和诠释可谓日新月异,逐渐形成了海外汉学中国哲学研究的新天地。特别是从20世纪80年代开始,海外汉学家的中国哲学研究与国内哲学家、哲学史家的中国哲学研究两相呼应,一些极富代表性的海外中国哲学研究成果相继译出,这也就为当代中国哲学研究提供了一些新的理论视角和方法。

海外汉学是不同传统之间对话的结果,其范围涵盖众多的学科门类。其中中国文学、史学、民族学、人类学等领域的海外汉学研究成果,已得到了系统化、规模化的译介和评注。与之相较,海外汉学中的中国哲学研究论著,虽已有所译介和研究,但仍处于一种游散状态,尚未形成自觉而有系统的研究态势,从而难以满足国内学界的学术研究需要。因此应在前人工作的基础上,将更多优秀的海外汉学中国哲学研究成果,包括海外华人学者以西方哲学视角对中国哲学的研究成果,迻译进来,以更为集中的供国内学者参考、借鉴。正是出于这样的考虑,我们借助教育部哲学社会科学重大课题攻关项目"海外汉学中的中国哲学文献翻译与研究"(18JZD014)立项之机,策划设计了"海外中国哲学研究译丛",并希望将此作为一项长期的工作持续进行下去。

当今之世,中国哲学正以崭新的面貌走向世界哲学的舞台,地域性的中国哲学正在以世界哲学的姿态焕发新机。与此同时,用开放的他者眼光来反观和审视中国哲学,将会更加凸显中国哲学的地域性特色与普遍性意义,并丰富其研究内涵和范式。我们希望通过此项丛书的翻译,使得海外中国哲学研究作为一面来自他者的镜子,为当代中国哲学研究提供新的方法论和概念框架的参考,助力中国哲学未来之路的持续拓展。

献给我的恩师
秦家懿教授与克罗斯特迈耶教授

目 录

中译本序 …………………………………………… 1

前言 ………………………………………………… 3

导言 ………………………………………………… 1

第一章　王弼：生平与思想 …………………………… 19

第二章　王弼：无、理与理想圣人 …………………… 79

第三章　河上公：传说与注释 ………………………… 137

第四章　河上公：宇宙论，治道，理想圣人 ………… 195

第五章　王弼与河上公对勘 …………………………… 247

参考文献 …………………………………………… 289

索引 ………………………………………………… 308

译后记 ……………………………………………… 325

中译本序

陈金樑

我欣喜地看到,《道之二解:王弼与河上公〈老子〉注研究》中译本即将与中国读者见面。丛书主编陈志伟教授组织译事,两位博士生杨超逸、胡建萍及刘梁剑教授为翻译小书尽心尽力,对此我深表谢意。胡建萍同学正在新加坡南洋理工大学潜心攻读博士学位,并曾经担任我的研究助理。

本书代表了我对《道德经》解释史的第一次认真尝试。年轻时的不成熟在每一页上都清晰可见。尽管如此,小书也许仍有值得分享的地方,那就是运用诠释学来理解中国哲学和中国思想史。

思想永远不会从石头里蹦出来。一部思想史就是一部解释史。在我看来,这似乎是探索中国哲学复杂发展的一个富有成效的方法。老子的注释者,如河上公和王弼,当然热衷于辨别他们心目中的《道德经》"真"义。然而,从更广的角度来看,对于今天的中国哲学学习者来说,问题的关键在于:解释促成了思想的繁荣。在这个意义上,甚至老子和孔子也是解释者。他们对周遭的思想作出反应,寻找办法解决他们认为成问题的问题,并在此过程中阐明一种关于伦理生活和精神生活的理解。

他们的理解激发了进一步的解释,诠释学的语境由此变得更加厚重。《道德经》或《论语》的解释者,一方面被吸入老子和孔子的思想世界,但另一方面也在生存论的意义上存在于他们自己的当下,那些界定其思想视野的观念和挑战给他们打上了印记。对我们来说,在试图理解河上公和王弼等注家如何进入《道德经》的时候,重要的不仅是要重构他们所理解的文本意义,而且还要通过想象将自己置于他们的位置,追溯他们的脚步,理解他们如何达到自己的道之理解。如果我们能明了他们与文本搏斗的方式,清楚他们认为需要解决的问题,了解他们在思考自己时代的复杂性时的关切,那么,我们就能学到除他们自己的解释之外更多的东西,并更好地理解他们作出重要贡献的思想世界。

写于香港中文大学
2021 年 6 月 17 日
(胡建萍　译)

前　言

特雷西(David Tracy)写道，使"经典"成为经典的，"就在于它揭示实在,呈现我们只能称之为真理的东西"①。特雷西所谓的"经典"不只限于书面作品,而是同样适用于诸如《易经》《论语》等奠基性的中国经典文本。它们具有规范性和典范意义,对中国文化与思想的发展产生了深远的影响。本项研究最初便源于对其中一部经典的深深迷恋,那就是《老子》(《道德经》)。

毋庸置疑，通常所讲的中国传统,其形成过程离不开其他一些同样重要的因素。此外我们不应忽略,这些经典已然被用来为特定的统治和意识形态控制提供支持与辩护,此种情形贯穿中国的历史长河。纵使如此,这些经典**仍是**"真理"的承载者。它们要求我们加以注意,在某些情况下还要全身心投入。仍是用特雷西的话来说,这是因为我们能够在经典中认识到：

---

①David Tracy, *The Analogical Imagination: Christian Theology and the Culture of Pluralism* (New York: Crossroad, 1981), p. 108.

"'重要'的东西……它们令我们惊异、鼓舞、置疑、错愕,乃至将我们彻底改变;一种颠覆习见并拓展对于可能之理解的体验;实际上乃是一种对于本质之物和永恒之物的实实在在的体验。"①这让人不禁想起程子评议《论语》,其言甚简:"如读《论语》,未读时是此等人,读了后又只是此等人,便是不曾读。"②中国经典诠释者的关键任务在于,将这一原初体验提升至反思的层面,并将这场诠释学的邂逅的内容阐释清楚。

《老子》经典地位的确立迄今已逾两千年。它以"道"为中心"揭示实在",这一洞见的要义历久弥新,后世出现了大量解释与翻译。一如其他伟大的经典,《老子》似乎蕴藉着取之不尽的意义,不断邀约人们进行解释与重新解释。每一次解释都带来不断丰厚的诠释经验。因此,《老子》的研习者在追寻理解时,能够站在更有能力、更富洞见的大师的肩膀之上。当然,有些人可能会觉得,数不尽的解释已经成为一种"负担",而要理解《老子》,就必须径直走向文本本身。以此进路研究《老子》也有一定的道理。但就我个人而言,我对《老子》最初的兴趣已引领我求助于这一领域中公认的大师。

我们也可以从中国传统学者的著述中辨识出来类似的情形。在尝试深入了解《老子》时,他们也依赖前人的注释。一个诠释传统形成了。它影响的不单单是《老子》的读者,还由

---

①同上;亦见于 Tracy 最近的著作, *Plurality and Ambiguity*: *Hermeneutics*, *Religion*, *Hope*(New York: Harper and Row, 1987),第12页。

②"程子"指的是程颢(1032—1085)或程颐(1033—1107),他们都是最重要的理学家;引自朱熹(1130—1200),《四书集注·论语序说》四部备要本,第4a页。

于其规范性的要义,影响了整个中国思想史的发展。对《老子》之"真理"的认识,以及随之而来的对其意义的阐明,已经在中国思想的发展中发挥了核心作用。许多诠释者本人也被视为"经典"人物,他们启发并激起了新的思想潮流。

换言之,《老子》的解释史本身就是一个值得严肃关注的重要课题。因此,对《道德经》注解的研究,深深地吸引着像我这样的"经典"文本学习者。本项研究不是关于《老子》本身,而是关于两种《老子》注。引发我兴趣的,是对《老子》要义的诠释性反思,以及它如何塑造了中国思想的历史进程。

本书聚焦王弼注与河上公注,它们长期以来都被视为最重要的两种《老子》注。在它们对原始文本的理解之外,我还对他们作为诠释者的诠释方法颇感兴趣。他们形成自己观点的过程与他们的诠释一样具有启发性。

本研究并非一场诠释学理论的演练,但是它的确十分关注理解与解释的基本问题。史密斯(Jonathan Z. Smith)最近在一篇论高等教育的文章中指出,一种反思是否成熟,"主要看对语词和论述的态度":

> 语词不再被认为是对事物的表达;用哲学术语来说,它们不再"实在";它们不再是需要被掌握的词汇("每天30分钟"),也不再需要依据它与"外在"事物相符的程度来对其作出判断……我们不是衡量语词与事物之间的关系,而是衡量语词与其他语词的关系,以及语词与人类其他想象行为的关系。这一过程有很多名字,其最著者莫过

于"论证"。①

就此而言,我对王弼与河上公的研究也关注他们对"语词和论述"的态度,对意义的态度。我对两种注的分析用心考量了词与物的关系,结论一章尤甚。我们会看到,河上公所诠释的宇宙,其特征正是史密斯所反对的那种"符合"模式。而王弼的解释则更为概念化,与史密斯上文所描述的成熟反思相似。当然,这两种模式也不是针锋相对的。含义和指称都是意义的重要组成部分。

考虑到史密斯对于"论证"的强调,我应该补充说,这里所提出的观点尽管对历史和技术的细节给予了相当大的关注,但不可能详尽无遗,更不可能"确凿无疑"。但是我希望,对它们的论证是足够清楚的,即使还不足以让人信服。同样,对于我在讨论中所采用的特定术语,我本人也几乎无所坚持。它们在目前的语境中发挥了良好的作用;但倘若有更为合适的替代选项出现,我将毫不犹豫地将其更换。

在思考和研究的过程中,我得到了很多人的帮助,在此谨致谢忱。我还清楚地记得刚开始这项研究时第一次去北京的情形。那时,我向冯友兰先生请教,还拜访了另外两位汉学大师:陈荣捷先生与刘殿爵先生。尽管只是短暂的拜访,给我留下的印象却是铭心刻骨。感谢金谷治教授(Kanaya Osamu)在

---

① Jonathan Z. Smith, "'Narratives into Problems': The College Introductory Course and the Study of Religion", *Journal of the American Academy of Religion*, 56 (1988): 728; 亦见于第 732 页, 注⑥。

通信中与我分享了他在古代中国方面的专业知识,感谢安乐哲教授(Roger Ames)提出了宝贵的批评意见。我还要感谢摩尔(Elizabeth Moore)和她在纽约州立大学出版社的同事,感谢他们为我的手稿所做的工作。在我尝试寻找自己的学术道路时,马尼托巴(Manitoba)大学宗教系的同事给予我最大的支持。加拿大社会科学和人文研究理事会提供了资金支持,这也让我心怀感激。没有这些支持,我就不可能完成这项研究。

汉密尔顿(Kenneth Hamilton)和里德(Carl Ridd)第一次将我引上了学习之路,我希望自己永远不会偏离这条路。为了让我一往无前,奥斯托比(Willard Oxtoby)用他温暖而迷人的方式为我做过太多,且至今依然。我的朋友——香港大学的陆镜光(K. K. Luke)敦促我以更坚定的步伐走在与他相同的道路上。在关键时刻,冉云华和余英时给我以帮助和指导。我真挚地感谢他们所有人。最为重要的是,我有幸师从两位杰出的老师——秦家懿(Julia Ching)与克罗斯特迈耶(Klaus Klostermaier),他们是"经典"教师和学者的典范。我欠他们太多,无以为报。且将这份不完美的研究献给他们,以略表我的感激之情。

导　言

《老子》(《道德经》)的解释史迄今已逾两千余年。事实上,纵观世界历史,鲜有文本能像这部道家著作这样获得如此多的尊重与关注。《老子》首先在汉代(前206—220)被确立为"经";从那时起,试图阐明其意义的注者便纷至沓来。他们的著作大都已散佚,但据统计仍有350多种得以传世。① 本研究致力于其中两种:王弼(226—249)的注释和归之于公元前2世纪传说人物河上公的注释。

传统注释的重要性胜过对《老子》本身的解释。它们对于我们理解整个中国思想史至关重要。鲍吾刚(Wolfgang Bauer)所言甚是:"最重要的思想出现在诠释学中。"②换言之,中国思想史的展开,其特征是对传统力量的深刻承认。唯有诠释者领悟往圣先贤之言,唯有他们为古老经典别开生面,新观念才能形成并发展为一种理解方式。

从汉代开始,注释就成为中国古人发展新洞见的主要媒

---

① 陈荣捷译,*The Way of Lao-Tzu (Tao-te Ching)* (Indianapolis: Bobbs-Merrill, 1963; reprint, 1981),第77页。

② Wolfgang Bauer, *China and the Search for Happiness*, trans. Michael Shaw (New York: Seabury, 1976), p. xiii.

介。当然,每位注家会在著述中采取不同的进路。有些注家聚焦于解释语法或字义,而另一些则侧重于论述文本的整体意义。但重要之处在于,注释是受传统维持与影响的一种诠释形式。在注释之中,新者从旧者中生发,新旧二者进而交融成统一整体。本研究不仅为《老子》的读者而做,在更广泛的意义上,也是为中国思想史学人而做。

在诸多《老子》注本中,王弼注与河上公注无疑最为重要。在现存完整的《道德经》注释中它们最为古老,而且在许多方面为后来的注家确立了标准。事实上,今天我们所看到的《老子》文本,主要是经由这两种注释而得以保存。诚然《庄子》和《淮南子》等早期著作已经引用《老子》,但这些引文仍然是孤立的,且是在不同语境中被借来支持相应的观点。① 《老子》最

---

① 如岛邦男所指出的,虽然先出的《庄子·内篇》中,有许多讲法会让我们想到《老子》,但对《老子》的直接引用,只有在后出的《外篇》《杂篇》中才出现。参见 Shima Kunio, *Rōshi kōsei* (Tokyo: Kyūshoin, 1973),第3页。《庄子》是一部编纂而成的著作,其最早的部分可追溯至公元前4世纪。对这部著作结构的概括说明,参见葛瑞汉(A. C. Graham)译,*Chuang-tzu: The Seven Inner Chapters* (London: George Allen and Unwin, 1981),第27—29页。葛瑞汉更为详尽的讨论,另见"How Much of Chuang Tzu Did Chuang Tzu Write?",载于 *Studies in Classical Chinese Thought*, Henry Rosemont, Jr. 以及 Benjamin I. Schwartz 编,*Journal of the American Academy of Religion Thematic Issue*, 47, 3 (September 1979): 459—501。传统上认为,《淮南子》可以追溯至公元前2世纪。这部著作中对《老子》引用的讨论,见于 Shima Kunio,第4—5页;关于《淮南子》的年代与作者,参见 Charles Le Blanc, *Huai-nan tzu: Philosophical Synthesis in Early Han Thought* (Hong Kong: Hong Kong University Press, 1985),第21—52页。

早的解释者是韩非子(卒于公元前 233 年),后世史家称其为法家的关键人物。不过,他的工作也只是限定于对特定选段的阐释,这些选段也是与具体"历史"境遇相关联,从而引申出重要的"法家"学说。①

第一部完整的《老子》注本直到汉代才出现。事实上,《汉书·艺文志》著录了四部《老子》注。② 但不幸的是,它们都亡佚了。还有一个注本相传是公元前 1 世纪的隐士严遵所作。但它的真实性还有待考证,且注本的第一部分也已散

---

①《韩非子》,第二十、二十一章。前者题为《解老》,它引申发挥第三十八、五十八、五十九、六十、四十六章,引用第一章与第十四章从一般意义上讨论了道之本性,并以对第二十五、五十、六十七、五十三及五十四章的注释为结尾。后者题为《喻老》,并从约十三章中选取部分段落,将它们与"史实"联系起来。例如它始于对《老子》第四十六章的讨论。对"祸莫大于不知足"一段,《韩非子》解释道:"智伯兼范、中行而攻赵不已,韩、魏反之,军败晋阳,身死高梁之东,遂卒被分,漆其首以为溲器。故曰:'祸莫大于不知足。'"(《韩非子》,四部备要本;再版,台北:中华书局,1982)7.1a。另见 Shima Kunio, *Rōshi kōsei*,第 52 页,注⑦、⑧。参见陈鼓应《老子今注今译》(台北:商务印书馆,1960;再版,1981)第 271—273 页;以及张素贞的专著《韩非解老喻老研究》(台北,1976)。韩非子用多种例证来解释《老子》,通常也可在其他文献中找到它们,但其史实性当然是一个更为复杂的问题。

②《汉书》(北京:中华书局,1962;再版,1983),卷三十,第 1729 页。四部著作分别为《老子邻氏经传》四篇、《老子傅氏经说》三十七篇、《老子徐氏经说》六篇以及刘向《说老子》四篇。除了刘向(前 77—前 6),我们对其他注者一无所知。本书中所有对《汉书》的引用都引自中华书局本,并标明其卷数与页码。

佚。① 在敦煌发现的制度化道教的重要著作《老子想尔注》可追溯到公元200年左右，但它同样是不完整的，仅存第一部分。② 在下文中我们会看到，这部著作很有可能得益于河上公注。

因此，鉴于其他的早期注释没有经受住时间的考验，河上公注与王弼注牢牢地占据传统《老子》研究的首位。他们对《老子》的见解所勾勒出的诠释疆域，让后来注者们不断穿梭往返于其间。毫不夸张地说，后来的注释与这两部著作之间的接触不亚于与《老子》本身的接触。要了解《老子》研究在中国古代是如何发展的，以及这种发展是如何塑造中国的宗教与思想的，我们需要从仔细研究王弼注与河上公注开始。

在这两者之间，尽管近来王弼的著作颇为流行，但在中国

---

①这里指的是严遵（字君平）的《道德指归论》或《老子指归》。严灵峰坚定地为其真实性辩护；参见他的版本的导言（《无求备斋老子集成初编》；台北：艺文印书馆，1965）。参看王重民《老子考》（北京：中华图书馆协会，1927；再版，台北，1981），第33—34页，其中列出了所有相关的目录记录，以及对这部著作的评论。据王重民，现行《老子指归》的版本，是在元代（1271—1368）明代（1368—1644）时期伪造的。关于这部著作的概论，另见 Isabelle Robinet, *Les Commentaires du Tao To King jusquau VIIe Siècle* (Paris: Presses Universitaires de France, 1977)，第11—23页。也有两卷本的《老子注》，被认为是严遵所做；但是它经由一些引用才得以流传。这些都由严灵峰辑录，收于他大规模的《老子》注集成中（《无求备斋老子集成初编》；台北：艺文印书馆，1965）。

②关于这部著作，参见后文第三章，第174页注③、第175页注①和第175注②。

历史上，可能直到宋代（960—1279）占主导地位的都是河上公注。唐代（618—907）由皇帝敕令所刻的《老子》碑文便主要基于河上公的版本。① 河上公注的权威可以追溯到它在道教中的地位。在道教文献中，它的地位仅次于《老子》文本本身。② 此注本在解释《老子》时提到了神，而且强调一种以个体"不朽"为导向的修身之术。因此，我们很容易领会它为何被后代道教所珍视。也是因为这个原因，它被一些学者斥为"宗教宣传"。这是我们在随后章节中必须仔细考察的问题。相传这是一部汉代早期著作，由河上公献给汉文帝（前202—前157年在位）；但实际上它的著述年代可能不早于东汉（25—220）。当然，它所反映的思想要早于东汉。下文将论证，它受到了汉初主导思想与政治舞台的黄老传统的影响。虽然河上公注在中国历史上占有重要地位，它在现代学术界却或多或少被忽视了。尽管人们越来越感到需要更新更严格的译本，但何可思（Eduard Erkes）1950年的英译本仍然是西方语言中唯一的专业研究。③ 这种情形在当今中国学术界也大致如是。除了郑

---

①例如，可参见朱谦之《老子校释》（北京：中华书局，1963；再版，1980），第2页；Shima Kunio, *Rōshi kōsei*, 第25页。

②特别参见饶宗颐《吴建衡二年索纨写本道德经残卷考证》，载于《东方文化》（香港），2,1（1955年1月）：1—71。在这篇杰出的研究中，河上公注的重要性被清晰地揭示出来。据饶宗颐，索纨写本同样属于河上公文本一族中。关于河上公注在道教中的地位，更多的细节将在第三章中给出，参见第187—194页。

③何可思译，*Ho-shang-kung's Commentary on Lao-tse*（Ascona, Switzerland: Artibus Asiae, 1950; reprint, 1958）。这一译注最初见于*Artibus Asiae*,

成海对河上公注的宝贵校点之外,关涉这一主题的文章屈指可数。①幸运的是,近来一些日本学者颇为关注河上公注的起源问题(参见第三章)。另一方面,王弼注在今天几乎被视为研究《老子》的标准著作。事实上,所有现行的《老子》翻译都是基于王弼的版本。除了大量的中文和日文研究之外,近年来还

8, 2—4（1945）：121—196; 9, 1—3（1946）：197—220; 以及 12, 3（1949）：221—251。虽然近年来一些学者对河上公注展现出了兴趣,但目前在外语世界中,还没有关于河上公注的专著。概要讨论参见陈荣捷译,*The Way of Lao Tzu*, 第78—81页。另见石秀娜(Anna Seidel), *La Divinisation de Lao Tseu dans le Taoisme des Han*（Paris：École Française d'Extrême-Orient, 1969）, 第32—34页,其中关于河上公传说的讨论尤为精当。石秀娜对黄老传统的整体讨论也多有裨益,我们将在随后讨论。另见贺碧来(Isa-belle Robinet), *La Divinisation de Lao Tseu dans le Taoisme des Han*（Paris：École Française d'Extrême-Orient, 1969）, 第32—34页,对河上公注的主要思想进行了富有洞见的探析。这是迄今为止外语世界中对河上公最为全面的研究。最后,还可参看伯希和(Paul Pelliot)的长脚注,"Autour d'une Traduction Sanscrite du Tao To King", in *T'oung Pao*, 13（1912）：366—370, 注释①。在对主要文献的勘对与讨论方面,伯希和的讨论多有裨益。

①郑成海,《老子河上公注校理》(台北：华正书局,1971)。另见郑成海《老子河上公注疏证》(台北：中华书局,1978),该书更切于诠释文本本身。王重民《老子考》(台北,1981年),第20—32页,因其辑录了大部分关于河上公注的传统评论,因此也是极为重要的。还有一篇关于河上公注短小但重要的讨论,见于马叙伦《老子校诂》,(北京：古籍出版社,1956;再版,香港：太平书局,1965)第1—3页。较长的讨论可以参见唐文播(1943)、谷方(1982)、王明(1984)和金春峰(1987)。这些文章特别关切于河上公注的年代与作者。

出现了两种王弼注的英译。① 毋庸置疑,它因其敏锐的形上洞见而备受大多数当代学者青睐。由于王弼注以"无"(通常译作"non-being"或"nothingness")为中心,以及它与玄学的密切关系,王弼注常常被视为公元三四世纪道家思想复兴(即新道家运动)的代表。我们将在稍后的讨论中对这个一般性评价进行商榷。

在方法论层面,本研究既是历史的,也是比较的。为了呈现出这两种注本所根生的语境,并考察它们是如何反映它们所谓的时代精神,历史的研究必不可少。正如 13 世纪的注家杜道坚所言:

> 然道与世降,时有不同,注者多随代所尚,各自其成心而师之。故汉人注者为汉《老子》,晋人注者为晋《老子》,唐人、宋人注者为唐《老子》、宋《老子》。②

因此,我们将对这两种注释分别加以考察。之所以从王弼注开

---

①林振述(Paul J. Lin):*A Translation of Lao Tzu's Tao Te Ching and Wang Pi's Commentary*, Michigan Papers in Chinese Studies, 30 (Ann Arbor: Center for Chinese Studies, University of Michigan, 1977)。另见下文第一章注②(第 21 页)。鲁姆堡(Ariane Rump)译,收录于陈荣捷 *Commentary on the Lao-tzu by Wang Pi*, Monographs of the Society for Asian and Comparative Philosophy, 6 (Honolulu: University Press of Hawaii, 1979)。

②杜道坚,《玄经原旨发挥》(《道藏》391;《道藏子目引得》703),B: 11.10a,与杜道坚的《道德玄经原旨》,后者为《老子》注,而前者是诠释著作。

始,仅仅因为他对于西方读者而言更为熟悉。因此,第一章考察王弼注的历史语境,并重点聚焦在有关王弼的政治及思想取向的若干问题。第二章将解释王弼对《老子》的理解。第三章与第四章以同样的基本策略解读河上公注。

在翻译原文时,笔者没有遵循特定的"方法"。清晰与准确是我的主要关切所在。对于一般的引用文献,如对断代史的引用,在将汉语原文转换为现代英语时笔者采取了更为"自由(liberal)"的进路。然而对于《老子》及其注释的翻译,笔者则采取了更为"字面(literal)"的进路,以便同时传达出原作的结构感。笔者也会采用音译,尤其是对诸如"无"与"气"等关键概念,因为这让我们避免可能的误解与歧义。但是,所有中文术语都是有翻译的。一项希冀将中国早期的思想世界带给西方读者的研究不能仅仅满足于音译。在任何情况下,笔者都试图参考现有的翻译;但在需要背离或调整它们时,笔者也不会犹豫。对关键概念的翻译将会单独讨论。但是一般说来,对这些概念意义的解释总是第一要务,而不是去自造并捍卫新奇的译法。我这么说不包含任何特定的翻译理论,而只是提出对当前的研究而言更为合适的做法。虽然如此,这的确反映了笔者的一个一般假设:包括翻译在内的任何形式的解释都有一定的开放性。从本质上讲,这是从当代诠释学中收获的洞见,下文将对此做进一步的说明。以下诸章的历史与文本分析旨在为王弼注与河上公注提供更为切近的解读。在此基础上,第五章将通过对勘研究突出二者的异同。

是什么导致了这两种注释的差异?就这一问题,流行的观点当然认为,是由于王弼注中展现出了强烈的"哲学"兴趣,而河上公注中展现的主要是"宗教"兴趣。换言之,通常认为王弼的著作仅仅关注存在(being)问题,特别是"无"这一概念。至于河上公注,由于它提出了以不朽为导向的修身术,人们便认为这反映出了道教的兴趣。有位学者便主张:"前者是严格的哲学,因此吸引了知识分子;而后者是宗教性诠释,因此吸引了虔诚的道教信徒。"①然而,从我们的讨论中所得出的结论是,倘若要全然公正地对待这两种注释,我们有必要超越这种一般的刻画。

笔者无意否认王弼对中国思想发展的贡献,或否认河上公对于道教的重要性。这里想说的是,倘若要充分领会他们的著作,我们应该放弃以下假设:在中国早期思想史上,"宗教"与"哲学"之间存在尖锐而明确的区分。虽然晚近这两种注释可能有着不同的支持者,但它们起初并非有意为不同读者准备的。至少在公元 2 世纪和 3 世纪的中国,"哲学"思想与"宗教"思想都吸引着知识分子;两者之间鲜有区分。作为书面文献,任何注释针对的都是受过教育的士人。我的论点是,将王弼注与河上公注置于他们的理论与实践关切中,或许能得到更好的理解。这条探究线索的起点是,中国传统资源自身是如何看待这两种注释的。

在中国传统文献中,已经有对《老子》诠释的类型学分析。早在 7 世纪,著名学者陆德明(约 550—630)就比较了王弼与河上公:

---

① 鲁姆堡与陈荣捷,*Commentary on the Lao Tzu by Wang Pi*,第 xxvi 页。参阅陈荣捷,*The Way of Lao Tzu*,第 80—81 页。

（河上公）于是作《老子章句》四篇以授文帝，言治身治国之要。其后谈论者莫不宗尚玄言，唯王辅嗣妙得虚无之旨。①

不难看出，陆德明对王弼著作的喜爱胜过河上公注。王弼关注"无"的观念，而河上公注则是关于治术的"玄言"。这里"玄"字似乎带有某种不太赞许的意味，而"玄学"之"玄"通常有"深奥""崇高"之意，注意到这一点是很有意思的。②

公元719年，史学家刘知几（661—721）上疏激烈批评河上公注：

今俗所行《老子》，是河上公注……此（关于河上公的传说）乃不经之鄙言，流俗之虚语。按《汉书·艺文志》，注老子者三家。河上所释，无闻焉尔。岂非注者欲神其事，故假造其说耶？其言鄙陋，其理乖讹……岂如王弼英才隽识，探赜索隐，考其所注，义旨为优？必黜河上公，升王辅嗣。在于学者，实得其宜。③

---

①陆德明：《经典释文·序》（《丛书集成初编》，上海：商务印书馆，1936年），1：53。

②关于"玄"之义与"玄学"运动，见第一章第40页及其后。

③洪业（William Hung）译，"A Bibliographical Controversy at the T'ang Court A. D. 719"，载于 *Harvard Journal of Asiatic Studies*, 20 (1957): 78。正如之前提到的（上文第3页注②），《汉书》的确列出了四种书目。刘知几可能只将前三种视为真正意义上的"注释"，因为它们是由其谱系确定的，并将《老子》称为"经"。[原文据《全唐文》卷二百七十四。——译注]

这一大胆的奏疏表明,当时占据主导地位的实际上是《老子》河上公本。刘知几的批判是由唐玄宗(712—755年在位)的一道圣旨引起的。唐玄宗本人也撰写了一部《老子》注。①据圣旨,虽然河上公本公认更佳,但"辅嗣注老子,亦甚甄明"②。实际上,这是要求学者们重新审查现行的科举考试科目。几周后官方给出了回应,并提出了一个有意思的折中方案:

> 《老子道德》者,是谓元言,注家虽多,罕穷厥旨。"河上"盖愚虚之号,汉史实无其人。然其注以养神为宗,以无为体。其词近,其理宏。小足以修身洁诚,大可以宁人安国。故顾欢曰:"河上公虽曰注书,即史立教,皆没略远体,指明近用。"斯可谓知言矣!王辅嗣雅善元谈,颇采道要。穷神明乎橐,宁静默于元牝。其理畅,其旨微,在于元学,颇谓所长。至若近人立教,修身宏道,则河上为得。今望请王、河二注,令学者俱行。③

这个回应是由一组学者共同提交的,为首的是著名的《史记》

---

①这道圣旨的文本英译见于洪业,"Controversy",第74页。关于唐玄宗本人的《老子》注,可参阅柳存仁的出色研究,尤其是"道藏本三圣注道德经之得失",载于《崇基学报》(香港),9,1(November 1969):1—9。

②Hung, ibid.,第74页。

③Hung, ibid.,第81页;有大幅改动。中文文本载于Hung,第126页注释⑩。《文苑英华》版中没有提到公元5世纪道教领袖顾欢。"橐"与"元牝"等术语指的是《老子》第五章和第六章。

注者司马贞,时任国子祭酒。① 尽管他们都承认河上公是传说中的一个人物,但河上公名下的注释无疑仍然备受推崇。王弼注的重要性并没有被否认,但这一奏疏的论调表明,河上公注更为可取。在刘知几看来,河上公注"其言鄙陋,其理乖讹";而在司马贞看来却恰恰相反:"其词近,其理宏。"

因此,对勘王弼注与河上公注,可以察觉到一种诠释上的连续性。陆德明认为,王弼关注抽象观念,而河上公则聚焦于更为实际的问题。司马贞及其同僚显然也是持这一看法,只是评价倒转过来了。对陆德明而言,王弼著作的力量恰恰就在于它尝试从"无"这一概念出发探索"道"的意义;但对司马贞而言,这意味着王弼的过失,即忽视了"修身"与"弘道"的实践任务。

据另一位唐代注者陆希声(活跃于880年),王弼之"罪"甚至在于"失老氏之道,而流于虚无放诞"②。但是,东晋学者范宁(约339—约401)却指控王弼追随老子而抛弃孔子之道的"罪行"。③ 有意思的是,王弼由此同时被儒家与道家诟病。在这点上,我们可以说,王弼思想在本质上拒斥任何一种片面的归类。

上述勾勒出的诠释连续性也见于后世文献。10世纪前叶,杜光庭(850—933)注《老子》,在那里我们可以看到,对王弼注与河上公注的评价似乎存在相同的解释传统或诠释学传

---

①这一回应中所涉及的主要人物和实践的讨论,见于 Hung,第 80,82 和 126 页注释⑪。
②陆希声,《道德真经传·序》,(《无求备斋庄子集成初编》;台北:艺文印书馆,1965),1b。
③范宁的评论将在后文第一章第 33 页讨论。

统。杜注《道德真经广圣义》(序文作于901年)是一部极具雄心的著作。杜光庭列出61种《道德经》注本,在讨论完老子"传记"、唐玄宗注本"序"等问题之后,对它们进行了分类。杜光庭认为,《道德经》蕴藉着取之不尽的丰富意义,不同的注者仅强调了其意义的不同侧面与不同层次:

> 河上公、严君平皆明理国之道。松灵仙人、魏代孙登、梁朝陶隐居、南齐顾欢皆明理身之道。符坚时罗什、后赵图澄、梁武帝、梁道士窦略,皆明事理因果之道。梁朝道士孟智周、臧玄静、陈朝道士诸糅、隋朝道士刘进喜、唐朝道士成玄英、蔡子晃、黄玄赜、李荣、车玄弼、张惠超、黎元兴,皆明重玄之道。何晏、钟会、杜元凯、王辅嗣、张嗣、羊祜、卢氏、刘仁会,皆明虚极无为理家理国之道。此明注解之人意不同也。①

我不能对所有上述注者逐一讨论,他们著作大多已不复存世。但这是一份重要的文献,就中国传统文献中对《老子》诸多注本进行分类而言,它仍然是最为全面的尝试。其中并没有试图缩小任何的差异,纵使是在道教作者之间的差异也不例外;不同的解释都应被承认,因为它们证明了《老子》本身的丰富性。杜光庭之后,鲜有注者能声称可与他的成就相比肩。譬如元代注者杜道坚,仅仅是泛泛而论:"言清虚无为者有之,言吐纳导

---

① 杜光庭,《道德真经广圣义》(《道藏》441;《道藏子目引得》725),5.12a—12b。

引者有之,言性命祸福、兵刑权术者有之。"①再举一例,明代注者焦竑(1540—1620)简单地借用了杜光庭的分类,并在上面增添了其他人的评论。②

在对王弼注与河上公注的评价中,杜光庭的解释是否遵循了陆德明、刘知几与司马贞一脉的一般诠释学传统?总的来说,虽然不无调整,它似乎仍然维持了同样的传统。杜光庭认为河上公注关注"理国之道",正契合它对实践学说的强调。就王弼注而言,对"虚"的强调此处被限制于"理家理国"。这里有什么出入吗?

我们不妨假定,对杜光庭而言,王弼注不仅关注道之本性,而且关注道的具体应用。在这个意义上,"虚"的概念被视为具有实践意涵。此外,我们必须考虑杜光庭本人的思想偏好。在对诸家注释进行分类之后,杜光庭紧接着就说,他赞同的是重玄学。重玄学可被视为《老子》注光谱中最出色的形上学派。③ 因此,杜光庭从这个角度出发看到了王弼注存在一定的不足。在他看来,尽管王弼尝试探索道的秘密,但他终究未能

---

①杜道坚,《玄经》,第10a页。值得注意的是,王弼注与河上公注分别等同于前面两种分类,因为在这一语境中清楚表明,对杜道坚而言,河上公注不仅先于其他的诠释,并且引发了后者。新的分类也很有意思,并且指出了诠释多出之时,可能始于唐宋时期。

②焦竑,《老子翼》(《丛书集成初编》,上海:商务印书馆,1936),第176—178页。

③杜光庭,《道德真经广圣义》,第12b页。关于重玄学派,特别见于贺碧来,*Les Commentaires du Tao To King* (Paris,1977),第二部分,第96页及其后。贺碧来著作的整个第二部分,都致力于这一学派的《老子》注家。

超越所有的世俗成见。作为公认的道家大师,杜光庭对王弼注的评价自然不同于司马贞及其他儒家学者。上面提到,陆希声和范宁对王弼的评价虽然截然相反,却都是持批评态度:似乎对于某些儒者而言,王弼无疑过于"道家"了;而对于某些道家而言,可能王弼还远远不够"道家"。

杜光庭的解释既是描述性的,又是规范性的。正是因为王弼注具有实践的面向,所以它不如在理论层面或形上层面更为严谨的重玄学的注释。这有助于解释,为什么杜光庭的分析似乎不同于陆德明和司马贞的较早传统。在他们的著作中,王弼注与重玄学的区别还没有出现,因此这根本不成问题;然而对杜光庭来说,重要的是王弼著作中的实践方面不能逃脱批判审视。

总之,对河上公注与王弼注的传统诠释中有一个相当稳定的解读思路。前者的情况非常清楚:所有的注者基本上都同意,它关注修身与治国之术。值得注意的是,陆德明、司马贞和杜光庭的著作都没有明确指出河上公注的"宗教"面向。这表明,对"不朽"的追求没有被视为河上公注的主要焦点。至少在一些学者看来,河上公注更关注国家的福祉,而非个体救赎或精神解放。事实上,我们将会看到,在河上公注中修身与治道之术密不可分。至于王弼,对于"虚""无"的强调也是显而易见的。此外,我认为杜光庭的调整指出了王弼著作的一个重要方面,而其他注者对这一点的论述并不充分。

从传统文献中得出的这种类型学有助于指导我们将两种注释放在适当的语境之中,并为透析它们对《老子》的理解提供宝贵洞见。尽管有刘知几的评判,但将河上公注批评为"宗教宣传"的常识显然是不充分的。我们需要仔细关注河上公注实践的、政治的兴趣。同样,我们可以看到,王弼注也不能被彻底还原为某种哲学探究,它全然没有政治兴趣,唯道之意义是求。换言之,两种注释中的"理论"与"实践"的维度都必须被清晰地勾勒出来。但也应该强调,这些范畴仅仅是启发性的。尽管它们有助于更好地理解这两种注本,但它们在注本本身中并不是两个独立的部分。归根到底,王弼注与河上公注代表了两种对于道的融贯且全面的见解。在此意义上,可以称之为"道-家(Tao-ist)"见解:我们在限定的、非宗派的意义上使用"道-家"一词,它是作为关于"道"的一个形容词,而不是作为"道家(Taoism)"的形容词。两种道-家见解之间可以有一个共同的基础,它的特点是理论与实践相统一、精神与伦理相融合。正因如此,"哲学"与"宗教"之间的对立不适用于王弼与河上公。所谓的"哲学"与"宗教",仅仅形成了他们全面见解的不同环节。

二者之间有共同的基础,这并不意味着忽视二者的差异。然而,为了充分解释其差异,有必要引入所谓的诠释学转向,以揭示它们看待《老子》的解释视域。在这个语境中,诠释学或可被界定为研究解释之前提与参照系。这跟王弼与河上公是否"忠实"于《老子》原意这一问题几乎无关。他们都是谨慎的注者,因为他们试图向新的读者展示《老子》的世界。严格说来,这也并非方法层面的问题。他们对于意义本身的前理解与默会理解,才是这里的问题所在。对河上公而言,意义总是"指称性"的,因为《老子》的意义需要在它所指的外部对象中寻得。另一方面,王弼注由另一种我称之为"病原学"的诠释学模型所引导。对王弼而言,《老子》的意义最终要在文本自身中找到,并且可以追溯到几个辩证相联的基本概念。

在本研究中,我愿将一种诠释学分析应用于两种特定文本,冀以解决一个解释问题。这跟重构文本作者之"意图"的企图不同,切不可与之相混淆。从注释本身中,可以辨识出独具特色的诠释模式,这使我们得以探讨他们对意义的前理解。正是这一点塑造了他们对《老子》别具一格的解读,乃至对于任何文本的解读都是如此。经由这种方式,诠释学能够富有成效地运用于中文文本研究中,它通过考虑"元解释"的问题来补充解释的任务。

在更广的语境中,诠释学的重要性也是哲学的重要性。它的全部要义当然超出了当前的研究。在这里我追随伽达默尔(Hans-Georg Gadamer)与利科(Paul Ricoeur),他们认为诠释学是一种成熟的实践哲学。这种诠释学的观点力图超越当代对于方法的关切,并揭示理解自身的动态进程。它以存在与理解的基础历史性为出发点。意义总是以语言为中介,或更一般说来是以所谓的传统范式为中介;正是在语言与传统范式之中并通过这两者,经验被提升至思想的层面。① 在这个意义上,传

---

① 特别参见伽达默尔, *Truth and Method*, 第二版, William Glen-Doepel 译, John Cumming 和 Garrett Barden 编(London: Sheed and Ward, 1979)。保罗·利科的许多诠释学研究收录于 *Hermeneutics and the Human Sciences*, John B. Thompson 编译(Cambridge: Cambridge University Press, 1981)。将诠释学运用于中国思想的尝试,可参见拙文 "Philosophical Hermeneutics and the *Analects*: The Paradigm of Tradition", *Philosophy East and West*, 34, 4 (October 1984): 421—436。

统是一个无所不包的范畴,借用海德格尔的表达,存在"被抛"于其中。简而言之,理解总是有限的,而且总是在不断进展之中;它是由传统所塑造的,因为认知主体只有在特定的思想视域内与世界的交互才能有所"认知"。

尽管围绕着哲学诠释学所声称的普遍性仍然存在着争论,但笔者认为,古代中国作者也在他们自己的思想视域中创作,并且他们对于经典文本的解释或可在现象学的意义上被称为"视域融合"。原初文本的世界形成了主体。通过解释的过程,它成为意义之网的一部分——在汉语表达中,经典文本与其他相辅文本的传统被称为意义存在的"经纬"。诠释者身处其间,力图将其描绘给他的读者。这就是我在结论的分析中所预设的理论模型。通过确认在王弼诠释与河上公诠释背后的诠释学假设,不仅让这两种注释变得更好理解,而且在未来对其他《老子》注的研究中,或可从同样的视角进行探讨:依据它们的理论与实践的兴趣来讨论,这种兴趣包含在某种病原学解读或指称性解读之中。事实上,对于诸如《论语》和《易经》等其他基础文献的注释,或亦可从这个角度来看。就此而言,尽管本研究的主要目的是阐明王弼与河上公的"道-家"见解,但同时也是在试验一种研究汉学的新方向。

Chapter one
Wang Pi: Life and Thought

第一章
王弼:生平与思想

某日王弼前去拜谒当时掌管朝政的大臣,这位大臣屏退左右而与之语,而王弼只是长论大道而不及其余。据王弼传,这位大臣对他只不过一哂了之。当是时,王弼或许还未满20岁。这个故事可能会让人觉得这位年轻哲学家全身心投入对道之求索中,对政治世界的俗务了无兴致。那么问题来了,他何必烦心去拜见这位大臣呢?

王弼(226—249)的标准传记载于《三国志》。但它并非属于《三国志》正文的"正"史。裴松之(372—451)注《三国志》,采何劭(236—301)之作附于钟会传记后的注释中。更确切地说,在钟会传记的结尾稍微提及了王弼,对此裴松之引何劭说加以注解。① 可从林振述(Paul J. Lin)译《老子》及王弼注查及,其中便有这部传记的英译,因此,这里就无需重译了。② 不

---

① 《三国志·魏书》,第二十八卷(北京:中华书局,1959;再版,1982),第795—796页。王弼为何没有"官方"传记的原因非常重要,将在后文讨论。

② 林振述, *A Translation of Lao Tzu's Tao Te Ching and Wang Pi's Commentary* (Ann Arbor: Center for Chinese Studies, University of Michigan, 1977),第151—153页。就传记本身而言,虽然后文将指出一些错误,除此之外翻译基本是可靠的。然而,林振述的研究总体上面对着一些非常强的批评。参见鲍则岳(William G. Boltz)和陈荣捷的评论,分别载于 *Journal of the American Oriental Society*, 100,1(1980):84—86,和 *Philosophy*

过,王弼传中的若干细节随后将会在本章中加以讨论。其他文献也多处提及王弼,特别是5世纪的著作《世说新语》①;但除了稍后要提及的几处之外,它也没有提供重要的新信息。在王弼传中,我们会读到王弼生平与著作概述、王弼性格简论、同时代人的看法,以及最为重要的是——他对当时主要思想问题的回应。细究相关传记与历史资料,我们会发现令人颇感困惑的含混。一方面,我们看到,通常将王弼视为"纯粹"哲学家的看法颇为可疑;另一方面,他与"玄学"运动的关系表明,他的哲学兴趣未被低估。有人认为,王弼是"新道家"运动的领袖;又有人认为,他是儒家传统的坚定捍卫者。因此,王弼的思想立场不免令人滋生疑窦,而这又是我们理解其《老子》注的至关重要之处。

East and West,29,3(1979):357—360。有关对王弼生平与著作的讨论,亦可参见 Chung-yue Chang, "The Metaphysics of Wang Pi (226—249)", Ph. D. dissertation, University of Pennsylvania, 1979, 第一章。除非另有说明,所有对中文原文的翻译都是笔者所译。

①参见马瑞志(Richard B. Mather)所译 *Shih-shuo Hsin-yü: A New Account of Tales of the World*, by Liu I-ch'ing with Commentary by Liu Chün (Minneapolis: University of Minnesota Press, 1976),特别是第四章。至于中文文本,我用的是杨勇的当代校对版《世说新语校笺》(香港:大众书局,1969)。亦参见洪业所编的索引《哈佛燕京学社"汉学引得丛刊"》第12册(北京,1933)。波多野太郎(Hatano Tarō)的 *Rōshi dōtokukyō kenkyū* (Tokyo, 1979)是一部详尽的研究著作,所有相关的传记材料都可从中找到,参见第8—10页及第487—496页。有关这部著作的更多细节,参见下文第65页注①。王弼的生平事迹也收录于楼宇烈,《王弼集校释》(北京:中华书局,1980),2:639—648。

为了解决这一问题,王弼生平与思想的方方面面,包括他对《易经》与理想圣人的诠释,都将在下文加以考察。这些方面之所以被选出,不仅因为它们为透析王弼思想取向提供了洞见,它们也预示着《老子》注的核心主题。我们将会看到,虽然这些背景思考本身不能解决这里提出的问题,但是它们确实有助于建立一个框架,以便恰当地领会王弼对《老子》的理解。

王弼:纯粹哲学家抑或政治活动家?

对两种观点的界说

据传记记载,王弼,字辅嗣,是一个早熟的孩子,在他十几岁时,他就被《老子》深深吸引,并且已经能言善辩。何晏(约190—249)作为当时政坛与知识分子的领袖,对年轻的王弼印象深刻。他这样评价王弼:"仲尼称后生可畏。若斯人者,可与言天人之际乎!"①《世说新语》描述了更多细节:

> 何晏为吏部尚书,有位望,时谈客盈坐。王弼未弱冠,往见之。晏闻弼名,因条向者胜理语弼曰:"此理仆以为极,可得复难不?"弼便作难,一坐人便以为屈。于是弼自

---

① 《三国志》28:795;参阅林振述,*Translation*,第151页。引用出自《论语》9.22,我不愿意在翻译中使用不分性别的语言,因为我们应该承认传统中国社会中的父权结构。

为客主数番,皆一坐所不及。①

这是一个不小的成就,因为何晏本人就以善辩著称。当是时,绝大多数善辩的文人"多宗尚之"。② 王弼兼通儒道,的确是一位才学深、品味高的青年才俊。毫无疑问,王弼的朋友及同时代人高度赞许他,尤其是他的哲学和文学才华。

然而,尽管与何晏关系密切,王弼在官场上从未获得显赫的地位。通常的解释是,这是因为他年轻缺乏经验,且专注于抽象的哲学思考。事实上,王弼的才华似乎并未打动曹爽(178—249),在司马氏"篡权"之前,曹爽掌控着魏国(220—265)政治。曹爽便是那位嗤笑王弼的大臣。

王弼确实当过一段时间的小官,但他好像对这个职位不太感兴趣。再则,王弼传记记述了他是如何喜欢取笑那些能力和才华不如他的人,这显然对他的仕途不利。他对"名高"③毫无兴趣。在曹爽与何晏被司马懿(179—251)所"诛"的同一年,

---

①《世说新语》,第四章,第六则。马瑞志译,第 95 页;译文有调整。该段落亦译于 Wright, "Review of A. A. Petroy, *Wang Pi*: *His Place in the History of Chinese Philosophy*", 载于 *Harvard Journal of Asiatic Studies*, 10(1947):81,参见《世说新语》2.50。

②《世说新语》注 4.6,刘峻(字孝标,活跃于公元 500 年)所著,载于《文章叙录》,今已散佚;参见马瑞志, *Shih-shuo*, 第 95 页。参见《晋书》(北京:中华书局,1974),36:1067,82:2149。

③原文写作"不治名高",此处的意思是,不培养名声和高官;同样的用法亦见于《三国志》,27:746。参见林振述, *Translation*, 第 151 页,在那里被译为"indifferent, and in great repute(漠不关心,享有高名)"。

王弼染"疠疾"而亡,年仅 24 岁。①

从这一传统叙述中,浮现出来的是一个怎么样的人呢? 概而言之,传记作者对于王弼显然不无批评,并且我们将会看到,这是有充分的历史原因的。尽管何劭并不否认王弼的成就,但也形容其为"浅而不识物情"②。从王弼传记中浮现出的王弼,似乎是一个年轻、聪慧且有几分自负的知识分子,虽然他在哲学与艺术上天赋极高,但或许对他所处时代的政治世界并不在行。例如,牟宗三对王弼的评价就反映出这一观点。牟宗三认为,王弼是一个极其天真的年轻人,由于其"不识物情",所以能够以一种清澈、集中、"清新俊逸"的方式处理根本的哲学概念。③ 因此,研究中国思想史的学者普遍接受的王弼形象是对政治漠不关心的"纯粹"思想家。在本章后面我们将会看到,

---

① 《世说新语》中还有一篇关于王弼生平的短文,由注者刘峻保存下来,题为《弼别传》。然而,它与何劭的叙述本质上是相同的,实际上也可能是对后者的总结。《别传》结尾写道:"正始中(249),(王弼)以公事(曹爽之党的覆灭)免,其秋,遇疠疾亡,时年二十四。弼之卒也,晋景帝嗟叹之累日,曰:'天丧予!'(《论语·先进》)其为高识悼惜如此。"马瑞志有英译,见 Shih-shuo,第 95 页。王弼之死让司马氏的重要人物如此感动,这确实表明了同时代人对他的尊敬。下文很快将讨论曹爽和司马懿的冲突。

② 《三国志》,28:796;《世说新语》,同上。马瑞志译本,第 95 页;林振述本,第 153 页。马瑞志将"不识物情"译作"insensitive to the feelings of others(不敏于他人的感受)",而林本译为"did not understand the nature of things(不懂事物之本性)"。相较之下,林译既含糊又有可能误导人,显然马本更胜一筹。

③ 牟宗三,《才性与玄理》,第三版(台北:学生书局,1974),第 79—81 页。

此中缘由也跟王弼与"清谈"运动的联系相关。

但是,还有第二种观点。例如,苏联学者彼得罗夫(A. A. Petrov)认为,王弼"作为统治阶级的一员,他抛弃了寂静主义,并从道家哲学中为强有力的中央政府找到了辩护"①。据彼得罗夫,王弼在"道家哲学"中发现的是一种"一元论",这种"一元论"为现象界之多样性奠定基础。②

在任继愈与汤用彤的一项研究中,对王弼的政治参与讲得更为具体,尽管它在关于王弼的核心哲学方面,得出了一个全然不同的结论。③ 据这项研究,王弼确实是统治体制中的重要成员。尽管王弼本人没有任何政治实权,但通过依靠其朋友与庇护者何晏,保证了自己的安全与舒适。由于何晏反对日渐崛起的司马氏集团,王弼"因此"提出了一种以道家的"无为"与"自然"为基础的"个体主义"理论,从而抵抗司马氏试图集权所产生的威胁。④ 这些概念的历史语境及其意义将随后讨论;仅从这一点可以看出,对一些学者而言,王弼并非如其他人可能料想的那样,对世事(尤其是对政治)"漠不关心"。

在我看来,如此强调王弼参与政治的可能性提出了一个合

---

① 芮沃寿(Arthur F. Wright),"Review of A. A. Petrov", *Harvard Journal of Asiatic Studies*, 10 (1947):87。
② 同上。
③ 《魏晋玄学中的社会政治思想略论》(上海:上海人民出版社,1956)。据汤用彤,这部著作立足于他1949年以前的讲座,由任继愈修改后出版。见汤用彤,《魏晋玄学论稿》,第2页。
④ 汤用彤和任继愈(同上),第24—25页。

法性问题。我并不认为,因为这些观点具有明显的"马克思主义"视角就简单地打发掉。它们的结论当然可以进一步讨论,但是它们应该得到公正的申辩机会,特别是王弼传记中的一些片段或许可以从政治参与的角度加以诠释。根据传记,我们得知王弼求访了许多魏国政府的高官要员。首先,他主动前往去拜见裴徽,裴徽时任吏部郎,也就是何晏在吏部尚书一职上的秘书与副手,监管官员的任命。① 传记接着记述了之前引用的王弼与何晏的会面。据《世说新语》记载,这次也是王弼本人主动去见何晏。而且,王弼一经得到某职位——纵使这个职位并非如他所愿——他就要求执政大臣曹爽的私下接见。这一连串的事件特别值得注意。这表明,王弼不仅汲汲于从政,而且做得很谨慎,先从拜访副职开始,一步一步遵循恰当的顺序。顺带一提,从王弼传记中我们还得知,在王黎被任命接替先前何晏推荐王弼担任的那个职位后,王弼断绝了与王黎的友谊。如果我们从表面看这些叙事,似乎王弼走的就是人们对一个胸怀壮志的年轻人所期待的恰当道路。事实上,甚至连王弼之死也有可能是由于一种政治性的"疠疾"。②

最近,野间和则(Noma Kazunori)也同样认为,王弼应该首先被视为一位政治理论家,他关切的是限制门阀士族的控制,

---

①王弼与裴徽在这场会面中的对话,将在后文讨论。有关魏朝治理体系的简明讨论,参见韩国磐,《魏晋南北朝史纲》(北京:人民出版社,1983),第39—40页。

②据马瑞志(见前文第22页注释①),第593页。王弼在249年和曹爽及其党羽一同被"处决"。然而,该主张没有得到文献的支持。

从而利于建立强大的中央集权政府。① 这与彼得罗夫的观点非常相似,但没有理由在野间的分析中解读出任何"马克思主义"的议题。

野间发表于 1982 年的研究主要以王弼《老子》注为依据。然而,同年发表的另一项日文研究则认为,王弼注实际上已经将《老子》中任何可能的政治暗示转化成了以"无"为核心的形上理论。② 这种诠释上的冲突很好地说明了为什么在进入《老子》注本身之前,我们需要先考察王弼的生平与思想。为了进一步探讨王弼的政治取向,我们接下来有必要对王弼所处的历史与思想语境做一个简单的讨论。

正始政局

我们最关注的是魏国的正始时期(240—249)。曹芳(魏废帝)在公元 240 年继承魏国王位,此时他还是一个小男孩,指导与辅佐年轻皇帝的责任,被托付给曹爽与司马懿。他们二人之间很快就发生了冲突。曹爽集团在前期取得了控制权,但获得最终胜利的却是司马懿。公元 249 年,司马懿发动政变,曹爽、何晏、他们的家属以及其他许多人因此而死。

---

①Noma Kazunori, "Ō Hitsu ni tsuite: rōshi chū o megutte", 载于 *Tōhō shūkyō*, 59 (May 1982): 66—83。野间的论证围绕着官员任命的问题展开,例如,在所谓九品制的语境中加以讨论。

②参见 Sawada Takio, "Rōshi Ō Hitsu chū kōsatsu ichihan", 载于 *Toyō bunka*, 62 (March 1982): 1—28。泽田的文章主要关注于王弼的《老子指略》,该文散佚已久,但近来认为《道藏》中一篇佚名著作就是这篇(见下文第 61 页注④)。泽田对此处文本历史的讨论非常有帮助。

在魏国历史上,正始时期是一个转折点;从那时起,司马氏主导了政治舞台,并最终在公元265年建立了晋朝。

在此我们需要特别关注重要的门阀士族在当时政治中的权势,特别是关键的政府职位,当时基本上被门阀的成员垄断;他们的权力,以及他们之间的权力斗争,对稳定的中央集权政府构成了严重威胁。可以肯定的是,这种情形可以追溯到汉末,当时贵族与宦官之争大大削弱了汉朝政府的控制力。魏国真正的创始人曹操(155—220)在黄巾起义(184)之后掌权,他确然发现了这个问题,并试图扭转它。曹操本人出身于宦官家族,虽然家族势力强大,但在"身份"与"合法性"等方面无法与其他主要家族相媲美,比如他的主要竞争对手袁绍家族。因此,雄心勃勃的曹操多次反对从贵族中任命官员的制度,这也不足为奇了。[1]

尽管曹操付出了很多努力,但实际上有影响力的门阀的垄断力量在魏国却是与日俱增。当曹操将自己确立为残喘的汉朝的绝对领导人时,他的家族血统已不再是一个严重的问题了。而且,他的儿子曹丕(220—226年在位)正式终结了汉朝的统治,并成为魏国的皇帝,此时他需要为首的家族支持才能够登上王位。司马懿是新政权的支持者之一,他在曹丕统治期间成了显赫人物。这为后来的曹爽集团与司马氏之间的斗争

---

[1] 在这个问题上,我从唐长孺的著作中收获颇丰。参见他的《九品中正制试释》,载于他的《魏晋南北朝史论丛》(北京:三联书店,1978年再版),第85—126页。另见《东汉末期的大姓名士》,载于《魏晋南北朝史论拾遗》(北京:中华书局,1983),第25—52页。

埋下了伏笔。到了正始年间,主要家族之间的冲突已经演变为两个阵营之间的斗争。

这一时期知识分子中的翘楚大多都与这两个阵营中的某一方有一定的联系。① 例如,何晏的情况就非常明显,他出身名门,与曹氏有姻亲关系。从这个视角来看,不难理解为何《三国志》不应该收录何晏与王弼的传记,毕竟,《三国志》是晋代的文献。"非官方"王弼传记的作者何劭是晋朝第一位皇帝司马炎(晋武帝,266—290 年在位)的儿时好友。尽管我们没有必要过度怀疑何劭所作王弼传记的准确性,但动荡的政治时局似乎无法担保王弼不曾介入政治这一草率的结论。

那么,王弼究竟是一位纯粹的哲学家,还是一位政治活动家?所谓的"政治活动家",我指的是被政治关切所驱动并积极投身于政治活动的人。另一方面,"纯粹的哲学家"指的是献身于哲学观念的世界并对政治事务漠不关心的人。这两者都是极端的立场,但它们可以让问题更加聚焦。就王弼而言,这个问题有着更深层的意涵,因为认为他是纯粹哲学家的观点,通常是在"新道家"的语境中加以理解,这一语境往往意味

---

① 陈寅恪:《陶渊明之思想与清谈之关系》,载于《陈寅恪先生论文集》(台北,1974),2:310—316;及《书世说新语文学类钟会撰四本论始毕条后》,同上,2:601—607。汤用彤和任继愈(上文第 26 页注③),第 18—19 页,34—35 页。亦见于吕凯《魏晋玄学析评》(台北:世界书局,1980),第 81—86 页。更一般的讨论,见钱穆《略论魏晋南北朝学术文化与当世门第之关系》,载于他的《中国学术思想史论丛》(台北:东大图书公司,1977),3:134—199;这篇文章也是极有帮助的。

着某种"反儒家的避世主义"。

名理

从中国传统资源中,我们可以拼出正始年间的思想语境。据《世说新语》记载,袁宏(约328—约376)《名士传》以夏侯玄(209—254)、何晏与王弼为正始"名士"的代表。① "名士"之为"名士"的要义何在?《世说新语》另一条这样写道:

> 正始中,王弼、何晏好庄、老玄胜之谈,而世遂贵焉。②

《晋书》亦言曰:"魏正始中,何晏、王弼等祖述老庄,立论

---

①《世说新语校笺》,杨勇编(香港:大众书局,1969),第210页,注①;马瑞志(前文第22页注①),第140页。这条引文同样是由公元6世纪的注者刘峻给出的。袁宏的著作已不复存世;这位东晋大人物的介绍性研究,参见钱穆《袁宏政论与史学》,载于他的《中国学术思想史论丛》,3:77—96。

②杨勇,第205页。译文引自马瑞志,第137页;译文略有改动。这里引用来自现已失传的历史论文《续晋阳秋》,为5世纪学者檀道鸾所作。原作《晋阳秋》是4世纪著名史学家孙盛所作,现同样也已失传;见于下文第52页注①。汤球编录了这两部著作的当代重辑版(上海:商务印书馆,1937)。至于名士的问题,参见牟宗三《才性与玄理》(台北:学生书局,1974),第67—84页。亦见于周绍贤《魏晋清谈述论》(台北:商务印书馆,1966),第134—156页。

以为天地万物皆以无为本。"①著于 6 世纪上半叶的《文心雕龙》也写道：

> 魏之初霸，术兼名法。傅嘏、王粲，校练名理。迄至正始，务欲守文；何晏之徒，始盛玄论。于是聃周当路，与尼父争途矣。②

从这些论述来看，正始年间有一场道家复兴。它以《老子》《庄子》为中心，而以王弼、何晏为代表。此外据《文心雕龙》，王弼与何晏不仅激发时人对于道家经典的新兴趣，而且实际上为 3 世纪中国的思想图景开辟了新的道路，即从"名理"向"玄论"转变。这一转变对自汉代以来建立的儒家正统

---

①《晋书》，43 章（北京：中华书局，1974），第 1236 页；在中华书局编者的修订下，我把"无"释作"无为"，见第 1248 页，注⑨。参见容肇祖《魏晋的自然主义》（上海：商务印书馆，1935），第 11 页。

② 4.18，载于《文心雕龙注订》，张立斋编（台北：正中书局，1967；再版，1979），第 183 页。参见施友忠（Vincent Shih）译，*The Literary Mind and the Carving of Dragons by Liu Hsieh. A Study of Thought and Pattern in Chinese Literature*（New York：Columbia University Press, 1959），第 102 页。关于这部著作的简介，见刘若愚（James J. Y. Liu），*Chinese Theories of Literature*（Chicago：University of Chicago Press, 1975），第 21—25，122—126 页，等等。"嘏"音"假"，一说音"古"，见施友忠。林振述，*Translation*，第 151 页；然而，马瑞志选择了音"假"；基于现存最早的中国字典，许慎（活跃于约公元 100 年）的《说文解字》中的这一条，我认为这是更早的读音。在《三国志》21：624 的傅嘏传中记载，傅嘏对何晏大为批判，将其描述为狡猾的投机者。除了思想分歧外，他们也有着明显的政治分歧。参见下文第 36 页注②。

提出了挑战。这一点在《晋书》的另一引文中得到了明确的证实。据《晋书》记载,范宁对晋代思想的惨状感到悲哀:"(范)宁以为其源始于王弼、何晏,二人之罪深于桀纣。"①诚然,桀、纣是传说中夏商两代的暴君,他们的"罪"导致灭国。《晋书》进而指出,王弼之"罪"就在于他抛弃了儒家圣人的学说,稍后我将回到这个严重的指控。

"名理"与"玄谈"在这个语境中意味着什么呢?首先,名法学说在魏初占主导地位。这两个术语可以追溯到首先在战国时期(前475—前221)出现的名家与法家。或可说,前者所关心的是名之本性以及名实关系,后者则寻求建立严格的法律规则。②尽管在汉代儒家被作为官方意识形态,但名家与法家仍然保持活力,而且被整合进儒家正统之中。

众所周知,汉代儒家主导性的诠释基于一种宇宙论,它强调天人之间的直接感应。③例如,汉代儒家的集大成者董仲舒

---

①《晋书》,75:1984;范宁传。

②关于这两种学派,参见冯友兰,《中国哲学史》上卷,《子学时代》,Derk Bodde 译(Princeton:Princeton University Press, 1952;reprint,1983),第九/十三章。亦见于史华慈(Benjamin I. Schwartz),*The World of Thought in Ancient China*(Cambridge:Harvard University Press,1985),第八章。同时,我们也需要关注逻辑分析,认识到名家学说中也包含着政治维度,特别是在制定法律上。参见 Hsiao-po Wang 和 Leo Chang,*The Philosophical Foundations of Han Fei's Political Theory*(Honolulu:University of Hawaii Press,1986),第62页。

③关于这一点,我从徐复观的著作中受益良多,见《两汉思想史》下卷(香港:香港中文大学出版社,1975)。亨德森(John B. Henderson)新著的前三章也极有帮助,*The Development and Decline of Chinese Cosmology*(New York:Columbia University Press, 1984)。

(前179—前104)分析"王"的字形,认为王的形象意味着他是贯通天、地、人的重要角色。① 如果转化为政治理念,这意味着治道应当反映"天道"——也就是我们感知到的宇宙本身的结构。就政治机关而言,这意味着职位的任命切不可任意决定,因为在位的官员掌握着整个国家得以和谐的关键。正如王符(约76—157)在《潜夫论》中写道:

> 是故有号者必称典,名理者必效于实。则官无废职,位无非人。②

在此,名理可以说是一种探究,它旨在辨明宇宙的"名称与原理(name and principle)",从而建立完善的政治制度。换言之,名理有两个面向。正如韩禄伯(Robert Henricks)所指出,在魏晋时期,论辩的技艺得到了极大的复兴。包括何晏与王弼在内的"名士"参与辩论与思想对话,其中可能包含着与

---

①见徐复观,同上引,第284页;参见冯友兰,《中国哲学史》下册,《经学时代》,Derk Bodde 译(Princeton:Princeton University Press,1953;reprint,1983),第47页。

②王符:《潜夫论》,2.7(《四部丛刊》;再版,上海:商务印书馆,1965),第10页;汤用彤引用于《魏晋玄学论稿》(北京:1957),第13,18页。亦见于汤用彤对其他汉代主要思想家的引用,如仲长统(约179—219)和崔实(约103—170)。参见牟宗三,《才性与玄理》,第231—238页,其基本是汤用彤论证的重演。这里王符的论点基于围绕着"百官"的"圣王"之治的信念,他的全部目的,旨在顺"天"治"地"以养百姓。

名家密切相关的逻辑工具。① 因此在技术性的意义上,名理指的是论证的方法,更一般地说则是力图确认"名理"之意义的理论对话。然而,这些方法并不仅仅是为了用来赢得争辩;它们参与到政治舞台之中,以确保"名理"与"实"相符,尤其是在政治任命与政绩方面。这也由如下事实所证明:魏晋时期,名理被扩展到了包括判断与评价人物品性的方法。换言之,名理的作用是确定政治机关的最优候选人,由此保证"位无非人"。

当然在理想情况下,只有那些"配位"者才会被任命。在传统的儒家理解中,一个人之所以配位,很大程度上取决于其学识与个人德性;正直与行孝在这方面尤为重要。但在实践中,这往往意味着唯独豪门望族的成员才被认为是"有德"的——也就是说,他们以正确的方式被抚养,被教授经典,受到官场的训练,赢获良好的声望,从而被判断为一个杰出的人。

曹操掌控政治舞台,试图扭转这一趋势,强调个体之才而不是"德"。事实上,他甚至说,纵使"或不仁不孝而有治国用

---

① Robert Henricks:"Hsi K'ang and Argumentation in the Wei",载于 *Journal of Chinese Philosophy*,8(1981):第169—223页;特别参见第208—209页,注⑩,其中给出了对"名理"之意义的学术观点。关于"名家"与"名理"的关系,见牟宗三(前文第34页注②),第254—285页。参见唐君毅《论中国哲学思想史中"理"之六义》,载于《新亚学报》,1(1955):第65—75页。牟宗三的论证正是基于此。

兵之术者"也不应被排斥在机关之外。① 这是对旧有儒家模式的直接挑战,意味着衡量一位好官员的标准不再取决于空洞的"声望",而是取决于实际的绩效。这本质上是"法家"的观点,它连同一套奖惩制度,设法确保政府的高效运作。

"名理"问题在正始年间引起了热烈的争辩,通常在讨论才性关系的语境之下展开。同样,这也不应被局限于与战国时期名家相关的那种对名称与概念的语义和逻辑分析之上。尽管分析的工具或可追溯到那里,但它们是为政治程序服务的。一旦理解了"才"与"性",就可以实施一套官员任命制度,在理想情况下这将通往强有力的治道。② 在这个意义上,早期魏国

---

①引自刘大杰,《魏晋思想论》(上海:中华书局,1939;再版,台北:中华书局,1979),第 2 页。该再版没有提到作者的名字。参见《曹操集》(北京:中华书局,1959;再版,1962),第 49 页;曹操说的相似的话,见第 32 页、第 40—41 页。

②"才性"的问题非常困难,以下列出一些细节,只为凸显该问题的特定面向。关于这个问题,见朱晓海,《才性四本论测义》,载于《东方文化》(香港),18(1980):第 207—224 页;英文摘要见于第 129—130 页。亦见于周绍贤《魏晋清谈述论》(台北:商务印书馆,1966),第 32—48 页;吕凯,《魏晋玄学析评》(台北:世界书局,1980),第 115—126 页;唐长孺,《魏晋才性论的政治意义》,载于《魏晋南北朝史论丛》(北京:三联书店,1978),第 298—310 页。

在王弼传记中,我们看到裴徽对王弼"一见而异之"。再举一例,在钟会传记中,我们得知蒋济(活跃于约 250 年)第一眼看到五岁的钟会便"异之"(《三国志》,28:784)。这不仅仅是文学修辞,它们预设了一个共识——专家可以一眼识"才"。据蒋济,实际上仅从一人之眼中,便可知其人(《三国志》,同上)。

的精神气质可以说兼具名家与法家两种学说的特征。

虽然没有史料记载王弼曾参与过这场名理之争,但无疑他是知晓的。正如下章所见,事实上王弼的《老子》注反映了他对官员任命问题的关切。这个问题的重要性表明,正始时期的文人不仅仅对那种被称为"玄论"的抽象思辨感兴趣。

这是进入"才性"问题的一条进路,即强调鉴别人才的方法。另一个更具哲学性的进路,将聚焦于"才"与"性"的关系上。"才"是否是天生的品质? 抑或它与人的原初之"性"相异,需要后天取得? 这些问题在魏朝争得火热,而我们知道,王弼是主要参与者。在钟会传中,他对这个问题的观点也颇为引人注目,可以与王弼媲美,被称为当时的新星。在傅嘏传中,我们已经看到了他对"名理"的著名讨论,其中还写道:"嘏常论才性同异,钟会集而论之。"(《三国志》,21:627)。在《世说新语》中,我们得知钟会写了一部《四本论》,其中讨论了"才性"问题的四种主要进路:(1)才性同;(2)才性异;(3)才性合;(4)才性离(见杨勇,第149—150页;马瑞志,第94页)。钟会本人支持第三种观点,而傅嘏拥护第一种。

据该条目,除了傅嘏与钟会之外,李丰(卒于243年)支持第二种观点,王广(约210—251)则支持第四种。《四本论》不复存世;但从《世说新语》其他条目来看(如第四章,第34,51,60则),这是当时讨论的主要论题;特别参见杨勇对这一点的拓展注释(《世说新语校笺》第150页注①)。正如陈寅恪所论(见前文第30页注①),傅嘏和钟会是司马氏的追随者,而王广和李丰都死于司马懿之手;"才"与"性"二者是同是异、或合或离,似乎确有其政治基础。如果"性"是决定性因素,那么"次等"家族之人,如曹操及其氏族,的确无"权利"觊觎王位。从同一视角,我们也清楚地看到傅嘏与先前提到的何晏之间的差别(见前文第32页注②)。

清谈

从清议到清谈

"玄论"运动更广为人知的说法是"玄学"。"玄"的本义为赤黑色,通常被译为"mystery(神秘)"。尽管"玄"确有"黑暗""神秘""秘密"的意思,但把"玄论"译为"mysterious discourse(神秘对话)"或把"玄学"译为"mysterious learning(神秘之学)"仍是差强人意。研究的主题可能近乎神秘,但对话本身则不然。当然,如果是有意贬义,那么"神秘(mysterious)"或"深奥(abstruse)"就是合适的。否则的话,作为一个形容词描述某种学问或者对话,"玄"字似乎更接近于"profound(深刻)"或"sublime(庄严)"。在这个意义上,玄论是这样一种对话,它论述的基本概念普通人难以轻易理解,因为它力图揭示出超乎通常理解的意义,所以它是"深刻"的对话。

虽然"玄学"最早出现在正始年间,但是它是更为普遍的"清谈"运动的一个主要特征。后者经常在历史的论域中被加以讨论,也就是说,清谈一般被解释为对当时社会政治现状的一种反映。与此相关,汉末出现的清议现象常被认为是清谈的直接先驱。① 清议通常被译作"pure criticism(纯粹批评)""un-

---

① 关于"清议"和"清谈"之间的关系,以及一般意义上"清谈"的兴起,参见唐长孺,《清谈与清议》,载于《魏晋南北朝史论丛》,第289—297页。据唐长孺,"清议"的现象衍生出了"清谈";"清议"也关切于评判人

spotted, purifying critique(纯粹批判)"或"righteous protest(正义的抗议)"。

根据这一观点,清议首先是由士大夫组织起来的政治运动,他们共同对东汉朝政进行批评。但是,由于这种尝试受到了严酷的报复,也由于魏后期被统治阶层的派系权力斗争所撕裂,清议运动转变成了本质上无关政治的现象,即清谈。魏时文人不是批评政治实践的时弊,而是将注意力转向似乎"更纯粹的"追求。"清谈者"不是从事于易于招致杀身之祸的政治批评,而是将创造力投入到音乐、诗歌、机辩以及——对我们的研究目的而言最为重要的——对抽象哲学概念的讨论。因此,正始时期被视为一个转折点,自此以后,对于部分文人而言,积

物品性的问题,例如"才性"问题。亦见于贺昌群,《魏晋清谈思想初论》(上海:商务印书馆,1947),第25—53页;范寿康,《魏晋知清谈》(上海:商务印书馆,1936),第一章。上文第36页注①中提到了范寿康的著作和刘大杰的研究,二者都受到了青木正儿(Aoki Masaru)著作的启发,见 Seidan (Tokyo: Iwanami shoten, 1934)。特别是青木对清谈运动三大主要流派的分类:(1)名理,(2)析玄,(3)旷达,基本上不加修改直接采纳。正如我们所见,第一类指的是对"才性"问题感兴趣的人;第二类特别与王弼和何晏有关;第三类稍微晚出,人物有阮籍和嵇康。据牟宗三,"玄论""名理"之论的一种形式,但除了"才性"问题之外,它也聚焦于有无之间的关系,聚焦于"道"之玄性。见《才性与玄理》,第239—243页。就此而言,在正始年间,"清谈"呈现出了思想聚焦的转变,它所根植的传统不应被忽视。据芮沃寿,如"玄论"和"才性"这种词,也指一种论证的技术。参见他的"Review of A. A. Petrov",第80页;以及 R. Henricks,"Hsi K'ang and Argumentation",第207页,注释④。因此,玄论的方法和内容对理解清谈运动颇为重要。

极的政治参与让位于更为无关乎政治的、"纯粹"且"自由"的生活方式。

汉代儒学的衰落

如果考虑到汉代儒学,尤其是在经典解释方面的衰落,上述观点似乎可以得到进一步的支持。如上所述,汉代儒学的一个关键特征在于强调天人合一。这同样反映在对经典的解释上,其中每个概念都被视为指称许多其他相关的现象,而这些现象则是在基于阴阳五行学说的宇宙论框架之中得以理解的。① 金木水火土这五行本身关联于儒家五德、五音、五方、五帝等等。这种解释进一步拓展的潜力几乎无穷无尽,甚至为了与这种五元的宇宙论图式相适配,四季也被分割成了五季。因此,解释者的任务就变成了在经典中确立这一"指称论"维度。换言之,文本说的是"x",但它"实际上"也指称"y""z"等等。然而在实践中,这常常导致对特定字词之多重意义的冗长而繁琐的讨论。

---

①这些宇宙论观念的起源与发展,特别见于徐复观,《中国人性论史·先秦篇》(台北:商务印书馆,1969;再版,1984),第509—587页。亦见于李约瑟(Joseph Needham), *Science and Civilization in China*,第二卷, *History of Scientific Thought* (Cambridge: Cambridge University Press, 1956),第232—265页;以及亨德森(前文第33页注③)。亨德森的术语,"关联宇宙论"和"宇宙论的共振",是从李约瑟的"关联性思维"中延伸出来的,它用来描述汉代宇宙论体系最为合适。关于这一主题的文献浩如烟海;若要一篇简介研究,可见拙作"Metallurgy, Cosmology, Knowledge: The Chinese Experience"(与 U. Franklin 和 J. Berthrong 合作), *Journal of Chinese Philosophy*,12(1985):333—369。

这就不难理解,为何班固(32—92)在《汉书》中抱怨道,经典研究已大为衰落了,常有"说五字之文,至于二三万言"的情形。①

如果把王弼《老子》注与河上公注对勘,那么上述考虑的重要性便更为明显。在这里值得特别注意的是,"清谈"运动被看作是对当时"腐朽"的政治与思想境况的反应。由于文人对政治现实不再抱幻想,担忧自身安危,不满于盛行的思想与学术,他们"因此"转向了酒、音乐和思辨的对话。因此,"清谈"运动通常被认为在本质上是一种逃避的形式。②

---

①《汉书》第三十卷《艺文志》。这篇文章始于对"六艺"的简述,比如"六经"。据班固,在六经之中,《易经》为首。但是,在当时五行的宇宙论彻底影响了对经典的诠释。班固接着写道,古之学者"三年而通一艺,存其大体,玩经文而已,是故用日少而畜德多,三十而五经立也。后世经传既已乖离,博学者又不思多闻阙疑之义(引自《论语》2.18),而务碎义逃难,便辞巧说,破坏形体;说五字之文,至于二三万言。后进弥以驰逐,故幼童而守一艺,白首而后能言。安其所习,毁所不见,终以自蔽。此学者之大患也。序六艺为九种"。这充满洞见的雄辩,有力地展现出汉代学术之衰。见《汉书》30:1723。参见 The Cambridge History of China,第一卷,The Ch'in and Han Empires, Denis Twitchett 和 Michael Loewe 编(Cambridge: Cambridge University Press, 1986),第 758 页。在另一处,《汉书》(88:3620)解释道,当学术成为通往官禄之途时,这种可悲的转变应运而生。例如在《隋书·经籍志》(北京:中华书局,1982),32:947—948,清楚地将其呈现。关于这一引文更多的支撑,亦见于顾实《汉书艺文志讲梳》,第二版(上海:商务印书馆,1935),第 97 页。

②例如 Etienne Balazs, "Nihilistic Revolt or Mystical Escapism: Currents of Thought in China During the Third Century A. D.",载于 Chinese Civilization and Bureaucracy. Variations on a Theme, Hope M. Wright 译, A. E. Wright 编(New Haven and London: Yale University Press, 1964),第 226—254 页。

除了对这种清谈的历史解释之外,余英时还指出,清谈也可以从文人在个体及集体层面的自我意识这一角度加以理解。这种自我意识尤其在正始年间达到了顶峰。① 这就是说,当文人建立起一种集体认同感时,他们就呈现为构成"清议"运动的统一战线。同样,当文人发展出一种个体认同感时,"清议"就嬗变为"清谈"。换言之,"清谈"运动似乎预设了强烈的个体主义,一种知识分子远离社会政治整体的深层意识。在余英时看来,尽管历史语境十分重要,但如果没有认识到文人的这种自我意识,清谈现象也无法得到恰当理解。

因此,政治背景、汉代儒学的衰落以及文人的自我意识,这些都促成了"清谈"的兴起。"玄学"现象当置于这一语境之中。在内容上,《老子》《庄子》的重要性已被提及。此外,《易经》对玄学运动也极为重要。事实上,这三个文本在当时被统称为"三玄",它们吸引了正始年间绝大多数

---

① 余英时:《汉晋之际士之新自觉与新思潮》,载于《新亚学报》,4,1 (1959年8月):第25—144页。这个对公元3世纪中国思想史的优秀研究,从汉末士人的集体意识,到士人自我意识的深化,最后再到对"清谈"现象及与之相关的新思潮的思考。在我看来,第二部分特别具有启发性。亦见于余英时近来的论文"Individualism and the Neo-Taoist Movement in Wei-Chin China",载于 Donald Munro 编, *Individualism and Holism: Studies in Confucian and Taoist Values* (Ann Arbor: Center for Chinese Studies, University of Michigan, 1985),第121—155页。参见何启名,《魏晋思想与谈风》(台北:商务印书馆,1976),相对而言,他研究"清谈"运动的进路较少以历史为导向。

"名士"。① 例如,何晏以"好老庄言,作《道德论》"而闻名。②魏时另一重要人物钟会以其对《易经》的论述而闻名,在他传记的注释中,还提到他"特好《易》《老子》"③。王弼本人也是《易》《老子》兼注。④ 总的说来,正始年间的早期"玄学"主要聚焦于《老子》和《易经》;偏重《庄子》则要稍后一些。

就《老子》而言,"无"这一概念尤为重要。它经常被挑出来作为一个主要概念来刻画"玄学"运动的整体特征。更具体来说,这里要讨论的正是"无"作为存在的奠基原则,以及作为万物的最终源头。这一概念更为详细的讨论需要到下一章,但在这里我们已经看到,"无"在本质上被用来描述道之本性。就《易经》而言,在对道这般理解的基础上,一种新的解释开始广泛流行,并挑战了传统儒家的解释。下一节我们会看到这方

---

① 关于将这三部著作统称为"三玄"的文献,现存最早可追溯至6世纪的《颜氏家训》,见吕凯《魏晋玄学析评》(台北:世界书局,1980),第113页注⑧。我从《四部备要》(台北:中华书局,1979)中核查了原文,见3.8,第14a页;此处段落显然将"三玄"与"清谈"联系起来。在此段前面,作者颜之推(531—595)也为我们提供了对魏朝主要人物的性格简评,例如,他告诫他的家人不要太骄傲好胜,就像王弼由于喜欢嘲笑别人而年轻早逝(第12a页)。

② 对何晏生平及著作引用的段落,见《三国志》9:292。据《世说新语》,第四章,第7,10则,何晏正在写(4.10)或是刚写完(4.7)一部完整的《老子》注,他前去见王弼,发现王弼注胜于自己。因此,他转而写了篇短"论"。参见杨勇(前文第31页注①),第152—153页;马瑞志(前文第22页注①),第95—97页。

③《三国志》,28:786。

④ 同上,28:795。我将在本章后面讨论王弼的数种著作。

面的一个例子。

"清谈"运动的历史背景很清楚,而王弼被认为是"纯粹"哲学家的原因也很明显。但是,对"玄学"的一般负面评价,即"避世者"与"反儒家"仍是需要讨论的。我们不必关心这一评价对于"清谈"与"玄学"整体来说是否恰当。我们的任务是看看,这种对"玄学"的一般理解是否可以用于王弼思想。

王弼:"道家"抑或"儒家"?

儒家新诠

据何劭记载,王弼见裴徽时未满20岁。后者对少年王弼的表现"一见而异之",并问道:

> 夫无者,诚万物之所资也,然圣人莫肯致言,而老子申之无已者何?

对于这个问题,王弼回答道:

> 圣人体无,无又不可以训,故不说也。老子是有者也,故恒言其所不足。①

---

① 《三国志》。参见林振述(前文第21页注②),第151页。这个事件亦记载于《世说新语》,4.8;见马瑞志(前文第22页注①),第96页。《三国志》中的结尾句可能出现了讹误,字面读来是:"故恒言无所不足

第一章　王弼：生平与思想　　45

鉴于王弼常被视为"新道家"的主要代言人,这个回答似乎有些出人意料。这里讨论的"圣人"当然是孔子。事实上,5 世纪学者周颙言曰："王何旧说皆云老不及圣。"①

(Thus [Lao-tzu] constantly spoke of the inadequacies of *wu*)",这与一般语境不符。大部分学者倾向于采纳《世说新语》中的替代版本;《世说新语》该句中的"无"被替换为"其",指代的是"有"见汤用彤,《王弼之〈周易〉〈论语〉新义》,载于《魏晋玄学论稿》(北京:人民出版社,1957),第 96 页。这篇论文也有英译,见李华德(Walter Liebenthal)译,"Wang Pi's New Interpretation of the *I-ching* and *Lun-yü*",载于 *Harvard Journal of Asiatic Studies*, 10 (1947):124—161;虽然这篇文章的译文中,所附的汉字并不匹配,但是用"Thingness"与"No-thingness"对译"有"与"无"非常有意思(第 152 页)。亦见于冯友兰《中国哲学史》,2:170,其中也采纳了《世说新语》的版本;以及鲁姆堡和陈荣捷,*Commentary on the Lao-tzu by Wang Pi*,第 xiv 页。关于对"无"与圣人关系的哲学讨论,参见杜维明《魏晋玄学中的体验思想:试论王弼"圣人体无"一观念的哲学意义》,载于《明报学刊》,18, 9 (1983):21—26。此文中强调的是经验知识;参见牟宗三,《才性与玄理》,第 119—124 页。关于此处的问题以及"无"的概念,将在下章中加以讨论。

①转引自汤用彤,《魏晋玄学论稿》,第 96 页;李华德译,第 151 页。引文节选自周颙(字彦伦)的信,该信存于佛教文选《弘明集》。然而,其确切版本并未被注明。在《四部丛刊》和《四部备要》中,文本都将"王何"改作"正何"。见周颙(卒于 485 年)《重答张长史书》,载于《弘明集》,卷六,《四部丛刊》(上海:商务印书馆,1965),第 82 页;《四部备要》(台北:中华书局,1983),第 12b 页。*Taishō shinshū daizōkyō* (Tripitaka, Taishō Version. Tokyo, 1924, vol. 52, p.40, bottom) 版本也有"正",但是在脚注中据宋版与日本皇宫版(等同于"旧宋"版)将其更正为"王"。由于这两个字看上去相似,在传抄中很容易出现笔误;但我还不能断定这一矛盾的

这一文献的重要之处在于，它指出了评价王弼思想立场的复杂性。我们还记得，晋代学者范宁就指责王弼抛弃了孔子之道。而在这里我们看到一个相反的评价：王弼是孔子的拥护者。在《论语》中有一则有意思的事：孔子的主要弟子之一子路对孔子有不悦之色，因为孔子拜访了南子。南子是卫灵公之妻，她的品格与名声明显差强人意。孔子正色答曰："予所否者，天厌之！天厌之！"①尽管孔子矢口否认，但这件事却让后来的儒者感到尴尬。首先，拜访一位"不受尊敬"的女性本身似乎已然有损孔子的形象。更糟的是，据《史记·孔子世家》中的记载，我们甚至可以推测，孔子拜访南子是因为南子可以影响她的丈夫。②

确切原因。更一般说来，这里王弼与何晏仅仅遵从着由来已久的传统，将孔子与尧、舜、禹以及其他古代"圣王"位于同列。例如在《汉书》中，有一卷题为《古今人物表》，其中把人物分列为九等。孔子位列头等，即圣人；而老子甚至位于孔子的主要弟子之下，排在第四等——"中上"。庄子的排名还要更糟，和"逻辑学家"惠施、"法家"申不害同列，庄子位于第六等"中下"。见《汉书》20:924,926,947。

①《论语》6.26, 刘殿爵译, *Confucius. The Analects* (Harmondsworth: Penguin Books, 1979), 第85页(6.28); 刘本的编号系统和标准版略有不同。

②这就是为什么陈荣捷在孔子拜访南子处加入了一段插入语"试图影响她说服卫灵公进行政治改革"。参见陈荣捷, *A Source Book in Chinese Philosophy* (Princeton: Princeton University Press, 1963; reprint, 1973), 第31页。更确切来说，这种诠释由孔安国对此章注释的支撑，见皇侃对何晏论语注的疏，《论语集解义疏》(《丛书集成初编》; 上海: 商务印书馆, 1937), 第81页。关于一些传统儒家对这个事件的解释, 亦见于理雅各

不管这件事情的真正动机是什么,甚至是否确有其事,我们都很容易想到儒家批评者对这一故事会作何反应。例如,东汉著名的"怀疑论"哲学家王充(27—约97)就认为,不论孔子的拜访还是他的回答都是成问题的。①但是王弼认为,孔子见南子是"天命",无法避免。实际上,据王弼的说法,孔子的声明和他在与南子会面时的行为没有什么关系;相反,它是庄严地承认,孔子自己在当时失败的政治生涯是天命的一部分。②重要的是,王弼认为有必要去捍卫圣人的行为。事实上,王弼在唐

(James Legge)译,*The Chinese Classics*,第一卷,*Confucius. Confucian Analects, the Great Learning, and the Doctrine of the Mean* (Oxford: Clarendon Press, 1893; reprint, New York: Dover, 1971),第193页,注㉖。关于《史记》的解释,见第47卷《孔子世家》(《四部备要》;台北:中华书局,1970),第9b—10a页。

①王充:《论衡·问孔篇》(香港:广济书局,再版,年份未知),第一部分,第95页。"怀疑论"一词是李约瑟提出的,见他的 *Science and Civilisation in China*,第二卷,特点是第368—386页。然而陈荣捷倾向于将王充描述为"自然主义者";将题目译为"Balanced Inquiries"也出自陈荣捷。见 *Source Book*,第292—293页。王充的著作被分为两卷,共84篇论文;此处讨论的是第28篇。参见佛尔克(Alfred Forke)译,*Lun-heng*,第一部分,*Philosophical Essays of Wang Ch'ung*,第二版. (New York: Paragon Book Gallery, 1962),第403—405页。亦可参看 S. Englert 与 R. Ptak, "Nan-tzu, Or Why Heaven Did Not Crush Confucius",载于 *Journal of the American Oriental Society*, 106 (1986): 679—686,在这篇有意思的文章中,传统上对南子解释的可靠性受到了质疑。

②对《论语》的注释,见楼宇烈编,《王弼集校释》(北京:中华书局,1980),2:623。这一段的原文见于皇侃的著作,引于前文第46页注②。

代被列为二十八"贤"之一并从祀孔庙。①

如果王弼没有批评孔子,那么他对儒家学说的坚持就并非天真或是盲目的。例如,上述对裴徽的答复就很好地展现出,王弼如何用一种新颖而深刻的方式重新解释儒家传统。尽管老子被认为不如孔子,但孔子现在被描述为"无"的拥护者,而"无"又是"玄学"运动的关键学说。为了进一步探索这种对儒家传统的激进新诠,我们可以稍微讨论王弼对《易经》中一个有争议的段落的理解。

大衍之数

自唐代起,王弼的《易经》注得到了朝廷的官方承认。② 在

---

①据鲁道夫·瓦格纳(Rudolf Wagner),唐太宗在648年为二十八"贤"安排了国祭。见"Wang Bi:'The Structure of the Laozi's Pointers'(*Laozi weizhi lilüe*)",载于 *T'oung Pao*, 72(1986),第92页注①。范宁也位于儒家之"贤"中,他若有知,恐怕会对王弼与他共享此荣誉感到震惊。

②参见楼宇烈(前文第47页注②),1:11。这则故事相对为人熟知,在唐太宗(627—649年在位)统治时期,对这五部经典做了重新编修与规范。这一过程始于颜师古(581—645)确立五经文本,到约630年完成。数年之后,在皇帝命令下,孔颖达和他的团队编纂了《五经正义》,即五经的"官方文本"及注释,成于642年。王弼的《易经》注入选其间,代价是替换掉了更为传统且有名的郑玄注。例如,吕思勉:《隋唐五代史》(上海:中华书局,1959;再版,1961),2:1260及以下。实际上,据孔颖达,"大体更相祖述,非有绝伦;唯魏世王辅嗣之注,独冠古今",转引自容肇祖《魏晋的自然主义》(上海:商务印书馆,1935),第7页。在《隋书·经籍

此之前,它也受到过批评。例如,高官王济(约240—285)是位儒家学者,曾"病老庄","见弼易注,所误者多"。①又如著名史学家孙盛(约302—373)肯定它"丽辞溢目",但又担心这最终会玷污大道。②这些评论启人深思,特别是因为它们是由著名的儒家学者提出的;换言之,王弼的《易》注将为我们提供极好的线索,探讨王弼是如何背离对儒家学说的传统理解的。

毋庸多言,对王弼《易》注的详细研究超出了本书的范围。与我们相关的一段文字出自《系辞上》,它与所谓的"大衍之数"的意义有关。其文曰:"大衍之数五十,其用四十有

志》中,王弼和王肃(195—256)的《易经》注被选出来作为魏晋时期的主要著作,这导致费氏学派在《易经》研究中占据优越地位。此外,名为《周易难王辅嗣义》的梁代著作也位列其中;这可被视为王弼《易经》著作重要性的另一标志。见《隋书》,32:911—913。

①见《三国志》,28:796。"悟"讹作"误"。汤用彤基于一般语境和其他版本,第一次提出这一修改,见《魏晋玄学论稿》,第63页;参见楼宇烈,2:643,注㉚;牟宗三,第87页。但是,林振述显然没有注意到这一点,因为他保留了这一错讹。

②参见楼宇烈(前文第47页注②),1:11。孙盛注的原出处已不详。然而,参见蜂屋邦夫(Hachiya Kunio)的优秀研究,"Son Set no reldshihyō to rōshi hihan"(Sun Sheng's Historiography and Critique of Lao-tzu),载于 *Tōyō bunka kenkyūjo kiyō* (Tokyo University: Memoirs of the Institute of Oriental Culture), 81 (March 1980): 19—177,特别是第146—177页。这一著作并不仅仅是对公元4世纪重要思想家的技术性研究,也对我们理解整个魏晋思想史大有帮助。

九。"①王弼注：

> 演天地之数，所赖者五十也。其用四十有九，则其一不用也。不用而用以之通，非数而数以之成，斯易之太极也。四十有九，数之极也。夫无不可以无明，必因于有，故常于有物之极，而必明其所由之宗也。②

---

①译自冯友兰《中国哲学史》，2：181—182。参见理雅各译，*The Sacred Books of China*，第十六卷，*The Texts of Confucianism*，第二部分，*The Yi King*（Oxford：Oxford University Press，1882；reprint，1968），第365页；卫礼贤（Richard Wilhelm）译，*The I Ching or Book of Changes*，由贝恩斯（Cary E. Baynes）译成英语，Bollingen Series，19（Princeton：Princeton University Press，1979），第310页。在后者中，"大衍之数"被译为"总和之数（the total of number）"，虽然这个译法更为简单，但"衍"这个字似乎取"延展（expand）"或"铺展（spread）"更为合适。关于中文文本，见楼宇烈（前文第49页注②），2：547。

②笔者自译，参见冯友兰，《中国哲学史》，2：182；楼宇烈，2：547—548。这段可能是王弼逸失著作《大衍论》的一部分；见我在第42页注①中的讨论。亦见林振述，第154—155页，注⑦。但是此处林译相当糟糕，最后一句译为"Besides, the ultimate of things (49) must be manifested from their source (the One)"，原文写作"故常于有物之极，而必明其所由之宗也"。关于"一"的概念，见伯纳德·S. 所罗门（Bernard S. Solomon），"'One is No Number' in China and the West"，载于 *Harvard Journal of Asiatic Studies*，17（1954）：253—260。这篇文章非常有意思。关于王弼对《易经》的理解，特别参见汤用彤《魏晋玄学论稿》，第84—102页。以及容肇祖的简要讨论，《魏晋的自然主义》（上海：商务印书馆，1935），第15—26页；这篇文章也很出色。

在细究王弼注之前,不妨简要浏览若干汉注。例如,京房(前77—前37)的解读全然不同:"五十者,谓十日、十二辰、二十八宿也,凡五十。其一不用者,天之生气,将欲以虚来实,故用四十九焉。"①

东汉著名经学家马融(79—166)的讲法更为精细。关于"大衍之数",其注曰:

> 易有太极,谓北辰也。太极生两仪,两仪生日月,日月生四时,四时生五行,五行生十二月,十二月生二十四气。北辰居位不动,其余四十九转运而用也。②

$1+2+2+4+5+12+24=50$——这确实是一个非常精致的体系。

这些例子很好地反映出对宇宙论,以及自然和宇宙的直接对应的强调,这在前文已经引起我们的注意。这也反映了一种

---

① 引自唐代注者孔颖达;见《周易集解》,孙星衍(1753—1818)编(《图书集成初编》,第十卷;上海:商务印书馆,1936),8:574。据汤用彤,同上,第65页,"天之生气"一句我译为"heaven produces ch'i",可能是"天一主气"的讹误,这与对北极星的宗教崇拜相关。参见贺昌群《魏晋清谈思想初论》(上海,1947),第9—11,60—63,76—78页。英文文献参见陈启云(Ch'i-yün Ch'en),"A Confucian Magnate's Idea of Political Violence: Hsün Shuang's (128—190 A.D.) Interpretation of the Book of Changes",*T'oung Pao*, 54 (1968):73—115,其中包含了关于汉代《易经》研究整体的有用信息。

② 《周易集解》(《图书集成初编》),8:574。

"指称论"的解读方式,它是汉代解经的一般方法。郑玄(127—200)可以说是汉代最伟大的经学家,就是他也受到这种理解模式的影响。郑玄试图将"大衍之数五十,其用四十有九"和《系辞》的另一段文字结合起来,后者测算宇宙之数为五十五。① 据郑玄,尽管"大衍之数"是五十,但它并不包括五行。在通过关联天、地、数字一到十、五方、五行来解释这些数字的起源之后,郑玄接下来的讲法非常简单,"一"不被用于"大衍",因为它不用于占卜的目的。也就是说,如果将蓍草分为两组,五十就会得到两个偶数或两个奇数;相反,四十九将给出一个奇数和一个偶数,而这能够与卦中的阴爻与阳爻关联起来。②

这里最重要的是,王弼对《易经》的诠释已然放弃了这种汉代典型的"指称论"理解模式。宋代诗人赵师秀(活跃于1190年)写道:"辅嗣《易》行无汉学。"③王弼关注的不是数字

---

①《周易集解》(《图书集成初编》),8:574—575,577—578。参见理雅各译, *The Yi King*, 第365页,以及卫礼贤(前文第50页注①),第310页。我也参考了《图书集成初编》版的《周易郑注》(上海:商务印书馆,1936),补充见第62—63页。《易经》原文中,1,3,5,7,9是天之数,2,4,6,8,10是地之数。其总和是55。有些学者论证道,"大衍之数"也应该是55,而50则是讹误。例如高亨,《周易大传今注》(山东:齐鲁书社,1979),第524—525页。

②见理雅各,《周易集解》(《图书集成初编》),第368页,对第51节的脚注;参见卫礼贤,第311页。

③转引自王应麟(1223—1296),《困学纪闻》,卷十八(台北:世界书局,1963),第930页。另一唐代注者注曰:"郑则多参天象,王乃全释人事。"见李鼎祚,《周易集解》,载于《周易注疏集补正》(台北:世界书局,1968),序言,第2页。

所代表的意义,而是揭示"一"的深层要义,它似乎区别于其他数字。我们看到,"一"被描述为"易之太极"。虽然"一"不被使用,也不是一个数字,但它使变易之进程得以可能并最终完成。此外,据王弼,"一"也关联着"无",这一点在王弼《老子》注中非常重要。

言与意

传统儒家对《易经》的理解也因此转变为对变易之根基的阐明。这包含着重要的诠释学意义。王弼是如何达到这一解释的?他偏离旧有诠释模式,其合法性根据在哪里?回答这个问题,需要回到王弼对"言""意"关系的理解。杜维明也把"言""意"关系解释为"表达出来的形式(expressed form)"与"蕴含着的意义(implied meaning)"之间的关系。①

整个言意问题在《易经》中也有其根源。在《系辞》中我们读到:"子曰:'书不尽言,言不尽意。'"②这显然提出了一个重要的诠释学问题,即完全理解作者或文本意义是否可能。事实上,《系辞》紧接着问道:"然则圣人之意,其不可见乎?"对此,孔子答曰:

> 圣人立象以尽意,设卦以尽情伪,系辞焉以尽

---

① 杜维明,《从意到言》,载于《中华文史论丛》,第一辑(上海:上海古籍出版社,1981),第255—261页。在这部作品中,杜维明试图引入当代诠释学,特别是保罗·利科的著作,来对中国哲学加以讨论。

② 《周易集解》(《图书集成初编》),8:604—605;参见理雅各,第376—377页;卫礼贤,第322页。

其言。①

这个解释是为了勾勒"象""卦"与"系辞"在理解《易经》中的位置。它把意义问题提到了思想探究的前沿,就此而言,我们在现代可以听到它的回响。那么,"象"是否足以传达变易的意义?王弼难以避免这个问题,因为他关切的正是变易的根本之理。对王弼而言,这个问题超乎"象""卦"。他在《周易略例》第四部分的《明象》中写道:

> 夫象者,出意者也。言者,明象者也。尽意莫若象,尽象莫若言。言生于象,故可寻言以观象。象生于意,故可寻象以观意。意以象尽,象以言著。故言者所以明象,得象而忘言。象者所以存意,得意而忘象。②

虽然这不是对正在讨论的那段文字的直接注释,但显然王弼在回答《系辞》作者所提出的那个问题。乍一看,王弼似乎遵循着《系辞》的基本论证,也就是说,保留了"言""象""意"的基本关系。按照《系辞》本身的概括,"言"解释

---

① 《周易集解》(《图书集成初编》),8:604—605;参见理雅各,第376—377页;卫礼贤,第322页。

② 楼宇烈,《王弼集校释》,2:609,重点系笔者所加。参见冯友兰,《中国哲学史》,2:184,以及卫德明(Hellmut Wilhelm),*Change: Eight Lectures on the I Ching*,贝恩斯(C. Baynes)英译,Bollingen Series, 62 (Princeton: Princeton University Press, 1973),第87页。前者的翻译是不完整的。

"象",而"象"则揭示更深层的"意"。但王弼在这里引入了一个新的元素,它实际上把《系辞》中赋予"言"与"象"(包括"卦"在内)的终极重要性取消掉了。在上述文字中,王弼显然通过"故"引入了他自己的观点,而他的观点并没有完全遵循先前基本上由《系辞》而来的论证。王弼现在主张,如果理解了意,言与象就可以被忘掉。换言之,重点由解释的手段转向了目的本身。

如何证明这一主张的正当性,尤其是《系辞》乃至整个《易经》似乎都不支持它?有意思的是,王弼借助《庄子》进一步推进论证。在王弼看来,"言"与"象"就像猎人或渔夫的工具:

> 犹蹄者所以在兔,得兔而忘蹄;筌者所以在鱼,得鱼而忘筌也。然则,言者,象之蹄也;象者,意之筌也。是故存言者,非得象者也;存象者,非得意者也。①

这个隐喻可能没有王弼的论证所主张的那种必然性,但它清楚地揭示出论证的逻辑。在理解"意"的时候可以忘记言与象,不仅如此只有"忘记"这些解释工具才能真正理解"意"。王弼

---

①楼宇烈,《王弼集校释》;参见卫德明,*Change: Eight lectures on the I Ching*。这个隐喻当然来自《庄子》的名篇,第26篇;见华兹生(Burton Watson)译,*The Complete Works of Chuang-tzu* (New York and London: Columbia University Press, 1968),第302页。在这个语境中,"蹄"的意思不是卫德明所理解的"足迹(trail)",而是"陷阱"或"罗网";Watson译作"捕兔陷阱(rabbit snare)"非常达意。

认为:"得意在忘象,得象在忘言。"①在《明象》的结语部分,王弼激烈反对汉代用外在指称来解读《易经》的方法,因为这种方法最终"失其原",即失去《易经》的原意。②

在魏晋时期,整个言意关系问题显然是一个备受争论的主题。例如,欧阳建(约269—300)写过一篇论文题为《言尽意论》。③ 另一方面,荀粲(210—238)则以"言不尽意"论著称。④ 对我们来说,这场论争的重要性在于它指出了王弼所持的诠释框架。在这个框架中,意义首先是"非指称性"的,因为它不存在于作者或文本可能指称的外在对象中。相反,意义等同于思想本身的本质或基础。虽然意义经由言与象的中介,但理解本身超越了工具,也即超越了揭示意义的中介。就此而言,解释首先是一个"还原"的过程——我们在描述性的而非贬义的意

---

① 楼宇烈,《王弼集校释》。

② 同上。实际上,王弼特别批评了当时的通行解读,即将乾坤二卦分别对应于"马"和"牛"。

③ 欧阳建:《言尽意论》,载于严可均编,《全上古三代秦汉三国六朝文》,第109章(再版于京都,1975),第2084页。对这篇论文的概要,亦见于《世说新语》;见马瑞志(前文第22页注①),第103页;参见冯友兰,《中国哲学史》,2:185,其中也翻译了《世说新语》的版本。

④《三国志》,10:319—320,注②,引自何劭的荀粲传。本文译于韩禄伯(Robert Henricks),"Hsi K'ang and Argumentation",第171—172页,但是其将出处错认为是《晋阳秋》。但如汤用彤指出的,荀粲与王弼齐名的说法不能没有条件,参见他的论文《言意之辨》,载于《魏晋玄学论稿》,第36—37页;亦见于34—35页,其中通过将王弼与何晏对《论语》某章诠释进行对勘,论述了王弼对"言"和"意"的理解与何晏相左。据韩禄伯(第211页,注⑲),嵇康也写了一篇《言不尽意论》,但已逸失。

义上使用"还原"这个词。王弼主张回归"言"与"象"背后的本质基础,而非将一个概念或"象"拓展开去囊括其他现象。这不等于否定中间步骤的重要性,王弼所反对的是一种将终极要义赋予"言""象"的"盲目崇拜"。下章将会论及,这种洞见最终可追溯到王弼对道的理解,即道"无名""无形"。

圣与情

因此,王弼多多少少是个打破旧习的人。毫无疑问,他认为对经典的传统解释缺乏洞见与理解力。然而,他并没有简单地用新的解释代替旧的。王弼对《易经》的解读是基于彻底重塑解释进程本身。为了克服我所谓的解释的指称论模式,王弼毫不犹豫地汲取道家资源来阐发他的观点。这是否使他成为"新道家"或是"反儒家"?

有人认为,王弼不过是"利用"孔子使他的"新道家"哲学合法化而已。例如在《庄子》中,孔子就被塑造成一名道家的门徒。《史记》中也写道:"世之学《老子》者则绌儒学,儒学亦绌《老子》。"①但就王弼而言,并没有证据表明他卷入了这场宗派之争。虽然单纯从历史角度思考,可能无法确定王弼的思想倾向,但基于上述分析,我们大致可以公允地说,无论是"反儒家"还是"新道家"都无法充分描述王弼的思想。事实上,理解王弼著作的困难之处就在于,它常常被从新道家的观点加以解释。尽管王弼处在"玄学"运动的中心,但他没有坚持玄学的全部原则。为了给这个初步讨论下结论,我

---

①见《史记》(《四部备要》),63.3a—3b。

想谈谈王弼对圣人之"情"的看法。在这个问题上,王弼再一次展现出独立思想者的特质,这一点对于下章的分析来说同样重要。

根据何劭的王弼传记,"何晏以为圣人无喜怒哀乐,其论甚精,钟会等述之"。① 这是当时的主流观点,如《世说新语》也记载了其他赞同这一主张的学者。② 然而,王弼对此表示反对。王弼传接着写道:

> 弼与不同,以为圣人茂于人者神明也,同于人者五情也。神明茂故能体冲和以通无;五情同故不能无哀乐以应物。然则圣人之情,应物而无累于物者也。今以其无累,便谓不复应物,失之多矣。③

这场关于圣人情感本性的论争对成圣的可能性本身提出了质疑。汤用彤认为,自汉代以降直至当时,主流的观点都是不可

---

①《三国志》,28:795;参见林振述,*Translation*,第 152 页;冯友兰,《中国哲学史》,2:188。

②见《世说新语》,4.57,17.4;载于杨勇(前文第 31 页注①),第 186,488 页,以及马瑞志(前文第 22 页注①),第 122,324 页。这一重要的议题近来受到了前所未有的关注;最有意思的是,"情"似乎是士人所珍视的品质。也就是说,当人们普遍认为圣人超越了人类情感时,"真"情似乎也成为名士本性的象征。可能是因为在魏晋时期,圣人的概念已经变得有些遥远了,甚至可能被"名士"这一更为贴近的形象所取代。然而,在这个猜想之外,我们不能在此详细讨论这个问题。

③见前文第 58 页注①。"五情"是喜怒哀乐怨。

能成圣的。① 倘若像何晏及其他人所认为的那样,圣人无情,那么圣人就变成了"超人",因此人类无力企及。但王弼持相反观点;圣人的确有情,而圣人只是在神明,即智慧与灵性方面异于常人。依笔者之见,按照王弼的解释,成圣并非不可能。

成圣问题对于我们理解王弼整个魏晋思想史而言都至关重要。对王弼来说,圣人的智慧具体表现为他能够体"冲和"并最终"通无"。圣人之情使得他能够"应物",进而能够真正影响社会与政治世界的变化。否则,圣人将停留在绝对的超越性中,无法带来中国传统思想中的理想国家即"太平"之治。汤用彤指出,魏时文人普遍坚信,只有圣人才能为世界带来真正的太平。② 圣人能够应物,但从不为物所"累"。在这里,王弼似乎暗指《庄子》中的一段话:"恶欲喜怒哀乐六者,累德也。"③据《庄子》,人的情感将人束缚于人为的世界,从而妨碍它们获得真正的"德"。王弼可能反对这种观点,至少反对将

---

①汤用彤:《谢灵运〈辨宗论〉书后》,载于《魏晋玄学论稿》,第112—119页。汤用彤的论点旨在反对"传统固有"的观点,是佛教认为圣人或者佛陀可通过人的努力而致。就此而言,我不同意汤用彤的结论:王弼也赞同成圣是不可企及的。

②《读〈人物志〉》,载于《魏晋玄学论稿》,第9—10页。刘劭3世纪早期著作的英文翻译,参见 J. K. Shryock, *The Study of Human Abilities: The Jen-wu chih of Liu Shao*, American Oriental Series,第十一卷(New Haven: American Oriental Society, 1937; reprint, New York, 1966)。

③第23篇,《庚桑楚》。参见陈鼓应,《庄子今注今译》(台北:商务印书馆,1975;再版,1984),2:674。参见华兹生译,*Complete Works of Chuang-tzu*,第259页。亦见于周绍贤,《魏晋清谈述论》(台北:商务印书馆,1966),第64页。

它应用在圣人之上。我们应该认识到,王弼重新解释儒家传统,而他对待道家经典也不是一种持天真或不加批判的态度。王弼的思想取向问题将从这个角度加以探讨。我们在下一章就会看到,王弼对《老子》的理解超越宗派性的考量。不过,接下来我希望先把关注点转向几个文本问题,它们关系到王弼《老子》注的历史与结构。

王弼《老子注》及其他著作

王弼是一位多产的作家,不过,在他短暂的一生中究竟写了哪些著作,这还是让人有些困惑的。何劭所作的王弼传记与历朝断代史中的文献目录有不同的记载。此外,他的大部分著作并没有留传下来。

按照大多数记载,王弼的作品有五卷,虽然现已逸散,但可能直至11世纪都还存世。[①] 从传统文献来看,王弼的确有关于《论语》的著作《论语释疑》。不幸的是,它也未能幸存,现在

---

①《隋书·经籍志》第一次记载了此书,包括"录一卷"。它在《旧唐书》和《新唐书》中都有编目,但不再列出"录"。在《宋史》中,完全不再有这部著作的引用。因此,在编著《新唐书》(成于1060年左右)时,《王弼集》可能仍然存世。王弼著作的相关资料见于《隋书》,第三十二、三十四及三十五章,第909,910,936,1000,1060页;《旧唐书》,第四十六、四十七卷(北京:中华书局,1975),第1967,1968,1981,2026,2028,2057页;《新唐书》,第五十七、五十九及六十卷(北京:中华书局,1975),第1424,1443,1514,1580页。

仅有少数几条因为其他注释的引用而被保留下来。① 由于4世纪的学者韩康伯(约活跃于365年)的努力,王弼关于《易经》的主要著作(由对六十四卦的注释组成)得以流传至今。韩康伯补注《系辞》等章,从而完成王弼的著作。王弼还有一篇较短的《周易略例》,我们之前已经提到过。② 据王弼传记,他还写了一篇《大衍义》。我们已经看到,它聚焦于《易经》的一段文字。除了韩康伯在《系辞》注中引用的几句话之外,我们今天看不到任何进一步的记载。③ 当然,王弼《老子注》还存世。最后,王弼还写了至少一篇有关《道德经》的简短论述。很长一段时间人们以为它佚失了,但今天许多学者指出,它就是《道藏》中那篇题为《老子微指例略》的匿名论文。④

---

①再次申明,关于《论语》的著作列于《隋书》《旧唐书》与《新唐书》中,却不见于《宋书》。《隋书》记载其有三卷,但两部唐史中仅两卷。对这部著作的引用,见于对何晏《论语》注的疏中。特别见于皇侃的《论语集解义疏》。

②例如在《四部丛刊》版中,最近的文本总计有三。《周易略例》也被分开刊印,有唐代学者邢璹的一篇注。

③两部唐史提到了《周易大衍论》,但不见于较早的《隋书》。至于它是否就是《周易略例》,仍疑团重重。但是,我认为王弼没有理由不能写两篇关于《易经》的论文。

④王弼写了多少篇关于《老子》的短论文?虽然这个问题与我的分析并不直接相关,但它对澄清一些困惑或有帮助。在王弼传中,我们读到:"弼注《老子》,为之指略,致有理统。著道略论,注《易》,往往有高丽言[(Wang) Pi commented on the *Lao-tzu*; for it (he) made an outline (*chih-lüeh*), (which is) highly structured and/or systematic. (He) composed (*chu*) the *Tao lüeh-lun*, commented on the *I-ching*, (both of which) often contain splendid sayings]。"我在此采取直译,原文颇为含混,因为它既不加标点也没标书名。例如,林振述认为此段意为:"王弼《老子》注用系统的论述给出了一篇简明的指南,其中以简洁的论述阐明道。他的《易经》注常常有精彩的论述[Pi's commentary on the Lao-tzu provides a concise guide, with systematic arrangement which illumines Tao in terse statements (chu tao lüeh lun). His commentary on the I-ching frequently has excellent statements]。"(第152—153页)由于动词"著",在此语境中,似乎"道略论"的意思不是用以"阐明"道的简洁论述。例如,陈荣捷认为这是一篇文本,载鲁姆堡和陈荣捷译,*Commentary on the Lao-tzu by Wang Pi*,第 xxviii 页。

事实上,据楼宇烈,这里实际上指的是四个标题:《老子》注,《易经》注,《道略论》,还有《指略》,见于《王弼集校释》,2:641。那么,王弼是否写了两篇关于《道德经》的短文?在传统文献中,王弼的《指略》被多次提及。在《旧唐书·经籍志》中,紧随何晏的《老子道德论》之后,我们看到了两卷《老子指例略》,但没有著作者。在《新唐书》中,这部著作被归诸王弼。在《经典释文》(《图书集成初编》;上海:商务印书馆,1936,1:53)序言中,陆德明也提到了,王弼为了补充他的主要著作,还写了一卷《老子指略》。这与王弼传中提到的《指略》相符。那么他是否写了另一部题为《道略论》的著作呢?

在《宋史》(第二百零五卷,艺文志四,北京:中华书局,1977,第5177页)中,记载王弼写了《道德略归》。然而,《宋史》后面几页(205:5180)也提到了一卷《老子指例略》,并补充说其作者未知。在郑樵(1103—1162)的《通志》中,有两卷《老子指例略》被归于王弼,与之相邻的是未著明的《老子指略论》(卷67,载于《十通》版,上海:商务印书馆,再版,1935,卷20,4:787)。在另一部宋代百科全书中,马端临(约1254—1340)的《文献通考》,王弼著作列为《老子略论》一卷(《十通》版,12:1730)。在此马端临主要依据晁公武(活跃于1150年)著名的目录学著作《郡斋读书志》,其中将《老子略论》归于王弼,有18章,并引用了"景迂"的话,认为王弼对《老子》的理解远胜于《易经》。景迂是晁说之(1059—1129)的号,我们将会看到,晁说之对王弼《老子》注通行版本的流传颇为重要。似乎晁公武拥有正在讨论的著作的第一手知识。(见《四部丛刊》版,上海:商务印书馆,再版,1935),8:4a。这段实际上包含于宋代学者赵希弁《郡斋读书志》的增补中;但既然马端临直接引自"晁氏",我想将此问题存而不论。)最后,王应麟编纂的百科全书巨著《玉海》中,也认为王弼的著作是《老子略论》(第53卷,第11b页;1783年120卷中的第26卷,元代版本再版)。

要处理这些不同的题目,最简单的方法是将它们视为同一著作的不同变体。例如,陈荣捷认为,这甚至可被视为当代学者的普遍共识(参见鲁姆堡和陈荣捷,Commentary,第 xxviii – xxix 页)。为了支持这一观点,我们可以诉诸何晏关于《老子》的著作。在《隋书》(34:1000)和《旧唐书》(47:2028)中,何晏的著作都被记载为《道德论》两卷。但在《新唐书》中,它变成了《道德问》。事实上,在宋代高似孙(活跃于1185年)所作的百科全书《子略》中,其题目甚至变为《指略论》(母卷,1.22a;Hsüeh-ching t'ao-yüan,注释⑧,上海:商务印书馆,1922)。换言之,"论""略论""略例"和"指略"这些词在现代之前是可以互换使用的。尽管这全然是可能的,我认为另一种可能也不应被忽视。如王重民所论,这里也有可能是两部不同的著作。参见他的《老子考》,第54—55页;需要注意,鲁姆堡和陈荣捷错误地叙述了王重民的观点,见 Commentary,第 xxix 页。亦见于谢扶雅《现存老子道德经注释书目考》,载于《岭南学报》,1,3(1930年6月),第68—69页。谢扶雅认为所有这些题目是一部著作的变体,在一个脚注(注㊽)中表明,从结构和风格来看,当前版本的王弼《老子注》中的某些段落可能最初属于这篇短文。

似乎清楚的是,王弼写过关于《老子》的《指略例》或《指例略》。两部唐史和《通志》都支持这一观点。在《文心雕龙》中,也有对王弼"两例"的引用,大概指的是关于《易经》和《老子》的两篇短文。(见张立斋编《文心雕龙注订》,台北:正中书局,1967,第185页。)《宋史》中同名的未署名著作可能也是这篇略例。在14世纪时,王弼的《老子指例略》可能已不复

《老子注》的流传

王弼《老子注》的文本历史难以追溯。在宋朝之前,它没有得到广泛的承认。因此,许多文本问题摆在研究《老子注》的学人面前。正如武内义雄(Takeuchi Yoshio)所论:"如今,

存世,或不为人所知。

然而,如我们所见,《宋史》也记载了王弼的《道德略归》。这能否作为王弼传记、《玉海》《郡斋读书志》以及《文献通考》中归之于他的《道略论》最后存在的踪迹呢?它们都一致地记载这部著作为一卷,并且晁公武注似乎表现出对这部著作极为熟悉。《通志》中也有《老子指略论》,尽管列为两卷,未标明作者。就像王弼在写了《周易略例》之外,还写了一篇独立的《大衍论》,他可能也写了两篇独立的《老子》著作,以补充主要的注释。

1937年,王维诚指出,宋代道家文集《云笈七签》(卷一,第2b—6a页,《四部丛刊》)中包含着一段对题为《老君指归略例》但未署名的文本的长篇引用,这第一次引起了人们的注意。这段引用几乎与从《道藏》中找到未署名的《老子微指例略》(《道藏》,998)的前半部分相同。于是王维诚认为它就是王弼写的《老子》短论。在1956年,严灵峰也作此论,自此二者的等同被广为接受。关于这两部著作的等同关系,见于瓦格纳(R. Wagner),"Wang Bi:'The Structure of the Laozi's Pointers'", *T'oung Pao*, 72 (1986): 92—99。但是,据陈荣捷,"正在讨论的著作是基于[王弼]注而写成,写作的人并不非常理解王弼新颖的哲学思想"(鲁姆堡和陈荣捷, *Commentary*, 第 xxx 页)。虽然没有很有力的理由来反驳这种等同,但基于风格和内容的论证归根结底是不足以作为结论的。我们可以说,使用这部著作需要谨慎。瓦格纳的著作中有对这篇文章的翻译,张钟元(Chung-yue Chang)的文章也有翻译,见"The Metaphysics of Wang Pi", Ph. D. dissertation, University of Pennsylvania, 1979。

王弼注几乎找不到善本。"①

---

①Takeuchi Yoshio, *Rōshi genshi* (Tokyo: Shimizu kōbundō, 1926; reprint, 1967),第71页。这部著作由江侠庵翻译,载于他的《先秦经籍考》(上海:商务印书馆,1933;再版,三卷合一,台北:河洛出版社,1975),2:197—324。参见武内义雄,*Rōshi no kenkyū* (Tokyo: Kaizosha, 1927)。后一研究更为全面,因为它考虑到了《老子》本身;但是对王弼注和对河上公注的讨论,前者都要更为充分。最近,这两种研究和四篇关于《老子》的短文,一同再版为十卷本"Collected Works of Takeu-chi"的第五卷,见 *Takeuchi Yoshio Zenshū*,第五卷,*Rōshi hen* (Tokyo: Kadokawa shoten, 1978)。这部著作也包含了木村英一(Kimura Eiichi)的推荐语,以及金古治(Kanaya Osamu)的书目注释。亦见于波多野太郎,*Rōshi dōtokuyō kenkyū* (Tokyo: Kokusho kankōkai, 1979)。原版为波多野太郎的 *Rōshi Ō chū kōsei*,首次发表于 *Yokohama shiritsu daigaku kiyō*,Series A, nos. 8 (1952), 11 (1953),以及27 (1954),附有关于这一主题的其他研究。这部著作非常有价值,特别是因为它收集了几乎所有与王弼注相关的注释,从中国和日本的传统文献到当代的学术。较短的研究包括对主要著作的补充,日本学界关于王弼注的论文,还有两篇关于《老子》的文章。接下来的讨论,特别参见第10—33,496—519页。楠山春树(Kusuyama Haruki)写了非常有用的评论,载于 *Tōhō shūkyō* 54 (November 1979):89—98。下列较短的讨论也很有用:Shima Kunio, *Rōshi kōsei* (Tokyo: Kyūkoshoin, 1973),第9—10页;王重民:《老子考》,第48—54页;鲁姆堡和陈荣捷,*Commentary*,第xxiii—xxviii页;以及马叙伦《老子校诂》(北京:古籍出版社,1956;再版,香港:太平书局,1965),第1—3页。这部著作是马叙伦《老子核诂》(北京:景山书社,1924)的修订本。关于王弼注中的《老子》文本,鲍则岳给出了很好地讨论,参见"The *Lao-tzu* Text that Wang Pi and Ho-shang Kung Never Saw",载于 *Bulletin of the School of Oriental and African Studies*, 48 (1985):493—501。特别在对第1章和第39章细读的基础上,鲍则岳认为王弼和河上公的文本与当代版本中的文本是不同的,而他们的文本更近于马王堆《老子》帛书。关于马王堆帛书,参见后文第74页注③。

这个问题由来已久。《隋书·经籍志》明确记载王弼的著作:"《老子道德经》二卷,王弼注。"①但《旧唐书》著录王弼著作为《玄言新记道德》二卷。② 使问题更为复杂的是,《新唐书》将此书标在著名学者王肃(195—256)的名下,而王弼的著作则被列在一个稍微不同的标目之下,即"新记玄言道德"。③只是在《宋史》中,人们更为熟知的标目"老子注"才被重新归于王弼注,而王肃的作品则彻底消失了。④ 我们没有理由不相信,这些标题指的是同一著作。清代(1644—1911)《四库全书》的编纂者一直怀疑,这些题目是同一注本的变体。⑤ 近来,武内的解释更具说服力。他指出,"元言新记"在唐代是普遍

---

①《隋书》,34:1000。

②《旧唐书》,46:2026,在大部分文本中,"元"都用来借代"玄",据谢扶雅,有些文本有"妙言",意义大致相当于"深远的话(profound words)",但另外还有"非凡(marvelous)"或"奇妙(miraculous)"等含义,参见他的《现存老子道德经注释书目考略》,载于《岭南学报》,1,3(1930):68,注㊴。

③《新唐书》,59:1514,1515。

④《宋史》,205:5177。

⑤见《四库全书总目提要》,纪昀编纂,二十八卷(万有文库版,上海:商务印书馆,1935),第3032页。这是一部极为重要的注释性目录,不仅包括了《四库全书》(完成于乾隆年间)中三千多种著作,而且还有另外六千多种编者所知的著作。关于《四库》的编纂,参见郭伯恭《四库全书纂修考》(北京:商务印书馆,1937)。此处讨论的《四库全书》中的王弼注,属于纪昀的私人藏书。纪昀是《四库》的总编纂,可能就是他写了这篇文章。

适用于道家著作的通称。① 例如，在一个敦煌卷子（P2462）中，这一题目也用于其他有关《道德经》的著作。② 此外，《隋书》也著录了一部《元言新记明庄部》。③

这里的关键之处在于，不同的目录列表很容易引起混乱；或者更确切地说，这些不同的条目反映了自古以来王弼著作的不确定状态。据宋代道家著作谢守灏（活跃于1194年）的《混元圣纪》，王弼的《老子》当时有两种版本：一种5683个字，另一种5610个字。④ 彭耜（活跃于1229年）注及焦竑《老子翼》亦持此说。⑤ 另一位宋代注者董思靖（活跃于1246年）的注释中，版本数量甚至增加到了四种，但可以基本肯定的是，董思靖可能错了，因为在其他著作中这两个"新"版本被归于河上公

---

①Takeuchi Yoshio, *Rōshi genshi*, pp. 62—66.

②同上。关于这部手稿的描述，亦见于大渊忍尔（Ōfuchi Ninji），*Tonkō Dōkyō*，第一卷，*Mokuroku hen*（Tokyo: Hukubu shoten, 1978），第三部分，第246页。据Takeuchi，当这些关于《道德经》的论著被收录于唐代的道藏中，它们可能被组合在一起，并被统称为《道藏》。

③《隋书》，34:1002。

④谢守灏，《混元圣纪》，卷三，载于《道藏》551（《道藏子目引得》705），第20a页，引用自唐代学者傅奕（555—639）。"混元"这里指的就是老子本人；这基本上是一部圣徒记录的著作。亦见于 Hatano, *Rōshi dōtokukyō kenkyū*，第518页。

⑤彭耜，《道德真经集注杂说》，《道藏》403（《道藏子目引得》709），2.30b。这是对彭耜本人《老子》注（《道藏》398—402）的补充，它由序言的普遍引用和对《道德经》的注解组成。引自 Hatano, ibid., 第502页。参见焦竑《老子翼》（《图书集成初编》，上海：商务印书馆，1940），第175页。

名下。① 然而,这一错误本身表明了追溯王弼注文本流传之困难。到了宋代,似乎王弼的《老子注》已不再广为人知或现成可得。洪颐煊(1765—1837)认为,"今本王弼注明代始出,或后人掇拾为之"②。如果我们相信清代早期学者钱曾(1629—1701)的看法,王弼的作品在17世纪显然就已经佚失了。③ 考

---

①董思靖,《太上老子道德经集解》(陆心源,十万卷楼丛书本,1877),序言,第4b页。这篇文本也收录于《道藏》,见《道藏》393(《道藏子目引得》705)。引自Hatano,同上,第502—503页。在这部著作中,王弼《老子》文本的四个版本,字数分别为5683,5610,5355和5590。在彭耜和焦竑的著作中,后两个版本被列于河上公注之下,在这里二者都引用了谢守灏。但在谢守灏的著作中,据说河上公版本有5555和5590个字。尽管5355和5555略有出入,但上下文中清楚表明董思靖引用了这个较早的资料。

②洪颐煊:《读书丛录》,卷十三(原刻本,6册,1822),卷四,第1b页;转引自Hatano,第506页。这里主要的证据,是法琳(活跃于625年)所作的唐代佛教著作《辩正论》中对王弼注第二十五章的引用,它与通行的王弼文本不符。

③钱曾:《读书敏求记》,卷三(《图书集成初编》;上海:商务印书馆,1936),第80页。转引自《四库全书总目提要》,28:3032。据王重民:《四库全书》总编纂纪昀误解了钱曾的注释。王重民论道,如果使用不同的句读,这不意味着王弼注不复存世;相反,它意味着"盖钱氏谓宋代辅嗣注传本甚稀,晁说之熊克翻刻后,始大传于世"。见王重民,《老子考》,第54页。但是在我看来,王重民的解读过于刻意。例如,《四库》的解读得到了管庭芬(生于1797年)的支持,见于他编著的钱曾的著作。见章钰,《读书敏求记校正》,3a. 14b(原刻本,6册,1926)。此外,钱曾没有收录王弼注,且这条注释是在河上公注之下找到的。钱曾以谨慎的目录学家而闻名——他的著作基本上是他私人收藏600余部书的注释目录,如果他有王弼注,他必将会写得更为清晰。晁说之和熊克的著作很快将被讨论。

虑到今天王弼注广泛流传,这可能会令人感到诧异。但是,正如我们所看到的,在传统中国占据主导地位的乃是河上公的《老子》注。今天王弼注的标准文本是《四部备要》本,下一章的分析便是以此为基础。这个本子除了《老子》原文及王弼注之外,还包含了宋代学者晁说之的跋,熊克(约1111—1184)的再刊跋,以及从陆德明《经典释文》中摘录出的以王弼本为基础的《老子音义》。①《四部备要》本是清代聚珍版的翻刻。"聚珍"即活字,1773年由皇帝下诏刻制,当时不朽的《四库全书》的收集工作刚刚开始(完成于1782年)。可以顺带一提的是,聚珍版也常称"武英殿版",因为这些活字刻制于内府武英殿。聚珍版本身是基于明代张之象(1496—1577)的版本,其中包括上面提到的两种跋,而且是从张之象的《三经晋注》中录出。不过,四库馆臣把张之象本与陆德明《老子音义》及明《永乐大典》所载版本进行了对勘(1403—1424)。② 换言之,虽然《四部备要》本可以通过聚珍版追溯到张之象本,但不能说我们在此有了首次刊行于明末万历年间(1573—1620)的张

---

①在《经典释文》的长序中,陆德明写道,在《老子》诸多注本者中,"唯王辅嗣妙得虚无之旨;今依王本",见《经典释文·序录》(《图书集成初编》;上海:商务印书馆,1936),1:53;亦见于卷二十五,16:1403。

②《四库全书总目提要》,28:3032,参见周中孚(1768—1831)《郑堂读书记》,卷六十九(台北:世界书局,再版,1960),2:8;转引王重民《老子考》,第51—52页。不幸的是,《永乐大典》的主体部分已经逸失;原有11095册,现在仅有一些残篇。仅就王弼《老子注》而言,第二部分已不得传世。见刘国钧,《老子王弼注校记》,载《图书馆学季刊》,8,1(1934):91。及鲁姆堡和陈荣捷,*Commentary*,第xxiv页。

之象原版。事实上,四库馆臣说的编辑,尽管他们得到的文本"大致尚可辨别",但仍不免于脱讹。① 然而,张之象的版本,或至少是那一"家族"的文本,构成了几乎所有当前王弼《老子注》版本的基础。例如,《道藏》本与张之象本显然属于同一文本家族,因为它也包含了晁说之和熊克的跋。② 兹再举一例。由宇佐美灊水(Usami Shinsui)(1710—1776)修订的日本版(序言作于1769年)也是如此。可以顺带一提的是,他也认为,"现存的王弼注文本讹误颇多,但没有可以作为标准的善本"③。

张之象的文本本身可以追溯到晁说之(字以道),他是一位宋代杰出学者,尤其通晓《易经》。④ 公元1115年10月,晁说之为他的王弼《老子注》版本作跋,认为王弼深于《老子》,而对《易经》就没那么精通了。他还指出,他手头的文本似乎破损甚多:"其文字则多误谬,殆有不可读者"⑤。但它似乎是一种古本,因为它不分道经与德经。最后,晁说之总结道,由于王

---

①《四库全书总目提要》,28:3032。

②《道藏》373(《道藏子目引得》690)。这部著作亦见于严灵峰《无求备斋老子集成初编》中《老子》著作,第一辑(台北:艺文印书馆,1965)。

③Usami Shinsui (U Kei),Ō chū rōshi dōtoku shinkyō,收录于《无求备斋老子集成初编》序言,第3b页。

④晁说之的详细传记,见于《宋元学案》,黄宗羲(1610—1695)编,卷二十二(万有文库,国学基本丛书版;上海:商务印书馆,1939),7:67—110。

⑤《四部备要》(台北:中华书局;再版,1981),第25a页。据Hatano,第500页,有证据表明晁说之在1128年就获得了它,另一《老子》手写抄本也未分为《道经》和《德经》。

弼注完成一家之言,超越了后来的注家,所以尽管他所拥有的文本条件不能令人满意,他还是誊写了一本。

这个版本最终到了熊克的手中。熊克稍晚于晁说之,现在主要因为历史著作而被人们记住。① 熊克在他为晁说之版本所作的跋中写道,自从他从别处了解到王弼注抓住了《老子》的精髓,他就一直寻找王弼注。然而,熊克说,王弼注在当时已不易得,他花了很长时间才找到,随后便将其刊行。不久后,熊克得晁说之的版本。他写道:

> 既又得晁以道先生所题本,不分道德而上下之,亦无篇目。克喜其近古,缮写藏之。乾道庚寅……镂板以传。若其字之谬讹,前人已不能证,克焉敢辄易?②

于是,这个1170年的版本成为一系列版本的祖本,从明代张之象本,经由清代聚珍版直到现在的《四部备要》本。我们要感谢晁说之和熊克为保存王弼《老子注》所做的工作。

《老子注》的结构

熊克跋文指出了王弼注目前这个版本(最早可以追溯到1170年)存在的一个矛盾。这关系到王弼注的原初形式。现行的《老子》版本大都为八十一章,分为两部分。但两篇跋指出,1170年的晁-熊本并没有分为"道经"与"德

---

① 熊克的标准传记,见于《宋史》,卷四百四十五,第13143—13144页。
② 《四部备要》,25b—26a。

经"。这是否意味着王弼注本来就没有篇章之分？这是否意味着《四部备要》本、宇佐美本等现行版本不再反映王弼注的原貌？

宋代最博学的藏书家之一陈振孙（活跃于1235年）认为，晁说之本的确是不可多得的珍品。他解释说："世所行《老子》分《道德经》为上下卷，此本《道德经》且无章目，当是古本。"①因此陈振孙认为，王弼的《老子》本没有篇章之分；但到了宋代，大多数的版本都分了篇章，有些可能每章还有标目。熊克可能也有和陈振孙相同的看法。我们还记得，在熊克刚刚刊行一版可能有篇章之分的王弼注之后，他发现了风格"近古"的晁说之本，这让他感到又惊又喜。②但是，陆德明的《老子音义》以王弼本为依据，就已经将《老子》分为《道经》与《德经》两部分。既然陆德明的著作最晚可追溯到初唐，这似乎与王弼文本"原本"不分篇章的观点相矛盾。这个有意思的谜题让四库馆臣怀疑，陆德明的著作被后来的学者篡改了，从而使它符合后世《道德经》版本的格式。③ 王弼的《老子》本原本没有分为《道经》与《德经》，也没有分章，这种观点自宋代以来就得到了很多有力

---

① 陈振孙：《直斋书录解题》，卷九（江苏书局，6册，1883），第三册，第14a页；引自王重民，第50页。
② 关于这一点，见蒋锡昌，《老子校诂》，第7—8页。参见王重民的注释，载于《老子考》，第53页。
③《四库全书总目提要》，28：3033。

的支持者。① 这种观点的批评意见自19世纪以来就显得越来越突出。批评意见无疑会指出,自汉代以降,《老子》便分为两部分。此外,似乎有内在证据表明,王弼的文本原有篇章之分。钱大昕(1728—1804)认为,晁说之本本身很有可能是宋代的产物,它只是试图模仿更古老著作的风格而已。② 换言之,我们没理由不相信,陆德明的著作实际上保留了王弼注的原初形式。③ 上面提及的"内在证据",指的是现行八十一章版王弼注的第二十、二十三、二十八、五十七章,其中引用了其他章(第四十八、三十五、四十及四十八章)的文字。虽然没有明确标注章节编号,但是其中用到了类似"下篇""下章"及"上章"等词。波多野太郎认为,"篇""章"这两个词在这里可以互换,而这些引用没有讲出自某章,这可能说明王弼本原本

---

① 见 Hatano,第501—508页。这一观点的支持者,包括宋代《老子》注者邵若愚(活跃于1135年),程大昌(1123—1195)和王茂才(活跃于1174年)。其中也有诗人及学者陆游(1125—1210)、清代目录学家周中孚、洪颐煊以及瞿镛(活跃于1857年)。波多野太郎本人也支持这一观点(第11—13页),即陆德明后来被篡改。

② 引自 Hatano,第505页,以及王重民,第53页。

③ 这一观点的支持者有武亿(1745—1799)、洪亮吉(1746—1809)、俞正燮(1775—1840)、梁章钜(1775—1849)、吴云(1811—1883)、孙诒让(1848—1908)、岛邦男(1879—1915),以及20世纪的余嘉锡、马叙伦、王重民、蒋锡昌和陈荣捷。毫不夸张地说,纵使不是整个汉学的,这份名单读起来也像是当代《老子》研究的"名人录"。见 Hatano, *Rōshi dōtokukyō*,第503—517页。亦见于鲁姆堡和陈荣捷,*Commentary*,第 xxvii—xxviii 页。

是不分章的。① 但在陈荣捷看来,这些引注"最强有力地证明了王弼注的原初版本有两个部分和诸多章"②。在这方面,我们可以补充说,最近发现的《马王堆帛书老子》甲乙本似乎为后一观点提供了进一步的支持。其中乙本可追溯到公元前194年至公元前180年,其《老子》文本明确被分为"德篇"与"道篇",分别以编辑记号"德3041"与"道2426"标示。③

基于这些考虑,我倾向于认为王弼注原本就分为两篇。但是,似乎八十一章的划分仍然是后来增加的,可能是为了符合通行的河上公本。"上章"或"下章"的征引标注本身不

---

① Hatano,第11页;这里既没有被分为《道经》和《德经》,也没有被分成八十一章。

② 鲁姆堡和陈荣捷,*Commentary*,第xxviii页。

③ 关于1973年在长沙附近出土的马王堆帛书,有很多有价值的文献。《老子》帛书发现于三号墓,其可追溯到公元前168年。两份手稿在如下方面和通行版截然不同:它们都始于"德"篇,即现在《老子》第三十八章。换言之,文本的传统顺序被调整了。关于马王堆《老子》的简介,参见刘殿爵译,*Chinese Classics. Tao Te Ching*(Hong Kong: Chinese University Press,1982)。这部著作的第一部分基本上是刘殿爵1963年翻译的《老子》,第二部分包含马王堆《老子》手稿的介绍和校对翻译。亦见于刘殿爵的中文文章,《马王堆汉墓帛书老子初探》,第一部分和第二部分,载于《明报月刊》,17,8(1982):11—17;9(1982):35—40。然而,批判性评论见鲍则岳,"Textual Criticism and the Ma-wang-tui Lao-tzu",载于*Harvard Journal of Asiatic Studies*,44,1(June 1984):185—224。鲍则岳特别批判了刘殿爵对两份手稿的校对。亦见于冉云华,"The Silk Manuscripts on Taoism",载于*T'oung Pao*,43,1(1977):65—84。林振述也用到了这份研究;特别参见他著作的附录三。

能作为反对的证据,因为他们可能仅仅是空间指示。如果分章的话,它们应当会在陆德明《老子音义》这样的著作中反映出来。例如,在他的《庄子音义》中,所有的章节划分与标题都有明确的指示。由于八十一章的划分可以追溯到刘向,并且与河上公注有关,所以后来的编者几乎没有理由来压制它。明代学者朱得之对这个问题有很好的总结:

> 分章莫究其始,至唐玄宗改定章句。是旧有分章不定者,是以有五十五(韩非)、六十四(孔颖达)、六十八(吴草庐)、七十二(庄君平)、八十一(刘向诸人,或谓河上公)之异,又有不分章(如王辅嗣、司马君实)者。①

王弼注原本分两篇,这一看法也不必然与晁说之及熊克的证言相矛盾。他们的跋指出,王弼的文本并没有分为"道经"

---

① 朱得之,《老子通义》,凡例(《无求备斋老子集成初编》;台北:艺文印书馆,1965),第 11b—12a 页。关于这个论题,韩禄伯的研究非常有意思且最为彻底:"On the Chapter Divisions in the *Lao-tzu*",载于 *Bulletin of the School of Oriental and African Studies*, 45, 3 (1982):501—524。在对包括马王堆证据在内的文献加以仔细评论后,韩禄伯认为六十八章版可能是最早版本。韩禄伯也对马王堆《老子》帛书做了广泛的研究,例如 "The Philosophy of Lao-tzu Based on the Ma-wang-tui Texts: Some Preliminary Observations",载于 *Society for the Study of Chinese Religions Bulletin*(现改名为 *Journal of Chinese Religions*), no. 9 (Fall 1981):59—78;以及 "Examining the Ma-wang-tui Silk Texts of the *Lao-tzu*: With Spedal Note of their Differences from the Wang Pi Text",载于 *T'oung Pao*, 65 (1979):166—199。

和"德经"。很有可能,他们看到的王弼本分为两个未命名的部分。这种区分并非不重要,正如东条一堂(1778—1857)很久以前所指出的那样,将《老子》分为两部分,或许与《易经》中《系辞》的结构相近。《系辞》虽分为上下,但在内容上却是统一的整体。① 换言之,《老子》前三十七章聚焦"道",而后四十四章聚焦"德",这一看法反映了一种解释的立场,但并非文本本身所固有。武内义雄更进一步具体地论证说,陆德明版本中"道经"与"德经"两部分的划分既是外在的又是后出的;它不反映王弼注的原初形式。② 诚然,这与马王堆《老子》帛书本的证据不相符。然而,我不明白为什么有必要假定,统一的《老子》文本从那么早开始就已经存在了。事实上,马王堆帛书本以"德篇"即当代文本的第三十八章开始,这本身就有力地表明《老子》文本在当时处于流动的状态。王弼的文本没有理由必须符合于任何一种特定的格式。实际上,《道藏》本的王弼注甚至分为四卷③,并且它也没有分章。王弼注的原貌究竟如何,这归根结底只能推测,它不应使我们偏离解释本身的主要任务。综上所述,王弼注在宋代已不再被广泛承认。那时候抄本很少,大部分抄本质量很差,而且它们之间有明显

---

① 引自 Hatano, *Rōshi dōtokukyū*, 第 507—508 页。

② Takeuchi, *Rōshi genshi*, pp. 68—69.

③ 据岛邦男,此处的四分法是为了合于《道藏》的总体结构而重新调整的。引自 Hatano, 第 511 页;鲁姆堡和陈荣捷,第 xxviii 页。实际上,在《道藏》版的基础上,岛邦男认为在隋唐以前,或最早到六朝末年,都没有精确的八十一章分法。见岛邦男的汉语著作《古文旧书考》(台北:广文书局,1903 年原版,重印,1967),1:186。

出入。① 某种程度上,这可能是因为道教从六朝开始逐渐发展成为一个主要的宗教组织,于是河上公注的声望和影响导致了人们对王弼注的忽视。到了 12 世纪末,我们开始看到对王弼注的兴趣重新兴起,这无疑跟理学兴起有关。很难确定这一后起的运动在多大程度上受王弼的影响;但显然王弼与理学家都对一些基本概念,特别是"理"有着浓厚的兴趣。无论如何,13世纪以降,王弼《老子注》开始作为重要的思想力量再度出现;到了清代,它开始获得今天的地位:即便不是唯一重要的《老子注》,那也是最重要的《老子》注之一。

---

①最著名的例子当然是第三十一章和第七十五章,有些版本中王弼显然认为它们不是《老子》原书的一部分。例如,晁说之的末页指出第三十一章"非老子之言"。尽管在通行王弼的文本中,第三十一章仍然是唯二毫无注释的章节。对这两章详尽的分析见 Hatano, *Rōshi dōtokukyō*, 第 211—214, 427—429 页。

Chapter two

Wang Pi: Non-being, Principle, and the Ideal Sage

第二章

王弼:无、理与理想圣人

如上章所论,我们很难无条件地将"新道家"或"反儒家"这些术语用在王弼身上。这是以下分析的出发点。第二章的任务是要说明,王弼对《老子》的理解并非仅仅局限于抽象的形上学。这里的论证聚焦于对"无"和"理"的辩证解释。这一解读以王弼《老子注》所渗透的理想圣人形象为中心,由此将实践关切的重要性纳入考量。在此分析的基础上,上一章提出的问题可以得到更为充分的思考。

"无"的问题

我们已经从王弼传以及其他评论看到,"无"是王弼思想的核心。后来的史家认为,王弼将这一概念带到了中国思想的中心,并因此被指控犯有严重"罪行"。王弼《老子注》用"无"这一术语描述道之本性。那么,这时的"无"是什么意思呢?对于"无"的**否定**含义大家鲜有分歧,它不是"有",作为"无"的道不是世界上任何"物"。在这个意义上,"无"可以被翻译为"non-being"或"no-thing",强调的是否定前缀。然而,一旦人们试图从正面描述它,问题就出现了。

语言学家与文献学家尤为重视"无"的消极意义。卜弼德(Peter Boodberg)的表述最为激进,他认为,古汉语中"有"和"无""在语义及哲学上,都全然属于习惯或占有的范畴,本质上二者都是及物动词:'具有(某物)'或'不具有(某物)'"。①批评意见认为,这一看法没有认识到这两个术语在汉代之前的文献中也会用作名词形式。② 这一批评固然公允,但它没有解决问题。葛瑞汉认为:"当'有'与'无'被用作名词时,会产生严重的歧义;它们可能意味着'存在([there-]being)'和'不存在([there-]not-being)',也可能意味着'某物(something)'和'无物(nothing)'。"③换言之,问题在于当"无"被用在"道"上时,是否可以作为一个**抽象**名词。葛瑞汉又说:"那些认为道就是'无'的人主要是说,道缺少形式以及其他性质……而且它并非实存在世界上的某物。"④在葛瑞汉看来,王弼正是这一

---

①Peter A. Boodberg, "Philological Notes on Chapter One of the *Lao-Tzu*",载于 *Harvard Journal of Asiatic Studies*, 20 (1957):607.

②例如,见卜德(Derk Bodde),"On Translating Chinese Philosophic Terms",载于 *Far Eastern Quarterly*, 14, 2 (February 1955):231—232。陈荣捷,*The Way of Lao Tzu*,第 100 页注释⑨。葛瑞汉,"'Being' in Western Philosophy Compared with *Shih/Fei* and *Yu/Wu* in Chinese Philosophy", *Asia Major*, new series, 7, 1—2 (1959):98—104。以及最近陈汉生(Chad Hansen),*Language and Logic in Ancient China* (Ann Arbor: University of Michigan Press, 1983),第 43—44 页。尽管这些学者都认为"有"与"无"都用作名词,这不是说他们都以同样的方式理解。简而言之,陈荣捷和卜德倾向于将"无"视为"抽象"名词,即在基本"实体"意义上理解"无(non-being)",葛瑞汉和陈汉生强调"无"更为具体的含义,即"无"是所有规定的"缺乏"。就陈汉生而言,"无"也应当被简单地视为表明"无物(nothingness)"的"术语"。

③葛瑞汉,同上,第 99 页。

④同上。

解释的典范。这让人怀疑,是否可以用"non-being"(或更好的是"Nonbeing")来将"无"翻译成一个表征先验主体之在场的抽象名词。虽然很明显"无"意味着"不具有"任何规定或限制,但问题在于它是否可以有**更多**意义。事实上,葛瑞汉也认识到,作为"有"的"积极补充","无"不意味着"纯粹的缺乏"。① 然而,作为一种"补充",严格说来就不能赋予它任何一种本体论上的独立性。因此,道被界定为"无",仅仅意味着它与"有"相对;或如王弼所说,它与有"形"有"名"者相对。在王弼《老子注》中,这一观点影响甚微。王弼注中对"无"的主导性解释正在于它有着更多的意义;也就是说,道之所以被称为"无",是因为它是产生所有存在者的"本源"。因此,王弼将"无"运用于"道"上,他所理解的"无"就不仅是消极的;换言之,其中还蕴含着存在一种根本"实体(substance)",它在本体论层面既有别于"有"又先于"有"。② 我们可以把这种"无"用"Non-

---

① 葛瑞汉,"Being in Western Philosophy Compared With Shih/Fei and Yu/Wu in Chinese Philosophy",第 100 页。

② 在汉语学者中,汤用彤和钱穆可视为这一观点的代言人。见汤用彤《魏晋玄学论稿》(北京,1975),第 48—51,67—70 页等处;钱穆,《庄老通辨》(再版,台北:三民书局,1973),第三部分。在西方,冯友兰将这一解读呈现得最好,*A History of Chinese Philosophy*,第二卷,*The Period of Classical Learning*,Derk Bodde 译(Princeton:Princeton University Press,1953;reprint,1983),第 180—183 页;还有陈荣捷的著作,他认为 Booderg "高估了"《老子》《庄子》中将"有"与"无"理解为"有某物"或"无某物"的例子。见他的 *The Way of Lao Tzu*,第 100 页,注⑨。实际上,对陈荣捷来说,在王弼《老子注》中,"无"等同于"原初实体"。见鲁姆堡和陈荣捷,*Commentary on the Lao-tzu by Wang Pi*,第 xiii—xiv 页。

being"来表示,以区别于更为一般的"non-being"。

这一形上解释清楚地反映在王弼注的两个英译本之中。例如,林振述在总论王弼思想时就很明确地将"无"与"实体"等同起来。① 法国学者中,贺碧来也有类似的观点,她认为王弼著作中的"无"一词拥有着重要的"哲学外延(philosophical extension)"。更确切地说,在贺碧来看来,王弼哲学聚焦于"本体论层面",否定"无"的形上本性会将其还原到"道德"层面,特别是"无"关联着"无欲"。② 这一洞见很有说服力,因为它表明,对"无"的解释将如何影响我们对于王弼注整体的理解。回到文本本身,现在必须考察"无"这一概念的意义。就英译而言,尽管"non-being"这个词非常笨拙,而且并不被所有译者接受,但研究中国思想的学者对它较为熟悉,并迫使我们聚焦于存在问题(the question of being),而这正是此处讨论的核心。就此而言,"non-being"比"nothingness"或"vacuity"等译法更为可取,因为后者不能直接显示王弼思想中可能的本体论维度。因此,关键的问题在于,"无"在王弼注中究竟是什么意思?以王弼本人的交叉引用为指南,我们可以把注释中的不同章节分类组合,并按不同的主题加以讨论。

---

①林振述译,*A Translation of Lao Tzu's Tao Te Ching and Wang Pi's Commentary* (Ann Arbor, Center for Chinese Studies, University of Michigan, 1977),第 xix—xxi 页。

②贺碧来,*Les Commentaries du Tao To King* (Paris, 1977),第 63 页。

从无到理

道之本性

《老子》的开篇可谓是道家经典中最重要的论述之一。在王弼对这一章的注释中,我们看到"无"作为他著作的主导性主题出现了。在对"无名天地之始,有名万物之母"一句的注释中,王弼说:"凡有皆始于无。"①在第四十二章中,无的优先性得到了更充分的体现。《老子》:"道生一,一生二,二生三,

---

① 鲁姆堡和陈荣捷,*Commentary on the Lao Tzu by Wang Pi*,第 1 页;在鲁姆堡著作中对《老子》原文的翻译,取自陈荣捷,*The Way of Lao-tzu*。参见林振述,*Translation of Tao Te Ching and Wang Pi's Commentary*,第 3 页。在当前研究中,王弼注的翻译一般立足于这两部著作上。然而,在绝大多数情况下,我在自己对原文解读的基础上调整了翻译。《四部备要》版王弼注作为这里的主要文本,特别补充了楼宇烈的批判著作,《王弼集校释》,第二卷(北京,1980),以及 Hatano Tarō, *Rōshi dōtokukyō kenkyū* (Tokyo, 1979)。这两部著作都运用了许多版本的王弼注,以及其他注释或百科全书中的引用;见第一章 22 页注①与 65 页注①。《四部备要》原是《中华书局》于 1927—1935 年间在上海编纂的,共计 1372 册。与倾向于古本稀本的《四部丛刊》相对,《四部备要》仅仅选取可用的最好版本。还有两种不那么全面的批校版王弼注:刘国钧《老子王弼注校记》,《图书馆学辑刊》,8,1(1934 年 3 月):91—116。这部著作主要立足于《四部备要》和《道藏》版本;以及李春《老子王弼注校订补正》,硕士论文,台湾师范大学,1979。关于《老子》本身的翻译,我也受惠于刘殿爵的著作,*Lao Tzu Tao Te Ching* (Harmondsworth: Penguin Books, 1963; reprint, 1980)。为了便于比较,对鲁-陈以及刘殿爵著作引用的页码将在整部研究中给出。关于这一句,参见下文第 86 页注③。

三生万物。"王弼注曰：

> 万物万形，其归一也，何由致一，由于无也。由无乃一，一可谓无，已谓之一，岂得无言乎。有言有一，非二如何，有一有二，遂生乎三，从无之有，数尽乎斯。①

《老子》第四十章："天下万物生于有，有生于无。"王弼注："天下之物皆以有为生，有之所始，以无为本。将欲全有，必反于无也。"②

这些段落需要仔细考察。之所以选择它们，是因为它们都关注"有""无"关系。"无"是"有之所始"，这一说法似乎暗示着"源初实体"的观念。然而更切近来看，"无"仍然主要是一个消极的概念。《老子》第一章的开篇广为人知："道可道，非常道。名可名，非常名。"如果道是不可描述的，那么在何种意义上"无"可以用来描述它呢？对于这一句，王弼注曰：

> 可道之道，可名之名，指事造形，非其常也。故不可道，不可名也。③

---

①参见林振述，第81页；鲁姆堡和陈荣捷，第128页。正如我们下文所见，王弼在此处对"道-家"宇宙论的诠释中借用了《庄子》。

②参见林振述，第77页；鲁姆堡和陈荣捷，第123页。

③参见林振述，第3页；鲁姆堡和陈荣捷，第1页。关于"指事造形"，我将其更为一般地译为"have to do with things and forms"，见正文与下一条注的讨论。很多时候，王弼注采取了可被称为"术语表"的方式；例如，先引用或转写《老子》的话，而后再写王弼注。在翻译中，我将通过使用冒号来再现这一点。

"常"这一概念将在后面加以详细解释,在这里它等同于"无名",而我们已经看到,"无名"也就是"天地之始"。正是在此意义上,王弼说:"凡有皆始于无。"因此,"无"不能等同于任何可以命名或指向的事物,以及任何有形的事物。命名即"指事造形"。这个短语很有启发性,因为它暗示了世上之物具有或可称为"语言性"的特质。"指事"与"造形"的字面意义让人想起汉代学者许慎(活跃于100年)的著作。许慎用"六书"分析汉字,而"六书"前两种就是"指事"和"象形"。①

这一语言理论暗示很好地表达了对语言的关切,这在《老子》的开篇就十分明显。道无法描述、超乎语言。但它也是"始",万物都起源于此。在这一点上,我把王弼的注释理解为,道可以表达为"无",因为它没有任何客观所指。换言之,道作为"无"超越了以语言(在最广的意义上)为中介的现象世界。因此,形上基础便关联到一种语言理论,后者可以解释第一章出现的那个明显的悖论。第一章第二句:"无名天地之始,有名万物之母。"王弼注曰:

> 凡有皆始于无,故"未形""无名"之时则为万物之始,及其"有形""有名"之时,则长之育之,亭之毒之,为其母

---

① 引自楼宇烈,《王弼集校释》,1:2,注①,以及 Hatano Tarō, *Rōshi dōtokukyō kenkyū*,第37页。令我们感到惊讶的是,两位王弼译者都没有注意到这条引用。许慎理论的原文载于他著名的《说文解字》(香港:中华书局,1972),15A:314。王弼对语言的关切,见张钟元,"The Metaphysics of Wang Pi", Ph. D. dissertation, University of Pennsylvania, 1979,第二章。

也。言道以无形无名始成万物,以始以成,而不知其所以,玄之又玄也。①

万物不仅是道所创造的,而且事实上在其实存的任何方面都依赖于道。但在这里,道只是在"无形"和"无名"的意义上被描述为"无",没有直接从本体论的角度讨论"无"之为"无(Nonbeing)"的本性。其他一些相关章节也把道描述为"无"。首先,第一章的注释也有一部分内容见于第二十一章。在这里,《老子》将道描述为"惟恍惟惚"。王弼认为,这意味着道看起来"无形不系"。《老子》继续道:"惚兮恍兮,其中有象;恍兮惚兮,其中有物。"这难道不是暗示道中有"某物"吗?王弼解释说:

---

①参见林振述,第3页;鲁姆堡和陈荣捷,第1页。尽管《四部备要》版《老子》文本写作"天地之始",但我用引号括起来的是"万物之始",既因为语境需要如此引用,也因为两种马王堆《老子》帛书都写作"万物之始"。见刘殿爵译,*Chinese Classics Tao Te Ching*(Hong Kong: Chinese University Press, 1982),第266—267页;以及鲍则岳,"The Lao-tzu Text that Wang Pi and Ho-shang Kung Never Saw", *Bulletin of the School of Oriental and African Studies*, 48(1985): 493—494。这里第二句引用"长之育之,亭之毒之"来自《老子》第五十一章。对这一段的解释颇为丰富,但这不影响这一段的大致意思;关于不同的解读,见 Hatano Tarō, *Rōshi dōtokukyō kenkyū*, 第38—39页,以及陈鼓应, *Lao Tzu: Text, Notes, and Comments*, 杨有维(Rhett Y. W. Young)和安乐哲译(Chinese Materials Center, 1981),第233—234页,注③。后者是对陈鼓应的《老子今注今译》(台北,1960)的翻译。

> 以无形始物,不系成物,万物以始以成,而不知其所以然。①

因此,在道"之中"的,仅仅与它的创造与持存力量相关。

但是,第二十一章继续道:"窈兮冥兮,其中有精。"这里的"精"或本质(essence)是什么?据王弼,"窈兮冥兮"是"深远之叹","深远不可得而见;然而万物由之,其可得见,以定其真"。②就此而言,道之"精"似乎不是能够被积极界定的"某物"。诚然,《老子》将其"精"描述为"甚真",而且"自今及古,其名不去,以阅众甫"。这难道不是意味着,道不仅有其本质,而且这个本质还有"名"? 王弼对此段的理解非常清晰:

---

① 参见林振述,第38页;鲁姆堡和陈荣捷,第65页。由于第一章和第二十一章几乎都用了这句话,表明万物都是由道创造而完成的,但万物都不知为何与如何。并不清楚鲁姆堡为什么将后一种改成不同的,即"我们不知这为何如此(We do not know why this is so)"。

② 这一段的第二句非常困难。我遵循晚清学者顺鼎的校正,将"其可得见"理解为"不可得见"的错讹;转引自楼宇烈,2:55,注①,以及Hatano,第157页。这将这一段分成两个平行的陈述,两者都肯认"道"的超越性和创生力量。这种读法更好地符合王弼对第二十一章的整体理解,并且能够得到《文选》中引用的支撑。通行《四部备要》版本可以这么翻译:"The deep and dark cannot be obtained and seen; but the ten thousand things are all derived from it. In this way, it can be obtained and seen, and its true nature can be determined."这不会影响我的诠释;"道"只能在万物的关系之中才能被理解。因此"得""道"的可能性在此被肯认下来;接下来几句认为,这只有通过"返"于道才能够完成。参见鲁姆堡和陈荣捷,第65—66页;林振述,第38页。

物反窈冥，则真精之极得，万物之性定……至真之极，不可得名，无名则是其名也。自古及今，无不由此而成……以无名说万物始也。①

第二十一章王弼注在总结部分再次强调"万物之始于无"；但"无"必须被置于适当的语境中。按照贯穿第二十一章及第一章的描述，道在本质上是无名的生成力量。这里并没有清晰的根据让我们将"无"的意义拓展到"实体"意义上的"无（Nonbeing）"。尽管"无"是中心，但对王弼而言，关键之点恰恰在于，将任何有关"物性"或"实体"的观念从我们对于道之意义的沉思中剔除出去。

与第二十一章类似，第十四章也以"惚恍"状道。王弼对后者的理解将会进一步加强我的解释。此外，对第一章的注释也直接引自《老子》第五十一章，而王弼对此的分析也同样使我更加确信。第十四章和第五十一章都很重要，尽管出于不同的原因。前者的重要性在于，《老子》原文颇有歧义：它似乎强调的是道的"消极"本性，但它的悖论式表达也可能暗示着超越性实体的思想。另一方面，第五十一章的重要性在于，它提出了道与"德"之间的根本关系，并且对创造进程做了更为细致的分析。第十四章开篇将道描述为不可"见"、不可"闻"、不可"得"。道超越感性经验的世界，它"不可名"而"复归"于

---

① 参见林振述，第 38—39 页；鲁姆堡和陈荣捷，第 65—66 页。

"无物"之域:"是谓无状之状,无物之象。"①王弼对道的这种悖论式描述当然非常敏感。他解释说:"欲言无邪?而物由以成。欲言有邪?而不见其形。故曰'无状之状,无物之象'也。"②有意思的是,王弼在此又一次提到语言的主题,稍后将会对这一点加以更多的讨论。

第十四章王弼注还写道:"无形无名者,万物之宗也。"的确,"无形无名者"在语法上包含着一个名词性结构,因此这似乎意味着存在"实体化"主体。但我的论点仍然是,实体的观念在逻辑上并非内在于王弼的分析。不可否认,道当然无所不在;但王弼显然花了很大工夫将道与其他可以用理性和语言加以把握的概念区分开来。如果我们考量王弼对第十四章的整体理解,那么关于道之本性的核心洞见,仍然是它的不可言说性,以及它被认为是万物之"宗"。问题在于,如何在哲学上同时保持道的这两个面向。第五十一章尤其关注道作为万物之宗的面向:

道生之,
德畜之,

---

①参见刘殿爵,*Lao Tzu*(Penguin Books),第70页;鲁姆堡和陈荣捷,第43页。有些版本的《老子》有"无象之象",而非"无物之象",例如,林振述的译文就采取了这种解读。但是,既然王弼在注释中重复了"无物之象",而且《老子》第二十一章也将"物"与"象"并置,我不认为有理由改变此处文本。无论如何,这一段的意义都不会因之有很大影响。

②参见林振述,第25页;鲁姆堡和陈荣捷,第43页。

物形之，
势成之。①

王弼注：

物生而后畜，畜而后形，形而后成，何由而生？道也；何得而畜？德也；何由而形？物也；何使而成，势也……凡物之所以生，功之所以成，皆有所由，有所由焉，则莫不由乎道也。故推而极之，亦至道也。随其所因，故各有称焉。②

尽管王弼用一个相继序列来解释创造进程，但这里更为重要的洞见在于，一切创造物最终归于终究的"一"。在这个意义上，王弼以道为万物之宗的理解，可以从因果之理与统一之理的角度来表达。

道之为理

首先，将道描述为"理"的思想必须加以仔细考察。众所周知，"理"这一概念与宋代的新儒家运动密切相关。但是钱

---

①参见刘殿爵，Lao Tzu，第112页；"势"这个字此处一般被译为"环境（environment）"，见陈鼓应，Lao Tzu: Text, Notes, and Comments，第232—233页，注①。

②参见林振述，第95页；鲁姆堡和陈荣捷，第147页。

穆指出,王弼早就发展了"理"的概念。① 在钱穆的指引下,陈荣捷同样认为,"理"是王弼思想的关键特质。他指出,"理"不见于《老子》,但王弼《老子注》却出现了八次。有时"理"用作动词,意为"治理"或"使之有序",但在其他情况下,它似乎有更为深刻的哲学意义,指宇宙本身的根本原理。②

根据《老子》第四十七章,圣人"不出户,知天下;不窥牖,见天道"。这是如何可能的呢?王弼特别关切揭示这一非凡成就背后的原因:

> 事有宗,而物有主。途虽殊而同归也;虑虽百而其致一也。道有大常,**理**有大致。执古之道,可以御今;虽处于今,可以知古始。故不出户,窥牖而可知也。③

在这里,"理"无疑与道平行。

同样有意思的是,这个注释提到了前面的十四章,在那里第一次引入了"执古之道"。正如《老子》所言:"能知古始,是谓道纪。"④在王弼看来,这是因为"上古虽远,其道存焉",而这又是因为"无形无名者,万物之宗也"。我们看到,常道超越

---

①参见钱穆《王弼郭象注易老庄用理字条录》,载于《新亚学报》,1,1(1955):137—138,这篇文章也收录于钱穆的《庄老通辨》,第341—377页。

②鲁姆堡和陈荣捷,第 xi 页。

③参见林振述,第88页;鲁姆堡和陈荣捷,第137页。见楼宇烈,《王弼集》,1:126,注③为《易经》原文,王弼此处有所调整。

④刘殿爵,*Lao Tzu*,第70页。

一切时空限制,而它的恒常性可以用"理"来解释;"理"是有结构的、可以把握的,对它的理解赋予人"知始"和"御今"的能力。就此而言,第十四章和第四十七章相互解释并彼此支撑。《老子》第四十七章总结道:"不行而知,不见而名,不为而成。"①王弼对这句话的注释可以用来概括我们到目前为止关于他对道和"理"的理解的讨论:

> 得物之致,故虽不行而虑可知也。识物之宗,故虽不见,而是非之理可得而名也。明物之性,因之而已。故虽不为而使之成矣。②

换言之,圣人的知识与外在表象或琐碎细节毫无关系,而是与内在结构或事物之"性"有关。使得这类知识成为可能的,正是刻画道之运作的"理"观念。道在其自身之中的确是不可描述的,但其"常"揭露出一种有意义的模式,我们可以通过"因"之而把握它。这种认识模式的本性将在后面加以考察,在这里我们只需要看到,"理"用来表述道在世界中已经完成或正在进行的有序呈现。在这个意义上,我认为王弼对"理"的理解不能与新儒家的理解画等号。如同"无"一样,"理"在王弼《老

---

①有些版本中以"明"代"名"。据马叙伦,这两个字可互换,见他的《老子校诂》(再版,香港,1965),第137页。然而,由于王弼在同一章中运用了这两个字,他对这二者的理解当有差异。此外,一份马王堆《老子》帛书中也用到了"名"。所以我保留了《四部备要》的写法,并译之以"identify",尽管大部分注者倾向于另一种写法。

②参见林振述,第88页;鲁姆堡和陈荣捷,第137—138页。

子注》中不具有本体论的独立性,而后来发展出来的"理"显然具有这种独立性。然而,我无意将新儒家哲学的丰富性还原为任何一种单一形式。我的观点仅仅是,在王弼注中,"理"主要被理解为一种**启发性**(heuristic)概念,它力图阐明道是如何关联于世界的,以及它是如何关联于修身之务的。就此而言,"理"或可译为"pattern(模式)"或"paradigm(范式)",而不是采取"principle(原则)"这一标准译法。不过我们也可以保留"principle"这一译法,因为我们切不可忽视王弼对宋明理学所做的贡献。如果我们在这里只讨论王弼解释的理论层面,那么,"理"的观念将被明确视为因果之理与统一之理。我们先前讨论过对道之创生力量的强调,从中可以很清楚地看到因果之理。世界上的事与物都有其原因,这归根结底可以追溯到道本身(第二十一、五十一章)。这是"道-家"宇宙中显而易见的"理"。这里的"道-家"用其本义,并无宗派义。作为因果之理,道确实可以被描述为世界的"始"与"母"(第一、十四、二十一、五十一章)。

此外,前面我们也看到,《道德经》第四十二章从几个基本数字的衍生描述了"道-家"的宇宙演化论。对王弼来说,这意味着"万物"虽然形式千变万化,但都起源于"一"。在这个意义上,因果之理也就是统一之理。但是对王弼而言,"一"也就是"无":"一可谓无。已谓之一,岂得无言乎?有言有一,非二如何?有一有二,遂生乎三。从无之有,数尽乎斯。"这是什么意思呢?波多野太郎已指出,王弼此注的部分内容改写自《庄子》中的一段文字,这段文字主要关于语言和算计思虑不足以通达道之真理:

> 天地与我并生,而万物与我为一。既已为一矣,且得有言乎? 既已谓之一矣,且得无言乎? 一与言为二,二与一为三。自此以往,巧历不能得,而况其凡乎! 故自无适有,以至于三,而况自有适有乎! 无适焉,因是已。①

虽然王弼没有重现《庄子》原文中的反讽和戏谑,但这也解释了为什么王弼在分析由"一"到"三"再至万物的运动中提及语言。对语言的关切指出了一个事实,那就是王弼此处的兴趣本质上是逻辑性的。在指出一切创造物的"一性"以及从"无"到"有"的运动之后,王弼接着说:

> 故万物之生,吾知其主,虽有万形,冲气一焉。百姓有心,异国殊风,而得一者,王侯主焉。以一为主,一何可舍?②

在这里,道被认为是"主",因为它是让外在差异得以和谐一致的根源与统一之理——在这里王弼重复《老子》的措辞,用"冲气"一词来表征它,即生成性的力量或生命之原初"气息"。在

---

① 第二篇。华兹生译,The Complete Works of Chuang Tzu (New York: Columbia University Press, 1968),第 43 页。

② 参见林振述,第 81 页;鲁姆堡和陈荣捷,第 128—129 页。"王侯得一者"替代为"得一者王侯"。见楼宇烈,1:117,提请读者注意,"注"的相似用法见于前引第四十七章注。"气"在河上公注中更为重要,将在后面第四章中加以讨论。

这章随后部分,王弼将其描述为"至理",追随它的人则"吉",违背它的人则"凶"。

这段文字中提出的政治类比值得我们注意,因为它表明王弼的关切并不全然是形上学的。"无"可被等同于"一"的理由非常明显,因为这两者都指向了道。前者描述道之无形无名,而后者解释了"道－家"世界中固有的统一之理。《老子》(四十七章)讲"其出弥远,其知弥少",王弼则补充说,这是因为"无在于一而求之于众也"。① 但是,"无"或"一"都不能因此而被抬升至绝对的层面,在心灵试图揭示道之奇迹时,"无"与"一"仍然作为仆人服务于心灵。在王弼注中,没有一处将它们作为某种可以独立于经验之域而实存的神性实体。四十二章注还指向了另一章。"侯王"代表着政治世界的统一性,这一观念是《老子》第三十九章的主题之一,该章开头一句为"昔之得一者",王弼注:

> 昔,始也。一,数之始而物之极也。各是一物之生,所以为主也。②

将"一"的意义扩展为所有数字的根源,从而表示"物之极",人们便可以清楚无误地理解统一性的中心。它将道的力量描述

---

① 参见林振述,第88页;鲁姆堡和陈荣捷,第137页。
② 参见林振述,第76页;鲁姆堡和陈荣捷,第119页。"各是一物之生"我将其译作"As things are produced by 'One'",这句可能有错讹;参见Hatano,第272页,以及楼宇烈,第107页,注①。

为统一的根源,它保卫着世界的秩序与和谐。三十九章进而澄清,问题的关键在于人们不能忽视"母",不能忽视根本之理——要理解存在者的起源和多样性所根据的统一性,我们必须经由根本之理。

"无""理"辩证

语言的缺陷

到目前为止,我们从确定王弼《老子注》理论基础的角度考察了一些相关章节。这些章节在主题上相似。它们都聚焦于道之本性,或是作为"无",或是作为"理",或是作为"万物之宗"。在我看来,王弼对于这些章节的理解显然是一以贯之的。道本身具有超越性的特征,也就是说它是自成一格的,没有规定或限制,而且不可被语言所"名"。在王弼对《老子》的整体理解中,这一洞见至关重要。只有在道之"常"显现于世间的意义上,道才能被我们认识。从表面上看,道显现于丰富的自然与多样的事物。但王弼认为,在更深层次上,道之显现或可被消极地理解为"无",积极地理解为"理"。

虽然道本身超越语言与思想,但它或可理解为"无",这使它在概念上有别于存在者的畛域。因此,我们可以用"non-being"来解释王弼注中的"无",只要我们对消极性的理解是恰当的。"理"这一概念可以用来解释道在自然中的显现。它可被界定为宇宙的奠基性理由或基础。由于道之"常",看似各异的现象可以追溯到一个基本的统一体和共同的根源。因此在哲学上,道之为"理"指向了道的非二元性与创生力量;与之相应,在政治上便是一个由开明君主(亦即"道-家"统治者)所领导的治理体系。实际上,"无""理"二者形成一种辩证关系,在其中不可言说的道与"道-家"世界处于平衡状态。第二十五章很好地揭示出这种平衡:

经文	注释
有物混成,先天地生。	混然不可得而知,而万物由之以成,故曰混成也。不知其谁之子,故先天地生。
寂兮寥兮,独立不改,	寂寥,无形体也。无物之匹,故曰独立也。返化终始,不失其常,故曰不改也。
周行而不殆,可以为天下母。	周行无所不至而免殆,能生全大形也,故可以为天下母也。①
吾不知其名,	名以定形,混成无形,不可得而定,故曰,不知其名也。

---

① 这一段也可能有错讹;翻译基于波多野太郎的解读,第174—175页。"周行"一词译作"operates everywhere"更为舒畅;然而,更为字面的解读,更能清晰地表明王弼对这一章的理解。"生全大形"也非常难解,因为它可以用于"道"本身之上。例如,鲁姆堡和陈荣捷,第75页译为"That means it can live and preserve its great form",然而,由于注释中强调了道之"无形",将"great form"指代整体的创造秩序可能更为适恰。

字之曰道，	夫名以定形，字以称可，言道取于无物而不由也。是混成之中，可言之称最大也。
强为之名，曰大。	吾所以字之曰道者，取其可言之称最大也。责其字定之所由，则系于大，大有系，则必有分，①有分则失其极矣。故曰，强为之名曰大。②

59　　王弼对第二十五章的细致注释很重要，因为它表明王弼敏锐地意识到道**本身**彻底的超越性。甚至使用"道"这个词也需要谨慎、需要理解它是在什么意义上使用的，否则就会失去"极"的意义。此外，如前所述，王弼对语言现象有着强烈的兴趣，这里显然极为清晰地呈现了语言的限度。人类理解的世界以语言为中介，但超越之道的本性即"混成"（未分化而完满）却不能"系"于理性话语或由语词加以测度。《老子》首章已经说过："道可道，非常道。"为什么呢？语言的中介总在"定""名"与"分"，它总在客体化。直言之，在王弼看来，道永远不

---

①"夫"写作"大"；见 Hatano，第 177 页，以及楼宇烈，第 66 页，注⑩。
②参见林振述，第 45—46 页；鲁姆堡和陈荣捷，第 75—76 页。后十余句的翻译特别受"可言"的引导。这个词在该注中用了三次，也在王弼对第二十五章注释的结尾中略加讨论。王弼这里将"道"替换为"可言之称最大（the greatest of all designations for what can be expressed）"，也可将其视作"what can be expressed and designated as the greatest"。在其他情况下，不可言说之"道"本身与其可表达的方面，二者间的差异是王弼诠释的关键。

能变成一个客体;人们决不能将"形"与"名"归于超越现象之域的事物。毕竟,尽管道在此处被描述为"大",但在《老子》第三十四章同样称其为"小"。

然而,如果我们谨慎地不将启发式表述转变为字面表述,那么道仍是**能够**表达的。如果我们不将"可道"错认为道本身,那么诸如"道""大"这些词是可以用的。我们必须认识,道是万物之宗、万物之"母"。我们可以交流并理解的道之常,确实可以称作"大"。《老子》第二十五章进一步讲:"大曰逝,逝曰远,远曰反。"王弼认为,这种隐秘的描述刻画了道之运动:

> 逝,行也。不守一大体而已。周行无所不至,故曰逝也。远,极也。周无所不穷极,不偏于一。逝故曰远也,不随于所适,其体独立,故曰反也。①

道生万物,但它不"随"于万物,也不成为现象世界的一部分。王弼重复老子的表达,道是"独立"的,因为本身保持"混成"。因此,道之运动可被看成这样一个过程:道在其创生活动中走出自身,又在其深不可测之玄中返归自身。这意味着一

---

① 将"周"写作"周行",在本章中一贯地用"goes round"。参见林振述,第46页;鲁姆堡和陈荣捷,第76—77页。在此例中,有意思的是鲁姆堡的翻译由于对王弼的形而上学的强调而佶屈聱牙。由于鲁姆堡切于将"实体"的含义引出,道之"不守"与"独立"在这里变成了"not to hold on to any one great substance(不系于任何大实体)",以及"因其实体是独立的(because its substance is independent)"。显然这里的"悖论"是不属于王弼注的。

种可在世界上辨识出来的模式。正如文本接下来讲道:

经文	注释
故道大,天大,地大,王亦大。	天地之性,人为贵,而王是人之主也……故曰,王亦大也。
域中有四大。	四大,道、天、地、王也。凡物有称有名则非其极也,言道则有所由,有所由然后谓之为道,然则是道,称中之大也,不若无称之大也。无称不可得而名曰域也,道天地王皆在乎无称之内,故曰,域中有四大者也

语言缺陷的主题被再次强调,这似乎确实排除了一种可能性,即王弼以一种可确认的"实体"来定义不可名状的道。但这也更清楚地说明,我们能够对道说些什么。在道本身之"域"中,即"混成"中,四"大"之显现是可以识别的。王弼《老子》第二十五章注的结语解释了它们之间的关系。《老子》写道:

人法地,
地法天,
天法道,
道法自然。

王弼注:

> 法,谓法则也。人不违地,乃得全安,法地也。地不违天,乃得全载,法天也。天不违道,乃得全覆,法道也。道不违自然,乃得其性,法自然者。在方而法方,在圆而法圆,于自然无所违,自然者,无称之言,穷极之辞也……故转相法也。

这就是"法","道－家"世界的层级结构。这就是理,道经由它在自然中展现其自身。王弼认为,道最终可被表达为"自然"。就此而言,"无"与"理"的辩证关系在"自然"概念中找到了平衡。

自发与自然

"自然"概念确实是王弼《老子注》的核心。"自然"的字面意思是"自己如此",意味着自发与天成。在现代汉语中,它被用来翻译英语的"nature"。"自然"概念是王弼注中用得最多的概念之一。① 在理论层面上,这是一个力图描述"无称"者的概念,并且它将"极"的本性带入我们的视野。我们将要看到,在实践层面"自然"刻画了圣人自身之道。把"自然"运用于道之上,它并不意味着任何特殊的东西。它仅仅表明,道总

---

① 如陈荣捷指出的,"自然"一词"在《老子》中出现 5 次,但在王弼注中出现 24 次,几乎 81 章中三分之一都用到了"。见鲁姆堡和陈荣捷,第 xvii 页。

是遵从着自身之"道";也就是说,它再次申明道不可被系缚于任何特定的运作方式上。"自然"的概念同样也适用于自然界之上,因为自然界被认为是"法"于道。换言之,"自然"用来把握"道-家"宇宙的内在秩序感。《老子》第五章:"天地不仁,以万物为刍狗。"《庄子》认为,这里的"刍狗"很可能是在古时被用于祭祀,它们在祭祀之前很受珍视与尊敬,但"及其已陈也,行者践其首脊,苏者取而爨之而已"。① 但是,王弼对此的理解颇为不同:

> 天地任自然,无为无造,万物自相治理,故不仁也。仁者必造立施化,有恩有为,造立施化则物失其真,有恩有为,列物不具存……地不为兽生刍,而兽食刍;不为人生狗,而人食狗。无为于万物而万物各适其所用,则莫不赡矣。②

有意思的是,河上公似乎也认为,"刍狗"指两个不同的东西。③ 似乎到了汉代后期,包含象征性动物的祭祀已不再为人们所理解了。无论如何,王弼的观点是非常清晰的。所谓的天地之理是顺乎自然的进程,无须费力,无须人为。人之美德包含着"恩",并寻求"改善"自然,而"自然"者与人之美德无涉。自

---

① 第14篇;载于华兹生,*Chuang Tzu*,第159页。
② 参见林振述,第11页;鲁姆堡和陈荣捷,第17页。
③ 参见叶乃度(E. Erkes)译,*Ho-shang-kung's Commentary on Lao-tse* (Ascona: Artibus Asiae, 1958),第20页;叶乃度本人虽然注意到证据,但认为这一论证是不确定的。

然之道是简单而恒常的,冒犯干预只能使人们偏离自己的"根"。正如王弼所言:"自然之道亦犹树也,转多转远其根,转少转得其本。多则远其真……少则得其本。"①王弼说的是,人应该复归于"根",他将"根"与"母"等同起来(第五十二章),两者都指出道之中心是万物的基础与根源。但暂且不谈其实践意义,这里的重要洞见是世界归根结底"法"于"自然",它表达了道在自然中的积极呈现。

两种反驳

有人可能会反驳说,如果否认道之"实体-本性",那么王弼思想的哲学意义,或更准确来说其本体论意义将遭到破坏。毋庸置疑,王弼注有强烈的哲学兴趣。强调道本身的消极本性,这并没有削弱王弼分析的哲学性;相反,这仅仅是力图澄清其哲学性。

"无"没有将道转化为抽象实体,而是力图保存其神秘与超越性。"理"没有向神秘之缄默让步,而是将道在自然中的普遍存在显示出来。道是"无",但万物皆因道而生。这就是王弼所说的"自然"之道。诚然,王弼的分析是本体论的,因为他系心存在问题,系心存在的本性与根源。但借用海德格尔式的区分,这并不必然意味着道因此落入**存在者层面**(ontic)。王弼对语言之界限的强调清楚地意味着不可在"存在者层面"理解"无",产生存在的东西本身并不"具有"存在,

---

①第二十二章。参见林振述,第40—41页;鲁姆堡和陈荣捷,第68页。

正是"无"与"理"的辩证关系使得道的深度与明晰得以同时持存。

也许有人认为,我们对王弼思想的理解不能仅仅局限于他的《老子注》。比如,冯友兰认为,王弼《老子注》与《周易注》有不融贯之处:前者将"一"视为道之所生,而后者则将"一"视为道本身。冯友兰由此认为,这或许意味着,王弼《老子注》"乃试解老子原意,而其《周易注》乃发挥己意也"。① 同样,陈荣捷也认为,王弼关于《易经》的著作对于我们理解"理"的观念以及道之本质仍然至关重要。②

王弼关于《易经》的著作无疑是重要的,但我仍然主张,就王弼《老子注》而言,只要我们辩证地理解"无"与"理",就能够把握住它的理论方向。此外,这一理解也可以在王弼关于《老子》的短论即《老子指略》中找到支持,后者特别强调了语言的缺陷。③ 例如,其中写道:"言之者失其常,名之者离其真。"实际上,"'道''玄''深''大''微''远'之言,各有其义,未尽其极者也"。④故而:"名号则大失其旨,称谓则未尽其极。"⑤《老子指略》极为强调道的消极性及其实践意蕴。

至于《易经》,虽然它不在本研究范围之内,但我敢说王弼

---

①冯友兰,*History*,2:183。

②鲁姆堡和陈荣捷,第 xii 页,特别提到了钱穆的著作;见前文第 93 页注①。

③见楼宇烈,《王弼集》,1:195—210,以及严灵峰编,《老子微指例略》(《无求备斋老子集成初编》;台北,1965)。

④楼宇烈,第 196 页;严灵峰,第 2b 页。

⑤楼宇烈,第 198 页;严灵峰,第 5b 页。

的诠释显然也是一贯的。例如,《周易略例》确实强调了"理"的观念,尤其是作为统一原则的理,但没有提到道"是"任何"实体"。① 上章讨论王弼生平及思想之时我们已看到,"无"的观念与统一之理无疑决定了他对《易经》的解读。例如,"大衍之数"被认为以"一"为本,而"一"又关联到"无"的观念。但王弼也写道:"夫无不可以无明,必因于有,故常于有物之极,而必明其所由之宗也。"②在我看来,这非常明晰地揭示出"无"的消极本质,从而与"理"形成了辩证关系的两端。因此,即使在《周易注》中,也没有任何迹象表明王弼的解释不同于《老子注》。如果我们把"一"与"本"等概念放在"无"与"理"的辩证关系之中来看,那么它们本身并不表征道,而是阐明道显现于存在者之域的意义。"无"与"有"相对,但从理统领万物的模式或原则的角度来看,"无"指向了道之"玄"。我们必须记住,对王弼而言,只有忘记"言""象"才能获得真正的理解。在我看来,将"实体-本性"归于"无"近乎于某种"盲目崇

---

①《周易略例》,载于楼宇烈《王弼集校释》,2:591—620。

②见前文第一章第50页。在这个意义上,作为统一之理的"一"可用于"道";它也是"道"的产物,因为它保留了自然之域的部分。因此在王弼"无"与"理"的辩证框架中,包含着明显的矛盾。在王弼的《论语》注中,我们也读到"道者,无之称也,无不通也,无不由也,况之曰道。寂然无体,不可为象"。这似乎也能确证我的观点,王弼敏锐地注意到日常语言的界限,"道"与"无"这些词也不能在字面上被理解为"实体"。见楼宇烈,《王弼集校释》,2:624;参见葛瑞汉,"'Being' in Western Philosophy Compared with Shih/Fei and Yu/Wu in Chinese Philosophy",第99—100页。

拜",而王弼谨慎地将自己与这样的看法划清界限(见上文第53—55页)。

体与用

因此,对"无""理"的辩证解释与我们对王弼背景研究的结果是完全一致的。回到《老子注》本身,我们可以在结束本节讨论之前简要地看一下第三十八章。该章的长篇注释从许多方面总结了王弼对《老子》的理解。这里所要强调的主要是道的实践运用,但"无"显然仍居于中心地位。

《老子》三十八章特别关注"德"。王弼说,德者,得也。一个人如何能够"得德"?通过道;更具体来说是通过以"无"为"用",也就是遵循道。正如王弼所释:

> 德者,得也。常得而无丧,利而无害,故以德为名焉。何以得德?由乎道也。何以尽德?以无为用。以无为用则莫不载也……是以天地虽广,以无为心。圣王虽大,以虚为主。①

在这里,"无"与"虚"显然是并列的。这意味着,圣与王之所以"大",是因为遵循了虚之道。在王弼注中,"虚"的概念实际上可以与"无"互换使用(例如第五、十六、四十八章)。道"虚",因为在其自身中没"有"任何"实体"。但"虚"同样也是一个

---

①参见林振述,第70页;鲁姆堡和陈荣捷,第109页。

积极的概念。在王弼看来,人们在体道时获得"虚无"。① 稍后再回到这一点。

上面这段文字中"用"的观念也很重要,特别是因为它可能会让人想起宋明理学对"体""用"的理解。然而在王弼注中,"用"似乎保留了具体意义上的"使用"。第十一章是一个极好的例子。那里清楚地说明了"用"以"无"为基础的"用"之观念得到了最清晰的揭示;就此方面而言,它是一个极好的例子。例如,"户"之所以"有用",是因为它的中心是空无的空间。一物之"用"无疑依赖于"无"。但是,将"无"与"体"相等同却是后来才发展出来的。在王弼《老子注》中,"用"多与"利"并列,两者共同描述了道的无尽之藏(第四、六、十一、三十八章)。

类似地,尽管"体"在王弼注的第四、六、二十三、二十五、三十八这五章中出现了十余次,但它不需要等同于宋明理学所理解的实体概念。"体"这个词不见于《老子》本文,但在王弼注中很普遍。它与"形"相对,指的是道的"体现"。王弼注两种英译都持这样的看法,尽管两位译者赞同把"无"理解为"substance(实体)"。例如,林振述甚至一次都没有用"substance"来翻译"体";在需要一个名词性表达的情况下,林振述选择了另一个更具体的同义词,即"body"。鲁姆堡也认识到"体"的具体意义,并且在三处(第四、六、二十五章)将其译为

---

① 第十六章;载于鲁姆堡和陈荣捷,第51页。我非常谨慎地采用了鲁姆堡的翻译,因为一般她用"nonbeing"译"无",来阐明其"有""原初实体",但是"虚"没有符合这样的诠释。

"body"。

在第二十三章注中,王弼将道的追随者描述为"与道同体"。这里的"体"似乎确实可以译为"substance"。但王弼接着说,努力"得"德之人也是"与得同体",而"失"德者"与失同体"。如果我们(包括我)不希望将"体"的形上意义同样扩展到"得"与"失"上,那么最好将"与 X 同体"这一**文学性**表达按其字面意译作"embodying X(体现 X)",或者以隐喻的方式译作"one body with X(与 X 一体)",或者简单地译作"one with X(与 X 为一)"。之所以在此强调"文学性",是因为尽管人们普遍承认王弼作为一位作家的写作技巧,但这一点在目前在对其作品的解释中似乎考虑地太少了。

换言之,虽然后世儒者可能从王弼注中找到了灵感,但不能说王弼与宋明理学家有着同样的思想。再举一例,第三十八章注讲道,"不能舍无以为体"。林振述的译法:"cannot cease to embody non-being(不能停止体现无)";鲁姆堡的译法:"there cannot be substance without non-being(无无,则无实体)"。相形之下,鲁姆堡明显强调"substance(实体)"。在我看来,林译为当,王弼在这里讨论的,显然不是"实体"的抽象本性,而是人们在求道时必须做些什么。

因此,我提议用"无""理"的辩证来描述王弼对《老子》的理解。"无"启发性地将道之本性刻写为"空",并且超越了以语言为中介的普通理智之域。另一方面,"理"刻画了存在者世界与道的关联。"理"意味着秩序与和谐,它在观念上为现象世界奠基。这种意义上的"道-家"宇宙在根本上表达为"自然"。"自然"在辩证关系的两端之间起着中介作用。道之为"无"是"法"于"自然"的,这反映在宇宙的自然与自发的运作当中。在这个意义上,辩证关系不仅仅是在"无"与"有"之间,更确切说来是在"无"与"理"之间。

其他的相关概念,诸如"本""母"与"用",可以放置在这一辩证关系的框架之中。道是万物之"母"与万物之"本",因为道是存在者世界最终遵循的统一原理。道有其"用",因为道之"空"有着实践意蕴,且永远不能被穷尽。同样,王弼注还用隐喻的方式将"无"用于"朴"。如王弼写道:

> 道无形不系,常不可名……朴之为物,以无为心也,亦无名,故将得道莫若守朴。①

正如本章其余部分的注释更为明确地指出的那样,这一段的重点在于如何得道。这也解释了为什么"朴"这个意象适用于道,因为它没有受到非"自然"之物的影响。换言之,"朴"的概念意味着极端朴素的状态,它超越人类行动与欲望的世界。如果没有确切理解"无"这个概念,那么王弼注中的隐喻含义就会转变为字面意义。

以上详细论述"无"用之于道不可视为"实体"。其主要原因有二,首先,重要的是,我们要从王弼对《老子》的解释中看到他自己的哲学见解。在我看来,王弼思想不属于任何一种实体形而上学。如果"无"在本体论上先于"有",并且"无"等同于"体"(实体),那么"体"应该高于"用"。但王弼对"体"

---

① 第三十二章。参见林振述,第58页;鲁姆堡和陈荣捷,第96页。

"用"显然等而视之。①《老子》第四十章固然讲"有生于无",我们切不可忘记在第二章也讲"有无相生"。这种含混性要求我们讲清楚王弼对《老子》的理解。其次,本文所提出的解读使我们能够更好地评价王弼思想的实践意义。将"无"等同于"实体"就看不到王弼对伦理世界与政治世界的贡献,因为这就把王弼《老子注》的其他面向归入了"本体论"层面。王弼对道的超越性认识,标志着对道之本性及其具体应用的双重强调。甚至从上述讨论来看,显然实践面向起码与对道之玄奥的更抽象探究同等重要,并且与它密切相关。就此而言,我完全赞同杜光庭的看法,即王弼注聚焦于"虚极无为理家理国之道"。

理想圣人

对法家的批判

如果关注的焦点从不可言说之道转向道的恒常显现,那么这意味着人们必须对道做出回应。"应"具体体现在政治领域。《老子》第三十五章:"执大象,天下往。"王弼引申其政治意蕴:"主若执之,则天下往也。"《老子》第三十六章:

---

① 反讽的是,林振述和鲁姆堡都认识到了"体"与"用"相等同,见林振述,第 xix 页,及鲁姆堡和陈荣捷,第 xvi 页。据后者,"体与用二者互相包含。归根结底,它们是等同的"。正是由于这一原因,"无"与"理"的辩证关系必须被保持。

柔弱胜刚强。
鱼不可脱于渊，
国之利器不可以示人。

王弼的解释运用"利"（兼有"锋利""利益"二义）及反义词"失"的双关意义：

> 利器，利国之器也。唯因物之性，不假刑以理物，器不可睹，而物各得其所，则国之利器也。示人者，任刑也。刑以利国，则失矣。鱼脱于渊则必见失矣。利国器而立刑以示人，亦必失也。①

王弼的关注点在政治上，在这里，他回应了那些强调赏罚、可以称为"法家"的学说。这一解释可以从韩非子对同一段从"势"出发的解读中找到支持：

> 势重者，人主之渊也；臣者，势重之鱼也。鱼失于渊而不可复得也，人主失其势重于臣而不可复收也。古之人难正言，故托之于鱼。②

关于国之"利器"，韩非子写道：

---

① 参见林振述，第64页；鲁姆堡和陈荣捷，第105—106页。最后一句极为难解，但其大体意义是清晰的。
② 韩非子，第三十一章（《四部备要》，再版，台北，1982），10.2b。

赏罚者,邦之利器也,在君则制臣,在臣则胜君。君见赏,臣则损之以为德;君见罚,臣则益之以为威。人君见赏,则人臣用其势;人君见罚,而人臣乘其威。故曰:"邦之利器,不可以示人。"①

虽然韩非子和王弼都认为利于国家者切不可示人,但他们在惩罚的使用上产生了分歧。在韩非子看来,惩罚由大臣执行;在王弼看来,惩罚根本不必要。如果王弼对"法家"学说持批判态度,那么他自己又是如何理解治理之道的呢?答案就在王弼对圣人的理解之中。在王弼注中,圣人代表着理想的统治者。这有着两个方面。首先,必须承认君王的统治权。我们看到,君王是道之领域中"四大"之一(第二十五章)。其次,圣人的形象为所有统治者提供了效仿的榜样。我们也看到,君王之所以为大,仅仅是因为他坚持"虚"之道(第三十八章)。换言之,王弼对《老子》的解释不是去挑战现有的政治结构,而是要去改进它。

从第三十六章我们可以看到,理想统治者通过不将国之"利器"示人来进行治理。通过不示人,这些工具成为"利国之器"。如果这些"器"不是赏罚,那么它们是什么,以及为什么它们切不可示人呢?"器"的字面意义就是器具,引申为任何有用之物。据王弼,除了政治意义之外,"利器"一词也有"凡所以利己之器"(第五十七章)之义。因此,它们具有重要之用,即便是圣人也会运用它们,尽管其意图有所不同。但是,它

---

①韩非子,第二十一章(《四部备要》),7.2a。

们仍然是达到目的的手段,这两者切不可混淆。就治理而言,理想统治者必须准确地认识到这些工具的本来面貌并统摄之。如果这些工具是以其自身为导向的(self-oriented),那么,"唯后外其身,为物所归,然后乃能立,成器为天下利,为物之长也"(第六十七章)。①

当器成之后,它们可被用于政治进程之中。暂且不论其伦理意蕴,这一进程的终极目的乃是重建万物的真正本性,即复归于"一"(第二十八章):

经文	注释
朴散则为器,圣人用之,则为官长。	朴,真也。真散则百行出,殊类生,若器也。圣人因其分散,故为之立官长。以善为师,不善为资,移风易俗,复使归于一也。②

在这一例中,"器"实际上被延伸到所有存在者及其生活方式。"器"虽然有用,但是不能与"真"相混淆。

---

①参见林振述,第125页;鲁姆堡和陈荣捷,第186—187页。王弼在这里引用《易经》,见楼宇烈编,《王弼集校释》,1:171,注⑥,以及林振述和鲁姆堡对本章的注。

②参见林振述,第52页;鲁姆堡和陈荣捷,第86页。在《老子》原文中,"官长"这一表述指的是统治者。但是,王弼用它来指称理想的统治者,他为人民任命所有主要官员。无疑,这反映出王弼时代中不同的政治结构。这也反映出王弼同样很关心对有才干的官员的任命。这一主题同样出现在第三十二章的注文中。

"利国之器"切不可示人,其原因在于"朴"会由此而散。如上文所述,圣人确实"教""易"人民,但这应当从《老子》所讲的"不言之教"与"无为之事"来理解(第二、十七、四十三、六十三章)。圣人知道"器"因"无"而有其用,因为一切"用"源自"无"。因此,理想统治者通过效法道之消极面来治理天下。

无为之道

圣人之治,首在"无为",这是一个重要概念。虽然"无为"可以被译作"nonaction""doing nothing""nonassertive action"或"nonaggressive action",但在王弼注中,我们最好把"无为"理解为一种存在方式。也就是说,"无为"既不是完全不作为,也不是任何一类行动,它毋宁意味着一种"道-家"生活方式。例如,第十八章注把"大道"一词直接等同于"无为"。《老子》说"从事于道者""同于道",而王弼则揭示出"无为"的重要性:

> 道以无形无为成济万物,故从事于道者,以无为为君,不言为教……而物得其真,与道同体,故曰同于道。①

换言之,"无为"是对道在自然中显现方式的另一种描述。正如对道之言说一样,"无为"既可以消极地表达,也可以积极地

---

① 第三十二章。参见林振述,第32页;鲁姆堡和陈荣捷,第70页。在第六十三章注释的指引下,大部分学者将第二句的"君"改作"居",例如,将"以无为为君"读作"以无为为居"。然而,其大意并未有很大影响。

表达。消极地说,"无为"尤其意味着圣人"无私""无欲"。积极地说,"无为"同于"虚""静",而最为重要的,则是它同于"自然"。

圣人无私,"无私"通常指公正,但在此则意味着圣人不被一己之关切所左右。但这并不意味着自我否定。《老子》说:"圣人后其身而身先,外其身而身存。非以其无私耶?"①王弼对此的注释非常简短:"无私者,无为于身也。身先身存,故曰能成其私也。"应当指出,王弼并不关心任何"机巧",即为了实现特定的目的,而将个人考虑放在最后。这里所讨论的"成",指的毋宁是以理想圣人形象为榜样的存在方式。第十三章注把这个思想表达得更为充分:"宠辱"都惊的人知道重视自己的真正意义。这样的人当然可以信任他来治理天下。另一方面,如果一个人"迷之于荣宠",那么他自己就会成为自己最大的敌人。②

"宠辱"指向了政治世界的险境。如果考虑到正始年间的政局动荡,这一点就尤为重要。若要无私,就必须不能有以自己为导向的欲望,否则将不可避免地导致冲突。《老子》第六十四章:圣人不贵"难得之货"。王弼注:"好欲虽微,争尚为之兴,难得之货虽细,贪盗为之起也。"这一主题亦见于第三章,在那里"无欲"被用于现实的政治实践:

---

① 第七章。翻译引自刘殿爵,*Lao-tzu Tao Te Ching*,第 63 页,略有改动。

② 第十三章。参见林振述,第 22 页;鲁姆堡和陈荣捷,第 40 页。

经文	注释
不尚贤,使民不争;不贵难得之货,使民不为盗;不见可欲,使民心不乱。	贤,犹能也。尚者,嘉之名也。贵者,隆之称也。唯能是任,尚也曷为;唯用是施,贵之何为。尚贤显名,荣过其任,为而常校能相射。贵货过用,贪者竞趣……没命而盗。故可欲不见,则心无所乱也。①

圣人如果自己无欲,他就会努力防止民心变得贪婪或好争。对"能"的强调当然让我们回想起之前关于"名理"的讨论。即使王弼没有参与"才性"之争,他也和同时代人一样关注仅以能绩为基础的官员任免制度。正因为此,前一章用了不少篇幅讨论这一普遍关切的问题。

事实上,这是王弼所强调的"道－家"方式。万物生于"无",只有"常无欲空虚",才能"观其始物之妙"(第一章)。王弼进而论曰:

> 万物皆由道而生,既生而不知所由,故天下常无欲之时,万物各得其所,若道无施于物。②

归根结底,"无私"与"无欲"这些词始终强调"无"。

---

①参见林振述,第7页;鲁姆堡和陈荣捷,第10页。关于文本上的小问题,亦见于鲁姆堡和陈荣捷,第12页,注释②—④。

②第三十四章。参见林振述,第61页;鲁姆堡和陈荣捷,第101页。

无欲被进一步等同于"虚"。对"虚"的欲望可能是不再要求自己去限制自身欲望的欲望。例如,为了解释《老子》第四十八章所讲的"为学日益而为道日损"的悖论,王弼明确说道:"务欲反虚无也。"(参阅第三十章)特别是由于佛教的影响,后世思想家可能会质疑这一主张的逻辑有效性。尽管如此,王弼主要关注如何揭示"无为"之道。

务"虚"是以积极的方式描述"无为",因为这意味着一种以"静"为特征的存在方式。就此而言,第十六章的注释尤为重要:

经文	注释
致虚极,守静笃	言致虚,物之极笃;守静,物之真正也。①
万物并作。	动作生长。
吾以观复。	以虚静观其反复。凡有起于虚,动起于静,故万物虽并动作,卒复归于虚静,是物之极笃也。②

因此,在王弼注中,"虚"与"静"是同义的。它们被描述为存在与运动的基础,并且构成了万物复归的根源。稍后将讨论

---

① 据陶弘景,这句话当改为"致虚守静,物之真正也",引自 Hatano,第113页。

② 参见林振述,第28页;鲁姆堡和陈荣捷,第49页。

"归"这一概念。现在的问题在于,作为"虚"与"静"的"无为"如何应用于政治事务。《老子》第七十二章:"民不畏威,则大威至。无狎其所居,无厌其所生。"王弼注非常有意思,他在两种意义上讨论"威",而"居"这个词也不仅仅指生活的地方:

> 清静无为谓之居,谦后不盈谓之生,离其清净,行其躁欲,弃其谦后,任其威权,则物扰而民僻,威不能复制民,民不能堪其威,则上下大溃矣,天诛将至……言威力不可任也。①

就政治层面而言,暴虐之"威"源于抛弃了"清静"之道。这会导致更大的破坏力,而这种破坏力是不可避免的,因为这里提到了"天",在"天"之下,无论是在"上"的王还是在"下"的民都会遭殃。虽然韩非子未注此章,但我们可以看到"法家"可能会对王弼的解释做出何种反驳:如果百姓不害怕法律以及其他形式的"威",麻烦就产生了,所以统治者应该通过施加严罚来给他们灌输恐惧。对王弼而言,以"威"而治仅仅比毫无法制略胜一筹,但是它逊于另外两种治理方式。这四种治理方式在王弼对第十七章的注释中有所区分:

---

① 林振述,第131页,将"居"改作"始",但并没有真正的辩护。参见鲁姆堡和陈荣捷,第195页。关于"清静",参见《老子》,第六、十五章、二十六、四十五章。

经文	注释
太上,下知有之。①	太上,谓大人也。大人在上,故曰太上。大人在上,居无为之事,行不言之教,万物作焉而不为始,②故下知有之而已,言从上也。③
其次亲而誉之。	不能以无为居事,不言为教,立善行施,使下得亲而誉之也。
其次畏之。	不能复以恩仁令物,而赖威权也。
其次侮之。	不能法以正齐民,④而以智治国,下知避之,其令不从,故曰,侮之也。

因此,理想的统治者几乎不为民所知,因为他没有将自己的权

---

① 有些文本用否定词"不"替代"下",将该句改为"太上,不知有之"。但王弼注中用"下"。

② 引自第二章的文本。由于在《四部备要》版中,第二章与王弼的引用略有不同,学界已经提出了许多改动;但他们都没有改变这一段的大意。见 Hatano,第48页,以及蒋锡昌《老子校诂》(上海:商务印书馆,1937;再版,台北:东升出版事业公司,1980)第15—16页。这里给出的翻译特别关切于引出如下问题的原因:为什么"太上"很少被常人知道。

③ 在一些版本中,这最后一句话在后文的注释中出现。例如,林振述遵循此(第30页);参见鲁姆堡和陈荣捷,第53页,其采用了《四部备要》解读。

④ 大多数学者认为"法"这个字有错讹。参见楼宇烈,1:42,注⑤;鲁姆堡和陈荣捷,第55页,注⑤。

力强加于民。他通过"静"完成了治理的任务。然而,在韩非子看来,统治者不为民所见另有理由。那是因为赏罚制度严明,百姓认为所有政治举措都归因于自己。①

在王弼看来,"无为"之道归根结底是遵循"自然"。《老子》讲,圣人"处无为之事"。王弼解释说:"自然已足,为则败也。"(第二章,参见第四十八章)《老子》说:"道常无为。"王弼注曰:"顺自然也。"(第三十七章)

道本身的特点就是"自然",而圣人之治正是基于这一洞见。再次倾听王弼自己的话,我们就可以看到"无为"是如何与"自然"相关的(第二十九章):

经文	注释
不可为也。	万物以自然为性。
为者败之,执者失之。	故可因而不可为也。可通而不可执也。物有常性,而造为之,故必败也……
故物或行或随,或歔或吹。或强或羸,或挫或隳。是以圣人去甚,去奢,去泰。	……圣人达自然之至,畅万物之情,故因而不为,顺而不施。除其所以迷,去其所以惑,故心不乱而物性自得之也。②

①《韩非子》,38(《四部备要》),16.3b。
②插入一句,"至"当作"性",因为"性"更合于同句中的"情"。见楼宇烈,1:77,注③;鲁姆堡和陈荣捷,第89页,注③。参见林振述,第53页,其中保留了《四部备要》的写法。

王弼的详细阐发的确揭示出他对"自然"概念的强调。认识物之真正本性的能力,在别处被称为"天地之德"。据王弼,只有当人们无私并顺乎"自然"时,他才能"与天地合德"(第五、十六、七十七章)。

因于道,崇乎道,反于道

在前一部分中,关于"自然"这一概念已经说得足够多了;但"遵循"自然的思想需要我们加以关注。王弼有时用"顺"这个常见字(第二十七、三十七、六十五章),但王弼最常用的字还是"因"(第二、二十七、二十九、三十六、四十一、四十五、四十七、四十八、四十九、五十一、五十六章)。① 除了"遵循"的基本含义之外,"因"还有"顺"字所没有的认知维度。作为名词,"因"的意义是理由或原因,这一意义被延续到动词的用法上。从这个意义上讲,遵循"自然"包含了一种认识方式与存在方式,这既是认识自然,又是实现自然。

在王弼注中,"因"这个字最为具体地描述了"无为"与"自然"。这使我们能够进一步找准圣人之道,以补充圣人存在最重要的消极性。因乎自然与"为"相对,但王弼在一种特定的

---

①这也反映了王弼对传统的借鉴。据葛瑞汉,"因"这个词在《庄子》和《墨经》中都很重要,特别是作为"逻辑术语"。因此,葛瑞汉将"因"译作"顺遂(go by)"和"作为标准(take as a criterion)"。见他的 *Chuang Tzu: The Inner Chapters* (London, 1981),第 10 页。此外,从汉代开始,"因"的用法经常和"道"联系在一起。例如,《史记》写道:"虚者道之常也,因者君之纲。"[《史记》(《四部备要》),卷一百三十,第 5a 页。]

意义上解释后者:为者,伪也,即虚假与人为(第二章)。换言之,作为一种存在方式,"无为"源于一种先天的去伪存真的洞察力。为了"归"于真,圣人因于"崇本息末"之道并实现之。《老子》第四十章用"反"("return"或"reversal")这个概念来描述道的运动。"反"的字面意为"对立",但也可以和"返"互换。王弼第四十章注引用三十九章、十一章,做了改写,其要旨则聚焦于道之返所固有的对立义:

> 高以下为基,贵以贱为本(第三十九章),有以无为用(十一章),此其反也……故曰,反者道之动也。

然而,在第二十八章中,"返"的意义被更为显豁地表达出来。《老子》通过描述"知其雄,守其雌""知其白,守其黑""知其荣,守其辱"的重要性,再一次关注如何颠覆人们通常接受的价值模式。王弼释曰:

> 此三者,言常反终,后乃德全其所处也。下章云,反者道之动也。功不可取,常处其母也。①

如我们所见,"母"这一意象也被称为"根",二者都将道描述为

---

① "三"有着多种诠释;参见林振述,第 52 页;鲁姆堡和陈荣捷,第 86 页。我也不赞同在这里要像王弼第三十八章注一样,将"德"的意义理解为"得"。据大部分学者,《老子》第二十八章遭到了篡改,特别见蒋锡昌,《老子校诂》,第 187—192 页。但从王弼注来判断,无论文本中出现了什么错误,那都肯定是早已有之的了。

创造之源。在《老子》中,归根等同于清静。但王弼的解释却极有意思:

经文	注释
归根曰静。	归根则静,故曰静。
是曰复命。	静则复命,故曰复命也。
复命曰常。	复命则得性命之常,故曰常也。(第十六章,加粗系引者所加)

"归根""静""复命""常"这些词本来是同一关系,在王弼注中变成了一系列引导我们通达于"常"的步骤。"因"于自然便是实现这些步骤,从而获得"天地之德"。我们记得,第三十八章将"德"定义为"得"道。

那么,第一步就是"归根"。理想的统治者意识到"崇本以息末"的重要性(第五十七章):

经文	注释
以正治国,以奇	以道治国则国平,以正治国则奇正[①]

[①] 为了合于文本,将"奇正"作"奇兵",如 Hatano,第359—360 页,以及楼宇烈,1:150,注②中所提出的。尽管并没有直接表明,林振述(第107 页)也采纳这一校正。但是,鲁姆堡遵从了《四部备要》的文本,将其译为:"如果人们用正确来治理国家,那么狡猾和正义将会出现。"但是,"狡猾"如何与"正义"关联起来,这并不清晰。

经文	注释
用兵,以无事取天下。	起也,以无事则能取天下也……以道治国,崇本以息末,以正治国,立辟以攻末,本不立而末浅,民无所及,故必至于奇用兵也。

必须扶助百姓,这是"息末"的一个含义。但王弼注接着说:"民强则国家弱。"王弼认为,如果百姓关心"利",并使用"利器"来达到以其自身为导向的目标,他们便会变"强",这将导致国家在争斗中变"弱"。换言之,百姓的欲望乃是"末",必须"息"之,即终止之。第五十七章总结道:

经文	注释
故圣人云: 我无为而民自化, 我好静而民自正, 我无事而民自富, 我无欲而民自朴。	上之所欲,民从之速也。我之所欲唯无欲,而民亦无欲自朴也。此四者,崇本以息末也。

这些注释很好地描述了由王弼呈现的《老子》中的理想国家。通过"无为"与"崇本",圣人引导百姓远离谬误而返于真理。这里的假设是,百姓将会理所当然地把圣人视作典范并遵循他。正如王弼在多处讲道,他们将会寡欲,将不会"躲避"统治者(如第十七、三十三、四十九章)。但与此同时,他们几乎全然不知圣人正在治理。这里并不讨论治理中特定的政令或技艺。王弼的政治见解集中于如下主张:以理想统治者为范例,

道的转化力量将会"自然"地渗入百姓心中。王弼拜见执政大臣曹爽时,他很可能谈及这些不同于道本身之抽象意义的主张。我猜想,这也是曹爽嘲笑王弼的原因。

"道-家"见解

"应"的概念

尽管我们已经将讨论聚焦于政治层面,但显然广义上的政治与伦理在王弼的思想中不可分割。圣人通过**自身**无欲而治国。换言之,治理之道最终落在修身之上。《老子》第五十四章令人想到《大学》:

> 修之于身,其德乃真;
> 修之于家,其德乃余;
> 修之于乡,其德乃长;
> 修之于国,其德乃丰;
> 修之于天下,其德乃普。

王弼注基本上加以复述,并补充说:"以身及人也。"

因此,对道的回应("应")始于自身。它效法于道之运动,本质上是"虚己"的过程。除了诸如"无私""无欲"等概念之外,王弼也强调了圣人之在不"累"于物。"累"同于"失"(第二十三章)。圣人"抱朴无为,不以物累其真,不以欲害其神"(第三十二章)。因此,"累"以一种更具体的方式解释了"无私无欲"的意义。但之所以在此讨论"累"另有原因。上一章讨论圣人感情之本性时已经遇到"累"这一概念。据王弼,圣人与常人一样拥有感情,这使他们能够应物,差别在于圣人能够不"累"于物。这非常重要,因为它关系到成圣的可能性。尽管人之情可能成为邪恶之源,但它们又是不可或缺的,否则人们将无法应于道。

上文关于理想圣人的讨论从"应"这一概念开始。"应"也是王弼对《老子》大部分理解的基础。"应"这个词在《老子》中仅二见。在其中一例中,它被用于描述"天之道""不言而善应"。① 王弼注预设了对这一概念的全盘接受:"顺则吉,逆则凶。"(第七十三章)在其他地方,王弼将这一概念延伸到对"自然"之道的描述上(第十、十七、二十三、三十八、四十九、六十二章)。"尊行之(道)则千里之外应之"(第六十二章);只要圣人说话,则"言必有应"(第十七章);"善名生,则有不善应焉"(第三十八章)。这几近于一个因果循环,因为"应"是无处不在的,并且是由道本身之"常"理所决定的。

这并不是说王弼受到了佛教的影响。"应"已见于《易经》。《易经》记载,孔子在解释第一卦卦义时说道:"同声相应,同气相求。……圣人作而万物睹。本乎天者亲上,本乎地者亲下,则各从其类也。"②虽然王弼没有详细阐发这段话,他

---

① 第三十七章。参见林振述,第133页;鲁姆堡和陈荣捷,第198页。这一句的第一部分在鲁姆堡本中缺失。《老子》中使用"应"的另一个例子在第三十八章:"上礼为之而莫之应,则攘臂而扔之。"

② 见王弼《易经》注,载于楼宇烈,1:215。但是,王弼注没有在这里处理"应"这个概念。参见《庄子》,第七篇,华兹生译,第97页。

在《周易略例》中解释道,一切卦可以通过其内在的"动"或"静"加以理解。这将使得人们能够"应其用":

> 夫应者,同志之象也……是故,虽远而可以动者,得其应也;虽险而可以处者,得其时也……虽后而敢为之先者,应其始也;物竞而独安静者,要其终也。①

换言之,"应"是"无""理"辩证的另一种表现,在人们的生活世界之中尤其如此。这就解释了为什么王弼相信道之转化力量可以对百姓产生影响。在"道-家"世界中,每个行为都有其"应"。

超越宗派与论战

这一主张的普遍性肯定了成圣的可能性。圣人能够应于道,并延伸到应于百姓的需求。道与圣人"同志",即相同的志趣。因此,圣人的情感本性必须被保持。王弼确实曾将道描述为"空洞无情"(第五章)。但这可以根据"无""理"辩证加以解释。因此,王弼也说,圣人之情不可见(第二十章)。在哲学上,道之辩证关系使成圣得以可能。在政治上,建立"道-家"乌托邦这一治理任务也需要它。

---

①楼宇烈,2:604。"应"在《淮南子》以及其他汉代著作中都非常重要。特别见于白光华(Charles Le Blanc),*Huai-nan Tzu: Philosophical Synthesis in Early Han Thought* (Hong Kong: Hong Kong University Press, 1985)。

王弼从不是"避世者"。他从未对政治"漠不关心"。相反,他关心传统与治理。事实上,圣人的方式本身就根基于传统之中。《老子》第八十章将理想国家描述为"小国寡民",那里的人们单纯而满足。然而,在王弼看来,这并不是描述任何特定形态的国家;相反,"小国"的表达是一个例子,用来敦促所有统治者返归古道。关于第八十章对"小国"所作的长篇描述,王弼仅仅说道:"无所欲求。"①

在本书第五章我们将看到,这个简短的注释对于理解王弼的解释框架非常重要。在这一点上必须强调,在王弼对理想国家的看法中,传统占有重要位置。在其他注中,王弼提到了"执古之道,以御今之有"的重要性(第十四、四十七章)。由于道是恒常的,那么它的显现可以从自然与历史中辨识出来。这就是为什么我在之前说,王弼的目的不在于改变现有的政治结构。重点不在于创新,而在于重建秩序与和谐。就此而言,归"根"也就是回归传统。这是否说明王弼是"儒家"的支持者?抑或是它仅仅是借孔子之口,从而宣传"道家"的教义?

我们已经看到,正始年间的文人将孔子视为理想圣人。孔子与上古传说中的圣人尧、舜齐名,是所有人效法的典范。正如传记所载,王弼认为,孔子能够"体无",而老子停留在"有"的层面。然而,单凭这一点不能确定王弼的思想立场,因为其他证据让整个问题变得非常复杂。例如在《论语》中,

---

①参见林振述,第141页;鲁姆堡和陈荣捷,第208页。

孔子说:"述而不作,信而好古,窃比于我老彭。"①王弼赞同郑玄,认为"老彭"指的是老子与彭祖,因此将老子置于孔子之上。②

令人更为困惑的是,王弼注释孔子自谓"志于道":

> 道者,无之称也。无不通也,无不由也。况之日道。寂然无体,不可为象。是道不可体,故但志慕而已。③

这一段的第一部分并无新意,尽管它在此处有着重要作用。但是,其结论似乎挑战了成圣的可能。

我认为,王弼此处最关心的是"志"这个词的含义,孔子特别选择它来描述自己的事业。孔子之所以用"志"来代替"体",因为必须强调道的消极面向。我们不应忘记,王弼也用

---

① 《论语》,7.1。改动自刘殿爵译,*Confucius: The Ana-lects* (Harmondsworth: Penguin Books, 1979; reprint, 1982),第 86 页;以及陈荣捷编译,*A Source Book in Chinese Philosophy* (Princeton: Princeton University Press, 1963; reprint, 1973),第 31 页。

② 王弼,《论语释疑》,载于楼宇烈,2:623—624。彭祖是传说中的人物,象征着长寿。自汉代以来,有诠释认为老彭是商代(约前 1600—前 1046)人,他的名字也载于《礼记》。见杨亮功等人,《四书今注今译》(台北:商务印书馆,1979),第 93 页。由于宋代朱熹(1130—1200)保留了这一诠释,它变得通行起来。见他的《四书集注》(《四部备要》;再版,台北:中华书局,1973),4.1a。

③ 见楼宇烈,2:624。如前所示,王弼的《论语》注仅存于别人的一些引用。此条与上条引用都由宋代学者邢昺(932—1010)保存,载于他的《论语注疏解经》(台北:中国子学名录集成,1977)。

"志"来解释"应"。换言之,"体无"只是用来描述圣人不为人情所欺或所累的方式。道本身是不可"体"的,没有"道"这么一个东西,来让人与其合为一体。重要之处在于,孔子"系心"于道并"应"于道。

以下两点可以支持上述解读。首先,这个文本的另一个版本讲"是道不可为体",多出了一个虚词"为",它将最后一个字"体"名词化。① 更重要的是,王弼注附于何晏对此章之注后,而何晏注只是简单地说无不可"体"。② 因此,王弼注的开头部分是重要的,因为它确立了理解结论的语境。考虑到王弼与何晏在圣人情本性上的分歧,王弼似乎很谨慎地解释自己的观点,并将其与何晏的区分开。

无论如何,这仅是孤例。要回答王弼的思想倾向,必须从他的《老子注》本身中寻找答案。尽管《老子》经常提到理想圣人,它也说"圣"应当被弃绝(第十九章)。王弼对这一段的理解,充分体现了他对中国思想发展所做的贡献。

据王弼的观点,"圣"作为一种人的德性次于"无为"的理想。事实上,所有德性,尤其是儒家所推崇的德性,在"道-家"眼中都是次一级的。然而,这并不意味着王弼由此陷入了一场"反儒家"的论战。正如他对《老子》第十九章的注释:

---

① 见玉函山房辑佚书版王弼《论语释疑》(1889 年),第 3b 页。转引自楼宇烈,2:635,注⑨。

② 邢昺,《论语注疏解经》,第 190—191 页。

经文	注释
绝圣弃智，民利百倍； 绝仁弃义，民复孝慈； 绝巧弃利，盗贼无有。 此三者以为文不足， 故令有所属： 见素； 抱朴； 少私； 寡欲。	圣智，才之善也。仁义，人之善也。巧利，用之善也。而直云绝，文甚不足，不令之有所属，无以见其指，故曰，此三者以为文而未足，故令人有所属，属之于素朴寡欲。①

因此，正如《老子》似乎暗示的那样，"圣"本身并不是一种可以抛弃的"文饰"之"文"；相反，作为"圣""仁"等"表达"之"文"应当加以改进。这里王弼在两种意义上使用"文"这一关键字，由于它的意义很广，所以难以翻译。一般说来，它指的是"文化""文字"或"语词"，但它也有虚伪、表面的意思。窃以为，王弼是在利用"文"这个字的开放性来缓和《老子》对儒家德性的攻击。

这并不是说王弼不重视《老子》原文。一般的儒家德性仍是逊于"无为""自然"之道。第十章注又提到了"绝圣"的思想：

---

①参见林振述，第34页；鲁姆堡和陈荣捷，第58页。

经文	注释
涤除玄览,能无疵乎?	任术以求成,运数以求匿者,
爱国治民,能无知乎?	智也。玄览无疵,犹绝圣也。治国无以智,犹弃智也。能无以智乎,则民不辟而国治之也。①

王弼显然以肯定的方式回答了《老子》的问题。尽管"绝圣"的思想没有在其他章节中再次提到,但它可以从王弼对"智"的理解中推论出来。第三章的注将"智"界定为"知为",即一种导向于有限目标的知识。就此而言,它可以译作"instrumental knowledge(器具性知识)",以便让我们记住上文关于"器(instrument)"的讨论,由此区别于圣人真正的智慧。王弼写道:"自任其智,不因物,于其道必失。"(第二十七章)自知也被认为在"智"之"上"(第三十三章),而圣人恰恰"不用智",因为他"合自然之智"(第二十八章)。

虽然"圣"与"智"是"才之善",但这些表达归根结底是人类的构造,不能对其盲目崇拜。"绝圣"的思想被比作"玄览"。这个"览(vision)"是什么呢?在第六十章中,王弼注曰:

---

①参见林振述,第18页;鲁姆堡和陈荣捷,第30页。《老子》的最后一节的"无知"经常被校对为"无为",但这并不影响注释。详细的讨论见蒋锡昌《老子校诂》,第58—62页。

经文	注释
治大国,若烹小鲜。	不扰也,躁则多害,静则全真,故其国弥大,而其主弥静,然后乃能广得众心矣。
以道莅天下,其鬼不神。	治大国则若烹小鲜,以道莅天下则其鬼不神也。
非其鬼不神,其神不伤人。	神不害自然也,物守自然则神无所加,神无所加则不知神之为神也。
非其神不伤人,圣人亦不伤人。	道洽则神不伤人,神不伤人则不知神之为神。道洽则圣人亦不伤人,圣人不伤人则不知圣人之为圣也。犹云,不知神之为神,亦不知圣之为圣也。夫恃威网以使物者,治之衰也。使不知神圣之为神圣,道之极也
夫两不相伤,故德交归焉。	神不伤人,圣人亦不伤人,圣人不伤人,神亦不伤人。故曰,两不相伤也。神圣合道,交归之也。

当成圣实现时,它同时也被抛弃了。当"意"被理解时,"言"与"象"就必须被忘掉。然而,这不是一个"神秘"的见解。王弼的长篇注释讲得很清楚,只有在不为百姓所知的意义上,成圣才能被抛弃。当圣人"体"道,即以"无为"应道时,由此产生的"和"就可以被**诗意地**表达为神人合一。王弼的理想

既不是神秘的见解,同时也不是一种"自然主义"的形式。道在其自身仍是全然超越的。王弼的"见解"既认识到道的玄远神性,也认识到道的实践意义。要避免神秘主义与自然主义的两难困境,就必须认识到主导王弼思想的辩证思维。我以为,王弼之"玄览",归根结底是一种**道－家**见解。

在这个意义上,范宁对王弼抛弃了孔子学说的指控是正当的。同理,陆希声等后世道家谴责王弼背离老子教义也是正当的。这是因为,王弼既非"儒家",亦非"道家"。

诸如"儒家""道家"这些词是历史范畴与抽象概念,它们本身也应当被这般加以承认。如果使用得当,它们能以一种有意义且系统化的方式来简化复杂的历史现象;但如果被误用,它们只是将丰富多样的材料还原(如果不是歪曲的话)为肤浅的模式。在王弼的例子中,困难在于他不属于上述任何一种范畴。虽然王弼主要因其《老子注》而为人所知,但我们不应忘记他也写了一部关于《论语》的著作。在之前关于"夫子自道"那一段文字中可以清楚地看到,他是从同一个视角解释这两种文本的。

我们没有理由怀疑王弼对孔子的辩护是虚伪的。如果他没有表现出对政治事务的兴趣,如果他没有辩证地诠释道,这个观点可能看起来还有些吸引力。同样也没有必要认为,王弼尝试"综合"老子与孔子。在各个思想学派的支配下,传统变得支离破碎,而王弼却能超越这样一种状态。在我看来,这正是他的天才之所在。对王弼而言,只有一个"道－家"传统,它通过古代圣人的典范传承至今。圣人上应于道而为民负责,这代表了一种理想见解的焦点。

Chapter three

Ho-shang Kung: Legend and Commentary

第三章

河上公:传说与注释

第三章 河上公：传说与注释

尽管河上公注在传统中国极为重要，但它也备受批评。之前提到的唐代史家刘知几就认为，河上公注为"不经之鄙言"和"流俗之虚语"。12世纪的晁公武强调，此注关注呼吸的技巧与其他身体修炼，进而引申刘知几之说："近神仙家。刘子玄称其非真，殆以此欤？"①又如清代学者姚鼐将这一批判传统总结为：

> 《老子》书，六朝以前，解者甚众。今并不见，独有所谓《河上公章句》者，盖本流俗人所为，托于神仙之说。其分章尤不当理，而唐、宋以来莫敢易，独刘知几识其非耳。②

结果，河上公注现在常被视为一种"宗教宣传"，在学术上不值得认真关注。

在河上公注中，尽管对不朽的关注很重要，但它应当与其他同样重要的方面关联起来，从而在其自身的脉络中加以理

---

① 见晁公武（活跃于1150年）《郡斋读书志》，王先谦（1842—1917）编（长沙，1884），11.3a。《四部丛刊》基于袁版，而这条引用不包含在这一版本的晁公武著作中；王先谦的批校版基于衢版。亦见于王重民《老子考》（再版，台北，1981），第22页。

② 转引自王重民，第275页。河上公注也收录于张心澂《伪书通考》，（上海：商务印书馆，1939；再版，1954），2：743—745。

解。和王弼注一样,河上公注也包含一种统一的见解。我将在下文中详细解释这一主张。对注释的分析将在下一章中展开,而在此之前,首先有必要讨论两个问题,它们和河上公的传说与注释年代相关。

对河上公这一人物的了解,我们只能通过传说,或者更准确说来,通过一组传说,它们声称河上公是某《老子注》的"作者"。河上公在历史上不太可能确有其人。至少,萦绕这位人物的传说之网现在已是如此密集,即便确有核心史实,我们也不再能将其看透。但传说本身也很重要,因为它提供了一种指引,并为如何解读河上公注奠定了基调。就我们的目标而言,河上公是否确有其人是次要的问题,首要的是从传说中反映出来的语境和基本预设。因此,在讨论注释的年代之前,我们首先考察河上公故事的源头以及其中包含的关键思想。它将会表明,河上公传说中弥漫着浓厚的以理想圣人为中心的政治关切。与我们对王弼背景的研究一样,接下来的讨论也会着意分离出那些对理解注释本身至关重要的主题。

河上公传说的形成

今天最易于找到的河上公"传记"见于现行《四部丛刊》版河上公注的序,该序又是基于一个宋代的版本。① 传统认为,

---

① 据严灵峰,现存三十种版本的河上公注。其中最早的是两种唐代版本,但它们是不完整的。的确在敦煌也发现了河上公残篇。见严灵峰《中外老子著书目录》(台北:中华丛书委员会,1957),第373—375页。

序言系著名道士葛玄(约164—244)所作,因为文本开篇出现了葛玄的一个尊称"太极左仙公"。序言的前半部分关注神化的老子与《道德经》的起源,后半部分则致力于河上公的传说。

但是,这份目录上不包括敦煌的材料。

唐代的版本收录于马总(卒于823年)编纂的《意林》,1.14a—17b(Hsüeh-ching t'ao-yüan 版,上海,1922),以及魏征(580—643)等编著,《群书治要》,卷三十四(《四部丛刊》再版;台北,1965),第440—447页。它基本上是由学生准备科举所需的关键选段组成。在敦煌发现的河上公注残篇中,并不包含不加注释的河上公版本的《老子》原文手稿,S477,S3926,和P2639基本上都是完整的。关于细致的描述,参见 Ōfuchi Ninji 编,*Tonkō Dōkyō*,第一卷,*Mokuroku hen*(Tokyo:Hukubu shoten, 1978),第209—235页。相较于《四部丛刊》版,总的来说差异很少。两种斯坦因(Stein)手稿的影印版本现在是可用的,尽管再版的质量有待提高。见严灵峰编,《敦煌写本老子河上公注》(《无求备斋老子集成初编》;台北,1965)。

人们最为熟知的《老子章句》——河上公注收录于《四部丛刊》(首次出版于1920—1922年)。《四部丛刊》是建安余氏家族的私人藏本的摹写再版,取自瞿镛(活跃于1857年)的铁琴铜剑楼版本。据瞿镛自己的目录,由于特定的"减笔",该版本可能刊行于宋孝宗(在位于1163—1189年)统治之后。见《铁琴铜剑楼藏书目录》(1897),18.7b。它共有四卷,分成带有章节标题的八十一章。大部分版本都是八十一章,要么是四卷,要么是两卷;但章节标题似乎是后加的。例如,敦煌手稿没有章节标题。关于其他版本的河上公《老子》,亦见于内藤干治的出色讨论,Naitō Motoharu," Rōshi kajōkōhū no kōhon ni tsuite",载于 *Shūkan Tōyōgaku*, 19(May 1968):70—81。内藤干治一次讨论了《道藏》版、敦煌版、《四部丛刊》版以及三种日本版。在本研究中,我将运用严灵峰的《四部丛刊》影印版,收录于他的《无求备斋老子集成初编》(台北,1965)。

据这一传说的成熟版本,河上公"出现"于汉文帝(前179—前157年在位)时期。由于他家住在"河"(大概是黄河)边,所以他被称作"河上公"。汉文帝显然对《道德经》深感兴趣并致力研习,他听说河上公专精研《老子》文本,就派遣使者去请河上公为他解释一些困难的段落。汉文帝"下旨"要求所有在朝为官者都要研习《老子》;后来的文献记载,他的儿子汉景帝(前157—前141年在位)因此将《老子》正式确立为"经"。①

有意思的是,河上公拒绝了汉文帝的请求,因为《老子》太过重要,不能"遥问"以答。更为有意思的是,汉文帝于是乎亲自来访。起初他想要责罚河上公,引用《诗经》甚至暗引《老子》来肯定自己至高无上的权威。河上公忽然跃起,"如云之升",透露出他实际上乃是"太上老君"特定派来教导汉文帝的神。汉文帝跪拜稽首。在汉文帝领略到道的力量并服膺其学说之后,《老子注》最终传到了他的手中:

河上公即授素书老子道德经章句二卷,谓帝曰:"熟

---

① 汉文帝之妻,即后来的窦太后,也专注习读《老子》。《史记》记载:"窦太后好黄帝、老子言,帝及太子诸窦不得不读黄帝、老子,尊其术(Empress Dowager Tou favored the words of Huang-ti and Lao-tzu. The emperor [i.e., her son, Emperor Ching], the crown prince, and the various members of the Tou family all had to study the *Huang-ti* and *Lao-tzu*, and to revere their art)。"(第四十九卷,5b)亦见于马叙伦的讨论《老子校诂》(再版,香港,1965),第7—8页;以及 Hatano Tarō, *Rōshi dōtokukyō kenkyū*,第6—7,667—670页。

研此,则所疑自解。余注是经以来,千七百余年,凡传三人,连子四矣,勿示非其人!"帝即拜跪受经,言毕,失公所在。

在历史上,这一传说的重要性可以上溯至作为制度化宗教之道教的兴起。众所周知,唐朝皇帝将他们的祖先追溯到老子本人。在宋朝,老子被正式授予了"太上混元皇帝"这一至大无外的称号。① 河上公的传说凸显出太上老君所授予的神圣任务,故而享有巨大声望与皇权支持。毫无疑问,这个传说在7世纪时就已然确立了。但问题在于,它最初形成于何时呢?

葛玄的作者身份

如果葛玄的作者身份能被证实,那么这个成熟的传说便可追溯到公元 200 年左右。据某佛教文献,葛玄编造出河上公的故事以"惑"百姓。② 尽管传说受到了对手的批评,但中国古人鲜有质疑葛玄作者身份的。当代学者武内义雄认为,宋代版本的河上公传说可以追溯到一篇更早的文献《老子道德经序诀》,它的作者也是葛玄。③ 然而,在武内义雄之后,大渊忍尔对这篇

---

①关于道教在唐宋发展的简要分析,见傅勤家《中国道教史》(上海:商务印书馆,1937;再版,台北:商务印书馆,1980),第十三章。

②玄嶷,《甄正论》,第二部分,卷三,载于 *Taishō shinshū daizōkyō* (Taishō Tripitaka; abbreviated T), vol. 52, no. 2112,第 568 页。另一佛教的批判,见法琳《辩正论》,第二卷,载于 *Taishō shinshū daizōkyō* (Taishō Tripitaka), vol. 52, no. 2110,第 498—499 页。

③Takeuchi Yoshio, *Rōshi genshi* (Tokyo, 1926), pp. 35—48.

文献作了详尽研究，对葛玄的作者身份提出严重怀疑。①

《老子道德经序诀》（以下简称《序诀》）系编撰之作，其精确成书年代难以定论。包括敦煌卷子在内的许多文献都提到了《序诀》中的一些片段。②《序诀》的文本可以分为五部分，它也明确地认定葛玄为作者。③ 前两部分处理老子与河上公的传说，其实质内容与宋版河上公注的序言一致。④ 后三部分

---

①Ōfuchi Ninji, "Rōshi dōtokukyō joketsu no seiritsu", 第一、二部分，载于 *Tōyō gakuhō*, 42, 1 (June 1959): 1—40; 42, 2 (Sept. 1959): 52—85; Cf. Fukui Kōjun, "Rōshi dōtokukyō joketsu no keisei", 载于 *Nippon* Chūgoku gakkaihō, 11 (1959): 27—37。Fukui 的文章主要旨在澄清 Takeuchi 讨论中的一些观点。

②大渊忍尔用以重构文本的文献，载于 "Rōshi joketsu"，第一部分，第 2—3 页。除了大渊忍尔重构的版本，严灵峰的著作《辑成玄英道德经开题序诀义疏》（台北：艺文印书馆，1965）。成玄英（活跃于 630 年）是唐代道家主要人物。他的著作由三部分组成，其中《序诀》占其一。参见敦煌残卷的描述，S75, P2584，并有《序诀》以及其他的全部文本。载于 Ōfuchi 编，*Tonkō Dōkyō*，第一卷，*Mokuroku hen*，第三部分，第 246—249 页。

③大渊忍尔将其分为五部分。据武内义雄和福井康顺（Fukui），文本当分为四部分；大渊忍尔将其中第三部分又分作两部分。大部分写本在开头都有记号"太极左仙公葛玄造"。关于《序诀》的详细讨论，见 Shima Kunio, Rōshi kōsei (Tokyo, 1973)，第 12—24 页。

④唯一较大的出入在于，《序诀》略去了向汉文帝推荐河上公的官员的名字。在成熟的版本中提到的官员，即侍郎裴凯，引起了一些麻烦；因为唯一叫这个名字的历史人物，是王弼的同时代人。裴凯是裴徽之子，他也属"新道家"，他的传记见于《晋书》，第三十五卷（北京：中华书局，1974），第 1047—1050 页。据马叙伦、裴凯或是襄凯（活跃于公元 166 年）的讹误，他是东汉时著名的道家学者，因其与《太平经》的关联而殊为重要。但是，这对河上公传说的作者而言，仍然有着时代错乱。见马叙伦《老子校诂》，第 2 页。

讨论《道德经》写作的缘起，以及后来道教称之为"内丹学"的修炼指南。

阅读《序诀》可以发现，葛玄的作者身份不无可疑，尤其是其中也掺杂了一位葛玄弟子的语录，虽然葛玄学派或葛玄传统似乎在编撰中起到了关键作用。就河上公的传说而言，《序诀》的讲法也可以追溯到另一部与葛氏有关的作品，那就是葛洪的《神仙传》。①

据葛洪（约284—364）自己的讲法，他在三十多岁时写了《神仙传》，这样的话这部作品作于东晋（317—420）初年。②总的说来，《神仙传》所载的河上公传比起《序诀》更为简要。依据《神仙传》，河上公向汉文帝献"素书"，字面意思是写在生丝上的文字，但在这一语境下其言外之意是"朴素之书"。但《序诀》却明确地说它是河上公注。前者仅仅说，有位神人来教导汉文帝；而后者解释说，是"太上老君"专门派了一位神来

---

① Takeuchi, *Rōshi genshi*, 第47页；Ōfuchi, "Rōshi dōtokukyō joketsu", I: 20—33。参见 Fukui, "Rōshi dōtokukyō joketsu no keisei", 第32—33页。河上公传说见于《神仙传》第三卷；见汉魏丛书版（1794）。我已经在一篇单独的文章中讨论过，为何葛玄的作者身份不能被保留，以及其他与《序诀》有关的问题。见"The Formation of the Ho-shang Kung Legend", 即将出版，载于 Julia Ching 编，*Sages and Filial Sons: Studies on Early China*（Hong Kong: Chinese University Press）。

② 见 James Ware 译，*Alchemy, Medicine, and Religion in the China of A. D. 320: The Nei P'ien of Ko Hung*（Cambridge: MIT Press, 1966; reprint, 1981），第17页。众所周知，葛洪是道教史上的重要人物。他是葛玄的侄孙，首先受到了郑思远的道教教育，而郑转而又成为葛玄的弟子。

到人间。尤其是根据大渊忍尔的仔细分析,我们似乎可以肯定,《序诀》所载的河上公传说发展了《神仙传》的原始版本。①

因此,宋版河上公传说可由《序诀》追溯到《神仙传》。那么,能否认为葛洪便是河上公传说的作者?还有一种可能是,葛洪把一个由来已久的传统用文字表达出来。或许,《神仙传》中的河上公传说本身就是一个后来的改写。由于所有上述观点都能找到有力的证据,河上公传说的形成在当代汉学研究中仍然是一个棘手的问题。② 我的论点是,葛洪的时代可以被视为河上公传说落于文字的终点。③ 我们有理由相信,河上

---

① 另一方面,王明认为尽管《序诀》受到了后世的篡改,但葛玄的作者身份仍可接受。这意味着《神仙传》中的河上公传说效仿于《序诀》中的传说。然而,我不知为什么《神仙传》的作者要略去注者的姓名,仅仅说"素书"。但不管怎样,这都不会影响这里的主要论证,其旨在将河上公的故事定位于葛洪之前的汉代。见王明《道家和道教思想研究》(北京:中国社会科学出版社,1984),第293—323页。这一关于河上公的重要论文最初发表于1948年。

② 见拙作,"The Formation of the Ho-shang Kung Legend",其中讨论了关于这一问题的数个学术观点。

③《神仙传》的真实性在此关联中殊为重要。例如,Fukui Kojun 认为通行版的《神仙传》可推迟到明代。见他的"Shinsenden kō",载于 *Tōhō shūkyō*,1(1951),与"Katsushidō no kenkyū",载于 *Tōyō shisō kenkyū*,5(1954),第49—54页。《神仙传》整体的真实性在此并非我们的关注所在。需要指出的是,这一版本的河上公传说也在一些唐宋的百科全书中加以引用。《神仙传》的特定部分似乎逃过了被大幅改动的命运。福井康顺在他的讨论中没有提及河上公传说。也见于 Ōfuchi,"Rōshi dōtokukyō joketsu",第20—26页,其中多个版本的《神仙传》对河上公传说的记载被比较并讨论。

公传说的核心部分早在西汉末年就已经形成了。

河上公与河上丈人

据《史记》记载,战国时期确实有一位河上丈人,他也非常精通《老子》。① 名曰"河上丈人",它的意思当然也是"河边老者"。到了公元 3 世纪,这个人物通常被认为就是河上公。② 传统上,这一等同有助于确立河上公是古已有之的史实;但在今天,这为河上公传说的批判研究开启了一种有意思的可能性。

我曾在别处详细阐释,河上丈人的传统发端于中国东部的齐国,终于战国末年。这一学派的转变显然表明,它扎根于黄

---

①《史记》(《四部备要》)第 80.6b 卷。对河上丈人的引用,可见于乐毅(活跃于公元前 284 年)传。在乐毅的后人中,有一个人名为乐巨公,他后来成为黄老传统的追随者,跟随河上丈人学习。《史记》接下来追溯了河上丈人学派的流传,从公元前 3 世纪的神仙安期生,经由乐巨公和其他人,到了汉初丞相曹参(卒于公元前 190 年)。乐毅传的英译,见 Frank Kierman, Jr. 译,*Ssu-ma Ch'ien's Historiographical Attitude as Reflected in Four Late Warring States Biographies* (Wiesbaden: Otto Harrassowitz, 1962),第 20—25 页。"乐"这个姓氏在此处以及更早的研究中写作"Yo"。关于河上丈人传统的精妙讨论,亦见于 Kanaya Osamu, *Shin Kan shisōshi kenkyū*,修订版(Kyoto: Heigakuji shoten, 1981),第 151—189 页。

②据王应麟(1223—1296),"丈人者,乃今所谓河上公也。自晋世已言其教汉文帝"。见王应麟《汉书艺文志考证》,6.4a,附于他的《玉海》,204 章(1783,一百二十卷,袁版重印),第一百零一卷。在嵇康(233—262)的《圣贤高士传》中,我们也读到河上公也被认为是河上丈人(《玉函山房辑佚书》,1889,第 10a 页)。

老传统,即黄帝与老子的传统。这里不必进入细节,只需要指出河上公的形象乃是效仿河上丈人。但这并不是一种"身份错认",因为它在有意识地尝试,如何在新语境中再现旧传统。①

这一假设基于另一位人物,即安丘先生。传统认为他是河上公的弟子。与河上公一样,安丘先生作为《老子》专家也被一位皇帝即汉成帝(前32—前7年在位)寻访过。同样,他也拒绝了皇帝的请求。此外,在6世纪的著作《道学传》中,安丘先生被等同于乐巨公,后者是黄老传统中的关键人物,同时也与河上丈人学派密切相关。② 这种身份等同或许可以接受,因为"安丘"指的就是汉成帝重新建立的小封地,它就在河上丈人学派发源的地区。如果把所有相关的材料都考虑进来,我们就会发现,河上公传说的核心很早就形成了,可能是在汉成帝统治时期或稍晚于后。它很可能是安丘先生学派的产物,旨在

---

①"身份错认"的假设由 Anna Seidel 提出,见她的 *La Divinisation de Lao Tseu dans le Taoisme des Han* (Paris, 1969),第33页,注①。

②转引自宋代百科全书《太平御览》,510.5b。陈国符对这一文本的重构,见他的《道藏源流考》,修订版(北京:中华书局,1963;再版,台北,1975),第454—504页。安丘先生的故事见于嵇康《神仙高士传》,第11b页,以及皇甫谧(215—282),《高士传》(《图书集成初编》;上海:商务印书馆,1937),B:74—75。有意思的是,河上丈人的弟子名为安期生,河上公被叫做安丘先生。这种平行关系的意蕴,在我关于河上公的文章中写到了。据《史记》(第八十卷),乐巨公是教授黄老学派的专家,他作为齐国的贤师而广为人知。关于这一故事的更长版本,见于皇甫谧的《高士传》,B:62—63。

传播黄老传统的学说。后来,它又在葛洪的《神仙传》与《序诀》中得到流传与阐发,最终在宋代《河上公传》的序言中形成了定本。①

然而,有人认为河上公传说本身似乎就包含某些带有后世印记的思想。尤其是楠山春树,他认为基于内部证据,这个传说的年代应该在六朝末期,公元6世纪左右。② 虽然本研究得出的结论不同于楠山春树,但回顾他的论证是有益的,特别是因为它同时注意到了这一传说的政治维度。

如前所述,这个传说的成熟版本描述了汉文帝与河上公之间的相遇。河上公当即拒绝了皇帝的请求,这一事实本身就具有重要意义,安丘先生拒绝汉成帝也是如此。在楠山春树看来,这可能反映了佛教的影响,因为在此之前,东晋时期(317—420)有一场关于沙门是否需要敬王者,即佛教徒是否可以不受皇权统治的激烈论争。③ 后来道教也关注这一问题,因为我们发现,河上公传说在唐代文献中似乎被作为测试道教优越性的事例。

---

①据《太平经》中的引用,葛洪认识安丘先生,见《太平经》,第六百六十六章;转引自王明《抱朴子内篇校释》(北京:中华书局,1980),第333页。

②Kusuyama Haruki, *Rōshi densetsu no kenkyū* (Tokyo: Sōbunsha, 1979),第一部分,第三章。这部著作对老子研究的重要性不可估量,尽管我不同意其中的一些发现。关于 Kusuyama 的著作,Sakai Tadao 作出了一个很有帮助的评论,载于 *Tōhō shūkyō*, 55(July 1980):107—115。

③Kusuyama,同上,第177页。参见 Kenneth Ch'en, *Buddhism in China: A Historical Survey* (Princeton: Princeton University Press, 1973),第75—77页,这是关于这一发展的简要讨论。

楠山春树由此认为,河上公传说可能形成于公元6世纪,即在佛教不敬王者的事例得以确立并延伸至道教之后。① 楠山春树所引用的诸多文献显然证实了河上公传统在唐代的重要性。不过,依笔者之见,仍有待于讨论的是,佛教的影响是否在河上公传说的形成过程中扮演主要角色。我们应当承认楠山春树所强调的传说的政治维度,但这或许是在中国人的想象中本身固有的。

那么,河上公传说所强调的政治要素是什么呢?这就要思考黄老思想中的难题,而它又是与河上公传统密切相关的。当然,我的讨论不可能是穷尽的,而只能凸显这一传说的某些面向。

黄老思想

史料表明,黄老传统主导了汉代早期的政治与思想舞台。但是人们对它的确切本性却知之甚少;这一学派的早期文本几乎已经全部散佚。黄老学派的教义常被描述为"清静""无为""与民休息"等观念;但在这种语境之下,它们的意思并不总是很清楚。1973年,长沙马王堆汉墓发现了两种《老子》帛书,由此这一情况略有改善。《老子》帛书乙本附有四篇散佚的文本,它们或可追溯到黄老学派。其他关于黄老传统的早期文本很少,而且绝大多数无法释读,而其中部分最为重要的文本与河上丈人传统尤为相关。后者的关键人物,诸如田叔、曹参以及窦太

---

① Kusuyama,同上,第192页。

第三章　河上公：传说与注释

后，都对黄老传统确立为汉代早期的主导意识形态做出了贡献。①

《史记》把一些较早的哲学家也归入黄老传统，这为以下这个普遍接受的观点奠定了基础，即黄老学派可以追溯到战国时期。② 这些人物中有许多活跃于著名的"稷下学宫"，它在齐宣王（约前319—前301年在位）的掌管下空前繁荣。因此，郭沫若曾认为，黄老传统就是起源于稷下学派。③ 然而，日本学

---

①据司马迁与皇甫谧，田叔是乐巨公的弟子。他也是汉代早期政府的重要官员。见《史记》中他的传记，第一百零四卷，以及《汉书》，第三十七卷（北京，1983），第1981—1985页。《史记》的译文，见 Burton Watson, *Records of the Grand Historian of China* (New York: Columbia University Press, 1962), 1: 556—561。曹参在他掌管齐国时，第一次学习黄老之术；当他成为汉代丞相时，他以"无为"治天下。曹参的传记见于《史记》，第五十四卷；这一卷部分的翻译见于华兹生，同上，1: 421—426。关于窦太后，见前文第142页注①。

②《史记》，第六十三卷。更确切地说，黄老运动在汉代初年中力量蓬勃，人们普遍认为它的根源可以追溯到战国末年。尽管黄老学派可能其原是一场独立的运动，但从汉代开始它被认为是"道家"的分支。对这一学派更一般的讨论，见 Anna Seidel, *Di-vinisation de Lao Tseu dans le Taoisme des Han* (Paris, 1969), 第18—42, 48—53页。顾颉刚：《秦汉的方士与儒生》（再版，香港：一心书店，1976；原版，上海，1936，题为《汉代学术史略》），第9—42页。王叔岷，《黄老考》，《东方文化》（香港），12, 3 (1975年6月): 146—153；Akizuki Kan'ei, "Kōrō kannen no keifu", *Tōhōgaku*, 10 (1955): 69—81。

③郭沫若，《十批判书》，修订版（北京：人民出版社，1945），第152—154页。据郭沫若，三种学派在这种"道家"形式中可以区分开来，其源自稷下学宫。在这个关联中，我想要补充道，我的确注意到构成"黄老"的"黄"，可能指的是汉代思想家黄生，他是伟大的史家司马谈的老师。但是，我看不出这种观点有什么可取之处；马王堆的文献明确证明了"黄老"指的是黄帝和老子。

者金谷治认为,黄老传统起源的关键可以在乐巨公本人那里找到;如此一来,河上丈人传统和黄老学派可能有着同一渊源。①在此无法解决黄老传统的起源这一更大的问题。我们只需要认识到,黄老传统在汉代初期就已经颇为兴盛。黄老传统的学说有待进一步探讨,尤其是因为它与河上公传说息息相关。

形名的理论与实践

在《史记》中,司马迁认为黄老传统的主要哲学家有韩非子、申不害与慎到——他们都与"法家"学派有关联。② 司马迁写道:"慎到……[等]皆学黄老道德之术。"③关于申不害,《史记》中说:"申子之学本于黄老而主刑名。"④至于韩非子,则

---

① Kanaya Osamu, *Shin Kan shisōshi kenkyū*, revised edition (Kyoto: Heigakuji shoten, 1981), pp. 181—185.

② 至于道家与法家的关系,见冯友兰,*A History of Chinese Philosophy*, Derk Bodde 译(Princeton: Princeton University Press, 1952; reprint, 1983), 1: 330—335。亦见于 Léon Vandermeersch, *La Formation du Légisme* (Paris: École Française d'Extrême-Orient, 1965),第十一章。在此方面,唯有顾立雅(H. G. Creel)坚持这一点,至少申不害没有受到道家的影响。顾立雅的论证主要基于这一假设:《老子》和《庄子》都是晚出的。见 Creel, *Shen Pu-hai: A Chinese Political Philosopher of the Fourth Century B. C.* (Chicago and London: University of Chicago Press, 1974),第 193—194 页。

③《史记》,74.4a。这段中包含的其他人物有田骈、齐国的接子和楚国的环渊。他们思想的简述,见冯友兰,*History*, 1: 132—133, 153—159。

④《史记》,63.4b。

"喜刑名法术之学,而其归本于黄老"①。

这些简短的陈述很好地说明,有关黄老思想本性的资料十分匮乏。《史记》似乎假定读者都非常熟悉"黄老"这个词。事实上真有可能如此,因为《汉书·艺文志》收录了许多归于黄帝的著作。② 不幸的是,除了某部医书之外,这些文献都已不复存世。但或许还有一个例外,那就是马王堆发现的《黄帝四经》。稍后我们将讨论马王堆帛书。

根据司马迁的论述,"黄老"这个词似乎既关联于《老子》,也关联于法家。首先,在慎到那里,"黄老"经常与"道德"并行,这表明黄老与《道德经》之间存在紧密关联。此外,"形名"一词也表达了黄老思想。"形名"之术关注如何理解"名"以及"名"如何相应于"实"。在王弼的时代,这成了"名理"讨论的一部分,主要关系到人物品鉴与官员任命。但在汉代以及更早时期,它是法家和黄老学派的一个重要特征。当然,围绕着黄老学说整体的本性仍然存在许多问题,但对"形名"概念的考察将有助于厘清河上公传说中的黄老维度。

在魏晋之前,"形名"的确切含义很难确定。它通常等同

---

①《史记》,63.5a。
②《汉书》,30:1730—1731。它们是:四篇《黄帝四经》、六篇《黄帝铭》、十篇《黄帝君臣》,最后一部据说"与《老子》相似"。还有58篇《杂黄帝》,据说为战国时期的"圣人"所做。上面列出四部著作包含在道家部分中。还有二十余种归于黄帝学派的著作,包括归于他大臣的著作,尤其是关于兵家、医家和神仙家,在其他章节中也一样。见《汉书》,30:1729—1780。我将论证,黄老传统似乎既包含了伦理政治关注,也包含了以不朽思想为中心的宗教维度。

于一套法律和刑罚制度,专门用来约束国家官员。①然而,现在人们大都认为,"形名"概念超出了严格意义上的政治与实践手段,它还有哲学与理论的维度。汪德迈(Léon Vandermeersch)认为,实际上我们甚至可以说"形名"概念表达了一种"法家认识论"②。换言之,早期的"形名"理论不仅关注奖惩、管理与控制,同时也关注治理体系的基础。

顾立雅已有力地证明,"形名"概念显然具有实践面向。③例如,《韩非子》写道:"周合刑名,民乃守职。"④刘向也说:"申子学号刑名。刑名者,以名责实,尊君卑臣,崇上抑下。"⑤顾立雅已指出,这个意义上的"形名"概念实际上等同于"名实"

---

①参见顾立雅的精彩讨论,"The Meaning of *Hsing-ming*",载于他的 *What is Taoism*? (Chicago and London: University of Chicago Press, 1970; reprint, 1977),第79—91页。参见顾立雅,*Shen Pu-hai*(见前文第152页注②),第119—124页。顾立雅尤其关注于阐明这个概念的政治方面。但是,在冯友兰的 *History*, 1:192 中,讨论了"形名"与名家的关系;以及 Hsiao-po Wang and Leo Chang, *The Philosophical Foundations of Han Fei's Political Theory* (Honolulu: University of Hawaii Press, 1986),第57—78页。"形名"的意义总是含混的,尤其是因为"刑"总是用来表达同根词"形"的意义。

②Léon Vandermeersch, *La Formation du Légisme* (Paris, 1965),第264—265页;参见第226页,其中讨论了墨家与辩家的关系。

③见本页注①。

④《韩非子》,2.12a(《四部备要》);见顾立雅的翻译,*Shen Pu-hai*,第120—121页。

⑤《汉书》,9:278,注④,唐代注者颜师古也引用了,见顾立雅的翻译,"The Meaning of *Hsing-ming*",*What is Taoism*? 第86页。

概念。① 据《汉书》记载,汉宣帝(前73年—前49年在位)时,"形名"被用来维持官员的秩序。② 这意味着,"形名"之术在西汉的后半期非常盛行。

另一方面,"形名"概念的理论面向少有记载。但正是它为一切政治实践措施提供了终极理论辩护。《韩非子》无疑强调,"形""名"和谐即便不适用于所有人,但至少能够保持官员们平衡且有序。不应忽视的是,就在说这一段话之前,《韩非子》也解释说,正是道本身的本性引发了这一随之而生的"用"。

道不同于"万物",君也不同于臣:"道无双,故曰一。是故明君贵独道之容。君臣不同道……君操其名,臣效其形,形名参同,上下和调也。"③简言之,这就是法家措施的基础,后者强调公正奖赏、严厉惩罚,以及对官员绩效进行普遍而严密的监督。我认为,从马王堆帛书来说,黄老学派也是如此。实际上,黄老传统中这一理论维度表现得更为显豁而突出。

马王堆的证据

《黄帝四经》

如前所述,在马王堆帛书中,有四篇迄今失传的文本置于

---

① Creel, *What is Taoism?* p. 82.

②《汉书》,9:277。在颜师古对这一段的注释中,引用了刘向(见上页注⑤)。参见 Creel, *Shen Pu-hai*,第120页;*What is Taoism?* 第87页。

③《韩非子》,第八章(《四部备要》),2.10b。亦见于陈奇猷编,《韩非子集释》(上海:上海人民出版社,1974),1:122。

《老子》乙本之前。这些文本的书体为隶书。它避汉高祖刘邦（前206—前195年在位）的讳，在二十多处将"邦"字改为"国"字；另一方面，则没有因为避汉惠帝刘盈（前194—前188年在位）的讳而改"盈"字。因此，这些文本的年代通常认为在公元前194年至公元前180年之间。① 至于出土文献的墓葬本身则可以追溯到汉文帝（前179—前157年在位）统治期间的公元前168年。

所要讨论的四篇文献大体上都保存得很好，而且它们的篇幅与标题在文稿本身中都有说明。它们是《经法》《十六经》《称》《道原》，共计一万一千余字。② 最后一篇《道原》已经被

---

①例如，见高亨与池曦朝，《试谈马王堆汉墓中的帛书老子》，载于《文物》，注⑪（1974）：1—2。亦见于鲁惟一（Michael Loewe），"Manuscripts Found Recently in China: A Preliminary Survey",*T'oung Pao*,63,2—3（1977）：118。参见第一章第74页注③。

②这些标题的翻译取自杜维明，"The 'Thought of Huang-Lao': A Reflection on the Lao Tzu and Huang Ti Texts in the Silk Manuscripts of Ma-wang-tui", *Journal of Asian Studies*, 39, I（November 1979）:97,但是,可比较冉云华更早的著作，"The Silk Manuscripts on Taoism", 载于 *T'oung Pao*, 63, I（1977）: 65—84。这四种文本的第二种原题为《十大经》，见《马王堆汉墓帛书：经法》，马王堆汉墓帛书整理小组编（北京：文物出版社,1976）。它后来在1980年版《马王堆汉墓帛书》中变为《十六经》，第一卷，国家文物与古文献研究室编（北京：文物出版社,1980）。仅就文献的内部划分而言，两个版本都将它分为五章。据《马王堆汉墓帛书》的编者，改变基于各种马王堆帛书的书法风格的比较，见《马王堆汉墓帛书》，第80页，注⑯。《经法》也包含着一些关于这四种文本的重要文章。

冉云华译为英文。① 1974年,唐兰首次提出,这四篇文献或许就是那部著录于《汉书·艺文志》却失传已久的著作《黄帝四经》。②

已故的唐兰教授令人信服地论证了这四个文本构成一个融贯的整体。由于黄帝在《十六经》中起着重要作用,可以肯定地说,这些论著至少与"黄帝学派"有关。此外,由于文稿可以追溯到黄老传统兴盛的汉代初期,这四种文本被置于《老子》之前可能并非完全偶然。唐兰教授指出,据《隋书·经籍志》,在所有已知的汉代道教著作中,《黄帝》四篇与《老子》二篇至为重要。③《汉书》中所有归于黄帝的书目中,只有《黄帝四经》有四个部分。④

在今天这一鉴定仍然广受尊重,尽管它只是一种假设,学者们在具体细节上可能会有不同意见。⑤ 无论这四篇文献是

---

①冉云华,"*Tao Yüan* or Tao: The Origin",载于*Journal of Chinese Philosophy*, 7, 3（September 1980）: 195—204。

②唐兰,《马王堆出土老子乙本卷前古佚书的研究——兼论其与汉初儒法斗争的关系》,载于《经法》（北京,1976）:149—166。这一研究第一次发表于《考古学报》,第一期(1975) :7—38。亦见唐兰的较短研究,《黄帝四经初探》,载于《文物》,第10期(1974):48—52。

③《经法》,第153页。见《隋书》,34:1093。再次重申,黄老学派很有可能起源于独立的运动,它不久就被认为是"道家"的分支,就像《隋书》中清晰写明的那样。唐兰的论点也简要概括于鲁惟一,"Manuscripts Found Recently In China",第120页。

④见唐兰,《黄帝四书初探》,第49页,其他归于黄帝的著作都列于《汉书》中。

⑤例如,有些人可能会不认同唐兰将文本追溯至公元前400年,或是

否就是《黄帝四经》,它们对我们理解黄老思想都极为重要。①总的来说,人们常常从它们和《老子》及法家思想的亲缘性这一角度加以解释。例如,《十六经》基本上以对话的形式,包括黄帝与诸大臣之间的一系列交流,尤其是与力牧的交流。在冉云华看来,这篇文献总体上"更接近法家而非《老子》"。更具体地说,它"用法家的政治哲学代替了《老子》的政治哲学"。②但是,第四篇文献《道原》的论调却大不相同。它非常短,仅464个字,正如标题所示,它关注"道-家"宇宙论。在这个意义上,它或许更接近《老子》思想而非法家学说。我们最关心的是这四篇文献中的"形名"概念,它构成了黄老学说的首要特征。就此而言,尽管其他三篇也有所涉及,但《经法》尤为重

将它们追溯至郑国。据龙晦,在语言学的基础上,这些文本当被追溯到楚国。据康立,《十六经》可能追溯至西汉时期。再举一例,据高亨和董治安,《十六经》或《十大经》可能是《黄帝君臣》,它也列在汉书之中。但是总的来说,它与黄老传统的关联很少受到挑战。见龙晦,《马王堆出土老子乙本前古佚书探原》,载于《考古学报》,第二期(1975):23—32;康立,《十大经的思想和时代》,载于《经法》,第105—111页,最初载于《历史研究》,第三期(1975):81—85。高亨和董治安,《十大经初论》,载于《经法》,第112—127页,最初载于《历史研究》,第1期(1975):89—97。

①据我所知,唯一不承认马王堆黄帝文献和黄老学派之间紧密关联的批评者是 Saiki Tetsurō, "Maōtai hakusho yori mita dōka shisō no ichi sokumen",载于 Tōhōgaku, 69 (January 1985): 44—58。在较早的著作中,齐木哲郎(Saiki)认为黄老思想可以被视为对《老子》思想的阐发。见 Saiki, "Kōrō shisō no sai-kentō",载于 Tōhō shūkyō, 62 (1983): 19—36。

②冉云华, "The Silk Manuscripts on Taoism", T'oung Pao, 63, 1 (1977): 74。

要,因为它详细地论述了"形名"的意义及其运用。

"形名"的救世要义

按《道原》的描述,原初之道"虚"且"同于一":"古无有形,太迥无名。"①第三篇《称》稍有残损,亦极短,它也从道之本性的角度论"形名":

> 道无始而有应。其未来也,无之;其已来,如之。有物将来,其形先之。建以其形,名以其名。②

在这里,"形名"的概念获得了形上地位,因为它被用以描述存在者的本体论结构。道超越存在者之域;它无形无名。《道原》与《称》的这两段文字共同揭示了"形名"概念的一般理论基础。《十六经》更清晰地阐述了这一概念的实践本性。

在《十六经》的《成法》一章中,黄帝问他的大臣力牧,是否有一部完美的法律能够彻底正民。力牧做出了肯定的答复,并说:"昔天地既成,正若有名,合若有形。"③力牧认为,要建立

---

① 冉云华,"*Tao Yüan* or Tao: the Origin", *Journal of Chinese Philosophy*, 7 (1980):198,第11—12行。

② 冉云华,"Silk Manuscripts",第74—75页;略有改动。

③《马王堆汉墓帛书》(见上文156页注②),第72页;《经法》,第73页。章节标题部分是编者所补,此处手稿略有损毁,只有"法"这个字是完整的。既然文本中有《成法》这个词,编者因此将此节题为《成法》。在马王堆文本中,"力牧"写作"力黑"。

"成法",就需要"循名复一","一"在这里也就是道。① 如果能够在"四海"内实行,并扩展到治理的方方面面,就会带来完美的秩序与和谐。这就是为什么黄帝在另一段文字中说道:"谨守吾正名,毋失吾恒刑,以示后人。"②这也是为什么《十六经》最后一章写道:"欲知得失情,必审名察形。"③最终,"形名"的概念进一步与"清静""无为"相联系。

总而言之,这就是"形名"概念的实践维度。"形名"根生于道,被表达为清静无为,它并不是"超然地"讨论"形"与"名"的关系;相反,对"形名"的恰当运用将引向一种乌托邦式的治道以及集体生存,在这个意义上,它或可被称为一种"救世"的关切。对《经法》的简要考察将进一步阐明这一点。

在马王堆出土的、附于《老子》乙本之前的四种文本中,《经法》或许最为重要。其篇幅亦最长,计九章五千言。同样,我在这里无意讨论整个文本,而是将关注点放在"形名"概念上。就此而言,第一章《道法》尤为重要,因为它列出了基本原则,其他各章则对此加以扩充。

我们的文本开始于以下基本主张:"道生法"。④ 而法在这里则被界定为"引得失以绳,而明曲直者也"。⑤ 这个一般性的

---

①《马王堆汉墓帛书》,同上。关于"道"与"一"的关系,文本上字面写作:"一者,道其本也。"

②《马王堆汉墓帛书》,第67页;《经法》,第62页。

③《马王堆汉墓帛书》,第79页;《经法》,第88页。两种文本略有差异,但基本的意义是清楚的。

④《马王堆汉墓帛书》,第43页;《经法》,第1页。

⑤同上。

界定很好地解释了法自身的理论基础,而不是法在各种个别情况下的应用。法的基础可以追溯到宇宙的开端。"大迥"之道即未分化的道是"虚"的,但纵使微如秋毫之物出现,"形名"必然随之而来:"形名立,则黑白之分已。"①在这个意义上,一般说来法的基础植根于道,但用"形名"理论更具体地说则植根于"宇宙范式",即宇宙的构成与调节之理。

在确立初步的理论基础之后,文本进一步写道,"执道者"不会固执己见("无执"),也不会先于他人或匆忙下结论("无处")。他不会表现得咄咄逼人("无为"),也不会有所偏私,不会仅依靠自己的标准("无私")。② 如果问题出现,它们将以其"形名"而被辨识。形名确立后,没有东西能够逃脱正义与律法。③ 如用之于统治术,则意味着统治者能够以"无为"来治理天下;根本没有必要去进行干预。只要"道法"被稳固地确立下来,借用之前引用《十六经》的话来说,统治者只需要"审名察形"就会井然有序。因此,理想的统治者只是效仿道,达到道之"无形"状态,进而成为天下的模范。无疑,整座大厦预设了一个有着"经法"而恒常且无比和谐的宇宙。归根结底,这一观点预设的是"名形已定,物自为正"④。

---

①《马王堆汉墓帛书》,第43页;《经法》,第2页。

②同上。关于这些术语的意义,我依赖于《经法》编者的解释,尽管我也对其中两者给出了更为一般的诠释,见第5页,注⑭。关于"无为"的意思是"不咄咄逼人"的行动,见尉迟酣(Holmes Welch), *Taoism: The Parting of the Way*, 修订版(Boston: Beacon Press, 1965),第18—34页。

③《马王堆汉墓帛书》,第43页;《经法》,第2页。

④《马王堆汉墓帛书》,第44页;《经法》,第3页。

对我们来说,关键之处在于这里的"经法"即不变之法被视为根植于道,而且主要通过"形名"来表达。换言之,"形名"概念被认为是现象界的一个特征,它以清静无为的方式来指导理想的统治。正如《经法》总结道:因为"天地之道"是恒常的,所以人道必须依之而行:

> 必审观事之所始起,审其形名。形名已定,逆顺有位,死生有分,存亡兴坏有处,然后参之于天地之恒道,乃定祸福死生存亡兴坏之所在。是故万举不失理,论天下无遗策。……之谓有道。①

这段文字很好地总结了黄老传统中"形名"概念的理论基础与实践意涵。"形名"这套系统究竟更倾向于"法家"还是"道家",这容易引起论争。或许只需这么说就足够了:黄老学派可以用这两种传统来描述,它既关注于"法",也关注于"道"。② 实际上,

---

① 《马王堆汉墓帛书》,第 57 页;《经法》,第 39 页。
② 就这方面而言,杜维明的结论最为明智:"黄老断然不是偶然且折中的妥协。道家和法家符号的相互作用是这种思维模式的明显特征,我想将其解释为有意识地尝试新的融合。"见杜维明,"The 'Thought of Huang-Lao'"(见上文 156 页注②),第 108 页。在杜维明的分析中,黄老传统的理论与实践面向都得到了清晰的辨析。但是,我更倾向于认为,黄老传统或许有着更深的根基,杜维明(同时,第 109 页)也意识到了这种可能性。我此处的分析同样受到了冉云华出色讨论的启发,见"Tao, Principle, and Law: The Three Key Concepts in the Yellow Emperor Taoism", *Journal of Chinese Philosophy*, 7, 3 (September 1980): 205—228。

如果我们遵循上述司马迁对韩非子、申不害以及慎到的评价,"法家"甚至可以被视作黄老传统的发展。

之前我们已经看到,楠山春树认为,河上公的传说是公元6世纪的产物,而且深受佛教的影响。我们现在可以说,尽管不排除佛教影响的可能,但没有理由认为,河上公传说无法从本土传统中发展出来。河上公传说反映出来的政治洞见有着漫长的历史,它可以追溯到战国时期,并在汉代早期达到繁盛。

马王堆的证据之所以重要,是因为它提供了对"形名"这一关键概念的详细描述。这反过来帮助我们理解"清静"与"无为"的含义,它们通常被用来描述黄老学派的学说。这些思想都根植于"道-家"宇宙观,并在政治上表现为一种高度结构化的、君臣界划森严的治理体系。统治者"无为"并守"静",因为效法于道本身的政治机器已然就位了。理想的统治者只需要确保"形""名"不相冲突,就能看到政治系统的流畅运行。在这个框架中,圣人的形象起着特殊的作用。

圣人的"保留"知识

在我看来,河上公传说反映出对如下观点加以强调的企图:黄老传统中的圣人在政治世界中占据着特殊的地位。与汉文帝的相遇尤其是要以一种有力而明确的方式提出这一想法。

考虑到皇帝至高无上的权力,这次寻访本身就不同寻常。事实上,汉文帝最初想要告诫河上公的也正是这个问题。我们还记得,皇帝引用《诗经》并暗引《老子》来维护其权威。换言之,文本在这里显然明确表达了某种可能的指控,如果指控的并非不服从皇权本身,那么它或可被称为黄老式的"傲慢"。我们借助传统资源,从而建立起一种黄老式的回应或批判。圣人甚至超越了皇权的统治,因为他的参照系和权威来源并非这个世界,相反,那倒是这个世界所依赖的东西。

在较早的河上丈人传统中,理想圣人被描绘为一位真正的隐士,他拒绝官职、名声与财富。然而,掌权者总是汲汲于求访圣人。河上丈人的弟子安丘先生就是一个很好的例子,因为秦始皇(前259—前210)曾多次接近他。① 同一传统中的另一关键人物盖公,据说也曾拒绝做官,尽管他被"说服"去讲黄老之术,即把清静无为的理论与实践传授给宰相曹参。② 因此,尽管黄老传统鲜明地强调要脱离政治舞台,但从一开始就有着某种参与感。圣人似乎并未彻底疏离政治世界,更理想的情况毋宁是,他审慎地决定与之保持距离。至

---

①安期生传说本身就值得严肃关注。秦始皇在探寻长生秘密时寻访到他。尽管皇帝赐予了他财富宝物,安期生却归隐于仙境,即著名的蓬莱岛。见皇甫谧,《高士传》(《图书集成初编》),B:61。据记载,安期生也被项羽寻访过,项羽是汉朝建立者刘邦的主要对手。《列仙传》中有着相似的记载,传统上这部著作归于刘向,见古今逸书版(再版,上海:商务印书馆,1937),A部分,第13b—14a页。安期生后来再现于汉武帝寻求长生秘密的语境中。例如,见《史记》第二十八卷;译文可见 Burton Watson, *Records of the Grand Historian* (New York, 1962), 2:13—69。

②见皇甫谧,《高士传》,B:63—64,其中盖公被认为是乐巨公的弟子。亦见于《史记》中的《曹参传》,第五十四卷,其中引用盖公的话来告诉丞相,"治道贵清静而民自定",这让我们想起《老子》第五十七章。

少在黄老传统中,圣人与常人的区别不在于参与政治的程度,而在于其对世间万物的态度与洞见。由于圣人全身心投入修道,这使得他区别于那些以自我利益为动机的人,所以他最适合于成为统治者的老师。事实上,《经法》由此进一步推论说,圣人甚至可以"立天子"。① 换言之,只有圣人可以被赋予选择正确君王的至高责任。

圣人因其卓越的知识与洞见而被求访。这种洞见首先是深奥的。在河上公传说中,河上公《老子注》的特殊传授方式体现了这一点。据传说,汉文帝是1700年来第四位得到这个文本的人,而且他被指示不能将其示于任何没有资格看的人。与此相关,《隋书》中有一段有意思的文字很好地描述了早期黄老传统中圣人知识的神秘一面。在概括了道的意义之后,它写道:

> 然自黄帝以下,圣哲之士,所言道者,传之其人,世无师说。汉时,曹参始荐盖公能言黄老,文帝宗之。自是相传,道学众矣。②

此外,这一特殊知识的内容可以分为三个组成部分。首先是对黄老学派文本的知识。其次,明确强调的还有修身与治理

---

① 《马王堆汉墓帛书》,第57页;《经法》,第39页。"名理"这个词也用来形容圣人的知识。这表明"名理"实际上用于政治的目的;见上文第一章,第36—37页。

② 《隋书》,34:1003。

之术的知识。第三,更令人垂涎的知识则是关于不朽本身的秘密。所有这些对于我们理解河上公的传说都极为重要,而且我们在下一章将看到,它对我们理解河上公《老子注》也同样重要。

第二种知识通过"形名""清静"以及"无为"等概念来表达,这些已经讨论过了。理想的统治者效法道,这样一来世界就会自然而然地变得和平。而且,统治者必须寻求圣人的帮助与指导。有关圣人知识的伦理维度与政治维度,也许盖公这一人物能将其最好地表现出来,因为他既是一位真正的隐士,又是一位机敏的政治思想家。

第三种知识更难界定,但它无疑是河上丈人传统的重要元素,因此在整个黄老传统中也是如此。例如,安期生被明确认为是长生不老的"神仙"。据说河上公的弟子安丘先生,喜欢修习占卜术与医术而不是辅佐汉成帝。① 黄老传统中圣人知识的这一特殊面向,可以追溯到"方士"传统的影响。

"方士"包括占卜者、医生、法师与"神仙",他们起源于齐地,而河上丈人的传统也发源于齐地。对长生不老的追求当然是方士传统的首要显著特征,而方士传统后来也被称为"神仙家",但是,很难评价方士与黄老学派之间的确切关系。从表面上看,对长生不老的追求似乎并不是黄老传统的核心关切,因为其重点主要放在效法于道的政治乌托邦。唐兰认为,这两个传统在东汉之前几乎没有任何共同之处,但随着道教作为一

---

① 见嵇康,《圣贤高士传》,第 11b 页,以及皇甫谧,《高士传》,B:74—75。据后者,安期生也写了一部《老子》注。我们稍后再讨论这点。

种制度化宗教的崛起，二者开始合流。① 然而，像安期生这样的黄老学派主要人物，他们与方士的联系是无可否认的。河上丈人本人就被描述为"老而不亏"，这可以反映出某种对于健康长寿的兴趣，即便不是对于不朽本身的兴趣。②

关于这一问题，马王堆出土文献同样很有帮助。除了帛书之外，还有一本现在题为《导引图》的锻炼指南，即模仿动物运动的锻炼图示，通过"导引""气"之循环以求不朽。此外，在马王堆三号墓中，还发现了一件寿衣或旌幡，它生动地描绘了逝者前往"彼岸世界"的旅程。③ 这具体地说明，对不朽与来生的

---

① 唐兰，《马王堆出土老子乙本卷前古佚书的研究》，载于《经法》，第163页。有人可能会反对将"方士"传统等同于"神仙家"。诚然，后者是晚出的现象，但似乎清楚的是，它是从"方士"传统中生长出来的。说到"不朽"，我特别想到的是余英时所谓的"世间不朽"，尽管我认为找到这个概念背后的形上学或宇宙论基础是同样重要的，所以我试图呈现出黄老传统的理论和实践维度。见余英时，"Life and Immortality in the Mind of Han China"，载于 *Harvard Journal of Asiatic Studies*, 25（1964—1965）：80—122。实际上，据余英时，"世间不朽"与"方士"传统密切相关："方士敏锐的政治兴趣，使得他们更有可能与西汉时期的所谓黄老道家关联起来。"同上，第120页。这正是此处我试图阐明的。亦见于石秀娜，*La Divinisation*，第50—58页；以及吴文雪（Ngo Van Xuyet），*Divination, Magie, et Politique dans la Chine Ancienne*（Paris, 1976）。

② 如皇甫谧在《高士传》B62 中描述的。河上丈人传记的译文见拙文 "The Formation of the Ho-shang Kung Legend"。

③ 在1号墓中还发现了第二件寿衣，但保存情况很差。特别见鲁惟一，*Ways to Paradise: The Chinese Quest for Immortality*（London: Allen and Unwin, 1979）；第一部分致力于马王堆的发现。对于这部著作的细致评

关切是汉初精神气质的重要部分,而且它与黄老学派在同样的环境中兴盛发达。①在这里很难论证,作为方士传统之特征的对不朽的追求,就不是黄老传统的组成部分。就河上公传说而言,不朽的思想显然并没有明确地展现。但是河上公之**神性**扮演了一个类似的角色。此外,众所周知,汉武帝的统治标志着汉代方士传统的顶峰,如果说在此后不久出现的河上公传说对此并不知情,那就十分奇怪了。无论如何,河上公的传说肯定与方士传统有关。相传,在汉文帝之前,河上公注的三位传授

论,见石秀娜,"Tokens of Immortality in Han Graves, with an Appendix by Marc Kalinowski",载于 *Numen*, 29, 1 (July 1982):79—122。亦见余英时,"New Evidence on the Early Chinese Conception of Afterlife A Review Article",载于 *Journal of Asian Studies*, 41, 1 (November 1981):81—85。在最近的研究中,余英时令人信服地论证了绢画可能用作寿衣,从而与用于葬礼队列的横幅区别开来。见余英时,"'O Soul, Come Back!' A Study in the Changing Conceptions of the Soul and Afterlife in Pre-Buddhist China", *Harvard Journal of Asiatic Studies*, 47 (1987):365—369。

①见鲁惟一,同上,以及他更为一般的研究,*Chinese Ideas of Life and Death: Faith, Myth, and Reason in the Hah Period* (202 B. C.—220 A. D.) (London: Allen and Unwin, 1982),亦见余英时的研究,上文167页注①与注③所引,以及他的文章《中国古代死后世界观的演变》,载于《明报月刊》,18,第9期(1983):12—20。亦见李约瑟,*Science and Civilisation in China*,第五卷,第二部分(Cambridge: Cambridge University Press, 1974),第77—113页。这些著作对我们理解中国宗教大有裨益,更早的研究倾向于过分强调理智的面向,并将宗教的维度贬至背景。例如,见胡适,"The Concept of Immortality in Chinese Thought",载于 *Harvard Divinity School Bulletin*, 43, 3 (March 1946): 23—42;以及钱穆,《中国思想史中之鬼神观》,载于《新亚学报》,1,1 (1955):1—43。

者是务光、羡门子高与丘子,而其中至少两位是方士传统的主要人物。①

这应该足以表明,圣人的"保留"知识涉及与不朽思想相关的宗教维度。最后,圣人的特殊知识也关注黄老学派本身的文本。例如,《史记·窦太后传》详细记载了黄帝与老子的文本。② 这实际上是意料之中的,毕竟,如果圣人在政治世界中留下了印记,那么他的学派就必须得到认可。又如,乐巨公因为精于解释黄老思想而在整个齐国享有声望。③ 和当时其他

---

①关于务光,据说他拒绝了商代建立者授予他的王位,并通过自杀表明对政治的厌恶,见《史记》,61.6b;刘向,《列仙传》(上海,1937),A:7a—7b;以及特别是《庄子》第二十八章;见华兹生译,*The Complete Works of Chuang Tzu*(New York: Columbia University Press, 1968),第320—321页。但这种"真"隐士的形象必须与《韩非子》中的记载相平衡,其中务光的死被归因于君王自身的重重城府。见《韩非子》,第二十二章(《四部备要》),第7.6a卷。羡门子高是秦始皇追寻的神仙,也有一位名叫羡门高的方士,见《汉书》,25A:1202—1203。这一流传脉络中的最后一位人物是相当模糊的。我怀疑丘子是《史记》128.2a中提到的卜者丘子明,据说他由于其术而在汉初获得巨大影响力与财富。据道家大师杜光庭(850—933),7世纪著名道士成玄英认为这个人物是河上公的学生。见《道德真经广圣义》,《道藏》441,5.10b。亦见于 Akizuki Kan'ei, "Kōrō kannen no keifu", *Tōhōgaku*, 10 (1955): 69—81,其中对神仙传统和黄老学派的关系的讨论非常出色。

②《史记》,49.5b;参见华兹生译,*Records*, 1:386。有意思的是,在《汉书》(97A:3945)的太后传记中,对黄帝著作的引用被略去了。似乎随着传统的发展,黄帝这一人物的重要性减退了。

③见前文第148页注②。

相互竞争的学派一样,黄老学派通过强调自己著作的优越性来谋求皇权的青睐。

综上所述,河上公传说最初可能是为了加强黄老学派的学说,尤其是为了加强圣人的地位。圣人能够清楚地说出君臣之别,因为他不同于大臣,并且在政治系统中占有特殊的地位。在我看来,河上公的神性意味着圣人的形象不能被视为一般的谋士,相反,他的"使命"是设法实现效法于道的乌托邦。正如石秀娜(Anna Seidel)所说,在黄老传统中,对不朽的关注与对理想政府的关注融合为一。然而,石秀娜谨慎地指出,尽管有这种统一的兴趣,但黄帝与老子的形象有其独特的作用。黄帝明确地与追求不朽联系在一起,而老子则被描述为卓尔不群的圣人,所有统治者都要服从他的学说。① 甚至黄帝本人也被视为老子的弟子。黄老传统中的理想统治者首先是经由圣人中介的至真至诚的修道者。正如石秀娜所论:"在黄老学派的大师眼中,黄帝是皈依道家治理之术的帝王。"② 就像黄帝顺从了圣人的教诲,汉文帝也必须听从河上公所说的话。正是在这种意义上,黄老传统中的隐士之风表现出了重要的政治维度。

儒学在汉代最终战胜了其他学派,关于黄老学派的记载也逐渐从官方记载中消失。然而,黄老传统仍在继续发展。木村

---

① 石秀娜,*La Divinisation*,第 51—52 页。
② 同上,第 52 页,这一主题在石秀娜的文章中有详细阐释,见"Imperial Treasures and Taoist Sacraments: Taoist Roots in the Apocrypha",载于 M. Strickmann 编,*Tantric and Taoist Studies in Honour of R. A. Stein*,第二卷(Brussels, 1983),特别是第 345—348 页。

英一认为,汉代儒学本身似乎就已经将某些黄老元素吸收到自己的框架之中。① 石秀娜也指出,尽管汉儒兴起,但黄老仍然能够生存并发挥其影响,"这是由于它所传授的长生之术"②。此外,黄老学派的学说也在民间广为流传,尤其是关于不朽的思想,以及能够引向长生不老的修身之术。余英时指出,在东汉时期,河上公传统也可称为"小传统"的一部分,它反映了有别于士人阶层的官方意识形态的大众想象。③ 我们由这些材料也可以看到,为什么对追求不朽的强调经常被认为是河上公注的关键。

河上公注的年代

根据以往传说,河上公注的年代被追溯到西汉的汉文帝时期。这一观点今天基本上被否定了,尽管还没有就河上公注的年代达成新的一致意见。从公元前1世纪到公元500年左右的六朝末年,学界的观点不一而足。

支持较晚年代的人,会特别强调对于不朽的关注。例如,内藤干治认为,河上公注之所以不可能是汉代的产物,正是因

---

① Kimura Eiichi, "Kōrō kara rōsō oyobi dōkyō e: ryōkan jidai ni okeru rōshi no gaku",载于 *Kyōto daigaku jinbun kagaku kenkyujō sōritsu 25 shūnen kinen ronbunshū*(Kyoto, 1954),第 97—98 页。

② 石秀娜,*La Divinisation*,第 26 页。

③ 余英时,《中国古代死后世界观的演变》(见前文 168 页注①),第 18 页。这不必然意味着河上公传说"起源"于"民间"传统,对我而言,这种诠释中的政治的兴趣太过强烈。

为其中有关不朽的学说。① 换言之,对追求不朽的修身方法的强调,使一些学者确信,河上公注与已经建立的道教密不可分,而直到六朝时期道教才得到充分发展。河上公注的年代需要仔细研究,因为它和以下问题紧密相关,即河上公传统起源于同时强调修身与治道的黄老学派。

现存最早引用河上公注的人是薛综(卒于 243 年),他在评论张衡(78—139)的汉诗《东京赋》时引用了河上公注。② 引文出自河上公注四十六章,它与当代文本完全一致。③ 如果我们能够接受这一引文的真实性,那么这表明河上公注至少在公元 3 世纪早期就已经存在了。

历史上第二次提到河上公注和著名书法家王羲之(321—379)有关。很多地方对此有所记载,其中最早的似乎是虞和

---

① Naito Motoharu, "Kajōkō chū rōshi no yōjōsetsu ni tsuite", 载于 *Yoshioka hakushi kanreki kinen dōkyō kenkyū ronshū*(Tokyo: Kokusho kankōkai, 1977),第 319—339 页,但是就彰显注释的这一方面而言,Naitō 的著作非常优秀。

② 保存于李善(活跃于 660 年)的《文选注》,由萧统所编。石秀娜和她的老师康德谟(Maxime Kaltenmark)显然是率先关注这段文献的人。见石秀娜,*La Divinisation de Lao Tseu dans le Taoisme des Han*(Paris, 1969),第 32 页,注④。《东京赋》的英译,可见康达维(David Knechtges)译,*Wen xuan or Selections of Refined Literature*,第一卷(Princeton: Princeton University Press, 1982),其中标题采取的是"Eastern Metropolis Rhapsody"。但是,对河上公的引用并没有在翻译中再现出来。原文我查阅了《六臣注文选》,第三卷(再版,《四部丛刊》版;台北,1965),1:79。

③ 除了多出来的助词,在四部丛刊版中,唯一的差异是"治"在薛综引用中写作"务",这不改变文章的意思。

第三章 河上公:传说与注释

在公元 6 世纪写的一篇书法论文。① 据说,王羲之喜欢鹅。他听说村里有位道士养鹅甚佳,便前去拜访。这位道士随后说出心思:渴望得到一份手写的"河上公《老子》"久矣,很乐意举群鹅相换。② 这笔交易愉快地成交了,双方都很高兴。这个迷人的故事同样也在《晋书》的王羲之传中得到了验证。③ 然而困难在于,《晋书》仅仅记载王羲之为这位道士写了一本《道德经》,而没有明说是河上公的版本。

虽然河上公注很有可能出现于公元三四世纪,但仅凭上述间接材料不能确定它的年代。直至 6 世纪,对河上公注无可争

---

① 虞和的《论书表》能在许多唐宋文献中找到;例如,张彦远(活跃于 847—874 年)的《法书要录》,卷二(《图书集成初编》;上海:商务印书馆,1936),第 17 页;陈思(活跃于 1235 年),《御览书苑菁华》,14.11b—12a (《藏修堂丛书》,1890);以及张淏(活跃于 1216 年),《云谷杂记》,1.20a—22b(《四库全书珍本别集》,第 209 号,文渊阁影印版;台北:商务印书馆,1975)。最后这篇文献对这件事做了最详细的描述,并对王羲之抄的是《老子》还是《黄庭经》做了讨论,据说他已经完成了《黄庭经》。在不同的文献中也引用了同样的故事,例如宋代百科全书《太平广记》,207.2a。见马叙伦,《老子校诂》,第 2 页,其中首次引用了部分上述文献。更多的细节,见严灵峰,《无求备斋学术论集》,第 288—297 页。我在此罗列所有的文献,因为这一引用由于与《晋书》略有出入而饱受质疑;但这的确表明在早年间这一故事广为人知。

② 这段写道:"道士乃言,'性好道,久欲写河上公老子;缣素早办而无人能书。府君若能自屈,书道德经各两章,便合羣以奉。"《法书要录》,2.17。似乎王羲之并未被要求全篇抄录,这并不重要,因为据说有一抄本仍然传世。见严灵峰,同上。

③《晋书》,80:2100。

议的引用才出现。① 由于缺少确凿的证据,关于这一主题引发了一场热烈的论争,尤其是在日本学者之间。

这场论争可以追溯到马叙伦与武内义雄的著作,他们都认为河上公注的年代晚于王弼注。② 直至1956年,饶宗颐发表了他的关于想尔注的重要研究,这一主导汉学界的观点才得以转变。饶宗颐著作的出现改变了整个境况,因为它证明想尔注可能依据河上公注。③ 自那时起,饶宗颐的假说得到了许多学者的认可,尽管也有着一些重要的批评。

据饶宗颐等人的说法,在敦煌发现的《老子道德经想尔注》(S6825)的作者可能是道教"天师道"的创立者之一张鲁

---

①举例来说,皇侃(约488—545)的《论语》注引用了河上公注的第四章。大部分较早的引用,由马叙伦第一次辨识出来,见《老子校诂》,第1—3页。关于更为详细地讨论,见 Kusuyama Haruki, *Rōshi densetsu no kenkyū*,第125—133页。

②马叙伦,同上,以及 Takeuchi Yoshio, *Rōshi genshi*,第35—48页。据前者,河上公注在不经意间包含了王弼注中的错误。例如,马叙伦认为在第三十一章中,王弼注被错认为成了老子原文。由于河上公注在这里亦然,所以它晚于王弼版。但是,这一论证已被马王堆《老子》推翻,因为其中写法相同。基于我们已经讨论过的《序诀》的研究之上,Takeuchi 甚至特别将河上公注追溯到公元4世纪的葛氏家族或学派。

③饶宗颐,《老子想尔注校笺》(香港:东南出版社,1956)。亦见他的《老子想尔注续论》,载于《福井博士颂寿纪念东洋文化论集》,(Tokyo: Waseda University Press, 1969),第1155—1171页。不幸的是,《想尔注》(S6825,在新吉尔斯目录[Giles catalogue]中为6798)是有残缺的。现大英博物馆所藏的仅是第一部分,即《老子》的《道经》,更确切地说,由于开篇也被损坏了,它是从第三章中间开始,到第三十七章结束。

(活跃于 195 年)。① 如果《想尔注》依据河上公注,而且考虑到其年代不可能在西汉早期,那么河上公注应该追溯到东汉时期(25—220)。这是一个中心论断,围绕着它不同学者关于河上公注年代又有不同的看法。饶宗颐的支持者包括大渊忍尔、吉冈义丰、石秀娜和余英时,而批评者包括岛邦男、楠山春树、内藤干治和小林正美。②

---

①饶宗颐一开始认同传统,并将《想尔注》归之于张陵或张道陵,即天师道的创始人,见《老子想尔注校笺》,第5页。后来在更充分的研究后,为了与其他地方保持一致,饶宗颐总结道,这部著作可追溯到张鲁,后来被归之于张陵,见《想尔注绪论》,第1168页。关于《想尔注》的其他两种重要研究,是陈世骧的《想尔老子道经敦煌残卷论证》,载于《清华学报》,1,2(1967年4月):41—62,以及 Ōfuchi Ninji, "Rōshi sōjichū no seiritsu" (The Formation of the *Hsiang-erh* Commentary), 载于 *Okayama shigaku*, 19 (1967):9—31。大渊忍尔的观点也收录于他的 "Gotobeidō no kyōhō ni tsuite: rōshi sōjichū o chūshin toshite, Parts I and II", *Tōyō gakuhō*, 49, 3 (December 1966):40—68; 49, 4 (March 1967):97—129。大渊忍尔也写了一篇小文章,专论《想尔注》与河上公注之间的关系。所有这些研究,基本上都与他们对《想尔注》的评价一致。

②见 Ōfuchi Ninji, ibid., and "Rōshi sōjichū to kajōkōchū to no kankei ni tsuite", 载于 *Yamazaki sensei taikan kinen tōyō shigaku ronshū* (Tokyo, 1967), 第103—108页。Yoshioka Yoshitoyo, "Rōshi kajōkō hon to dōkyō" (The Ho-shang Kung Version of the *Lao-tzu* and Religious Taoism), 载于 *Dōkyō no sōgōteki kenkyū*, Sakai Tadao 编(Tokyo: Kokusho kankōkai, 1977), 第291—332页。Anna Seidel, *La Di-vinisation de Lao Tseu dans le Taoisme des Han* (Paris, 1969), 第75—76页注③。余英时,《中国古代死后世界观的演变》,《明报月刊》,18,9(1983):12—20。Naitō Motoharu, "Kajōkō chū rōshi no yōjōsetsu ni tsuite", 载于 *Yoshioka hakushi kanreki kinen dōkyō kenkyū*

批评饶宗颐的人乐于将河上公注的年代推后,通常是在公元5世纪末到6世纪初。例如,岛邦男认为河上公注引用了《想尔注》,而非相反。①他认为河上公注可以追溯到南齐(479—502)的道家大师仇岳。②岛邦男的著作受到吉冈义丰的尖锐批评,他仔细检讨了岛邦男的每一个论证。③我们在此不必重复这一争论。但它很好地表明,想尔注与河上公注的关系仍然是这场论争的一个关键点。

饶宗颐从《想尔注》中挑选出六个段落来阐明他的论点。它们的顺序对应于《老子》现代版本的第十九、二十八、三十四、六、八与十五章。④仅就它们自身而言,不能说是一个强有

---

ronshū(Tokyo, 1977),第 319—339 页。Kobayashi Masayoshi, "Kajō shinjin shōku no shisō to seiritsu", *Tōhō shūkyō*, 65 (May 1985): 20—43。楠山春树的研究已经在许多场合中提到了;关于岛邦男的著作,见下注。

①Shima 已经在许多地方论证了他的论点。见 *Rōshi kōsei*(Tokyo: Kyūkoshoin, 1973),第 25—34 页;"Rōshi kajōkō hon no seiritsu",载于 *Uno Tetsuto sensei hakuju shukuga kinen tōyōgaku ronsō* (Tokyo, 1974),第 529—549 页;and "Maōtai rōshi kara mita kajōkō hon",载于 *Shūkan tōyōgaku*, 36 (November 1976): 1—26。

②例如,*Rōshi kōsei*,第 27 页。我们将会更清晰地看到岛邦男的论证主要基于唐代学者傅奕,其得自一些宋代文献的引用。

③Yoshioka, "Rōshi kajōkō hon to dōkyō"(见上页注②)。除了指出 Shima 对归于傅奕之引用的解读是成问题的,Yoshioka 也考察了一些道家文献,它们证明了河上公注的优先与久远。饶宗颐也认同了其中一部分,我们将对其简短地讨论。

④饶宗颐,《老子想尔注校笺》,第 87—92 页。饶宗颐第二个例子当为第二十章,其被错印为二十八章。

力的例子。《老子》第六章将"谷神"(即谷之神)与"玄牝"相等同,这是一个极好的例子。关于"玄牝",河上公注曰:"玄,天也,于人为鼻。牝,地也,于人为口。"在饶宗颐看来,因为《想尔注》也"追随"了这一相当独特的诠释,即将"玄牝"等同于"天地",由此透露出它受到河上公注的启发。① 有意思的是,何可思也用类似的论证来说明河上公注年代久远。汉代注家高诱(活跃于205—212年)已经在其著作《淮南子》中认为,"玄"指的是"天"。在何可思看来,高诱此说必定"借用"自河上公。② 当然,没有确定的办法可以断定究竟是谁从谁那里借用,或者这究竟是不是一种"借用"都很难说。饶宗颐对第八

---

① 饶宗颐,《老子想尔注校笺》,第89页。其实《想尔注》没有提到"玄",尽管它的确认为"玄"的意思是"天",例如在第十章与第十五章中;见饶宗颐,第14,19页。

② 叶乃度,*Ho-shang-kung's Commentary on Lao-tse* (Ascona: Artibus Asiae, 1958),第9—11页。据叶乃度,河上公的优先性"在于高诱只是偶然的提到了'玄'这个概念,而河上公使之成为完整的体系"(第10页)。但另参见陈荣捷的批判,载于 *The Way of Lao Tzu* (Indianapolis: Bobbs-Merrill, 1981),第79—80页,以及鲁姆堡和陈荣捷,*Commentary on the Lao-tzu by Wang Pi* (Honolulu: University Press of Hawaii, 1979),第xxvi—xxvii页。在此联系中,朱谦之也坚持河上公注先于王弼注,见他的《老子校释》(上海,1958;再版,北京:中华书局,1980),第1—2页。亦见于金春峰的关于河上公注的另外两篇论文,载于他的《汉代思想史》(北京:中国社会科学出版社,1987)。金春峰是少有的将河上公注追溯到西汉时期的学者,他认为当早于严遵注(公元前1世纪)。金春峰的论证基本上认为,河上公注的语言和思想都指出它植根于汉代的精神气质之中。我赞同河上公注反映了较早的思想和兴趣,但是仅仅基于和汉代一般文本的对勘,很难得知确切日期。

章与第十五章的讨论与此类似。

饶宗颐认为,《想尔注》对第二十八章与第三十四章的处理呈现出一种有意思的模式。在这两个例子中,注者似乎都从河上公注中撷取了一些关键术语,但脱离了它们的原初语境。《老子》第二十八章将得道之完人比作"天下谷",而河上公将其理解为"如是则天下归之,如水流入深谷也"。然而,《想尔注》聚焦于得道之人自身追随于道的决心,将其比作"天下谷水之欲东流归于海也"。饶宗颐认为,虽然《想尔注》"借用"了水的意象,它实际上颠倒了河上公解释的意义。《想尔注》"错误地"将流出山谷的**水**作为聚焦点,而非将万物所归之**山谷**作为关键意象。这反映了《想尔注》倾向于从河上公注中"袭文"而"忘义"。①

三十四章的例子也很有意思,但它也更为困难。困难很大程度上源于《老子》本身。它涉及现行河上公本的一句:"万物恃之而生而不辞。"《想尔注》的本子与此并无实质出入(王弼本亦如是),因此,仅就这些注释的比较而言,不需要考虑文本的校勘。这一句的前半部分非常直白,可以理解为"万物的生存依靠道",然而,后半部分则疑难重重。动词"辞"不仅很难解释,动作的主语也不甚清楚。② 河上公将其理解为万物实际

---

①饶宗颐,《老子想尔注校笺》,第 88 页。

②大部分学者认为,"而不辞"的主语是"道",但他们不赞同此处的动词意义。我们需要注意如下诸多译法:"disown"(阿瑟·韦利),"turn away"(陈荣捷),"claim no authority"(刘殿爵),"does not attempt to be their master"(陈鼓应),理雅各将其译作"refusing obedience",将主语等同于"万物"。关于这一困难的表达,特别见陈鼓应的讨论,*Lao-tzu: Text, Notes, and Comments*,第 61—62 页,注⑧。

第三章 河上公：传说与注释

上都依赖于道，而"道不辞谢而逆止也"，即道不让万物衰败而疏离它们。何可思则理解为："道不拒绝任何人，也不反对任何事物。"① 另一方面，《想尔注》的解释则是，即使万物不说出谢意，道也不会责备它们："不辞谢恩，道不责也。"②

不难看到河上公注与《想尔注》的区别。在饶宗颐看来，后者从河上公注中"借用"了"辞谢"（意为"衰败"）一词，但《想尔注》明显犯了个"错误"，因为它用了这个词的字面义即"谢恩"，并将其归于万物。经此转换，"辞谢"这一动词的意义和主语都发生了改变。在饶宗颐看来，这表明《想尔注》借鉴了河上公注。

我们可以补充说，河上公注是前后一贯的，因为"辞谢"这个词同样出现在第二章中，而给出的解释也是相同的。不幸的是，《想尔注》残本这一章缺失了，这使得更深入地对勘无从展开。还值得注意的是，在顾欢（活跃于 480 年）的注释中，这两种解释都被保留下来了。③ 虽然顾欢注的真实性本身尚存争

---

① 叶乃度，*Ho-shang Kung's Commentary*，第 67 页。
② 饶宗颐，《老子想尔注校笺》，第 46 页。
③ 见《顾欢道德经注疏》，严灵峰编（《无求备斋老子集成初编》），3.33b。这部注的真实性存疑，在此不加讨论。关于这篇文本的一般讨论，见贺碧来，*Les Commentaires du Tao To King*（Paris, 1977），第 77—89 页。亦见于 Fujiwara Takao, "Ko Kan rōshi chū kō"，载于 *Uchino hakushi kanreki kinen tōyōgaku ronshū*（Tokyo: Kangibunka kenkyūkai, 1964），第 163—184 页。贺碧来和藤原高男都指出，顾欢注受到了佛教的影响。据柳存仁，注释的通行版本可追溯至宋代，但它似乎精心保留了更早的材料。见柳存仁，《论道藏本顾欢注老子之性质》，载于《联合书院学报》，8 (1970—1971)：15—28。

议,但这应提醒我们,对于河上公注的年代在6世纪这种主张,我们不要过于草率地接受。

第二十八章与第三十四章似乎支持饶宗颐的看法,但其他的可能性也不容忽视。《想尔注》中"水归于海"的隐喻不仅出现在第二十八章,还出现在第十五章与第三十二章。这可能表明,《想尔注》并非依据河上公注,而仅仅是在重复一个它自己喜欢的主题。在第三十四章的例子中,"辞谢"一词的用法可能全然是巧合。诚然,虽然对《想尔注》的详细讨论超出了本书的范围,但即使是粗浅的阅读也会证实,它经常将道作为老子之言的主语。换言之,它对"辞谢"的解释可能是由这一基本假设指导的,而并非从河上公那里借用。此外,在其他例子中,这两种注本运用了同一种表达,特别是用同一个复合词来解释《老子》中的单音节词。然而,如果考虑到其他可能的影响,我们不能由此得出确凿的结论。① 第二十八章与三十四章中,也许有人会说河上公注提供了一个更强的诠释,但并不能由此推出,《想尔注》是"错误的",或它是从河上公注中"借来的"。

饶宗颐还挑选出了第十九章。这一例子更为复杂,因为在两种注释中,《老子》文本本身就有差异。在河上公的版本中,《老子》写道:"此三者以为文不足。"在《想尔注》中,"此三者"被"此三言"所取代,而这里的"三"指的是《老子》第十九章开篇的绝"圣"弃"智"等思想。然而重要的是,这两种注释都用到了"三事"一词。鉴于《想尔注》已将《老子》文本中的"此三者"转变为"此三言","三事"的使用似乎并不合适。在饶宗颐

---

① 例如,见第三、五、十四、二十一和二十二章注释。

看来,《想尔注》可能有意改变了文本,使得后者更符合其一般的诠释。但它"保留"了从河上公文本而来的"三事",却没有意识到随之而来的尴尬。饶宗颐总结道,就此而言,《想尔注》"显然"依据河上公注。①

《想尔注》改变了《老子》文本的说法站不住脚,尤其是马王堆《老子》帛书也作"此三言"。这一点,鲍则岳已经指出来了。② 在鲍则岳看来,这实际上表明《想尔注》更具有"文本优先性"。这正与饶宗颐的观点相左。③ 虽然我不敢说这是确定文本优先性的充足证据,但显然饶宗颐此处的论证并非毫无困难。④ 有人可能会坚持认为,无论《老子》原文的词句如何,

---

① 饶宗颐,《老子想尔注校笺》,第 88 页。

② 见鲍则岳,"The Religious and Philosophical Significance of the 'Hsiang Erh' *Lao Tzu* in the Light of the *Ma-wang-tui* Silk Manuscripts",载于 *Bulletin of the School of Oriental and African Studies*, 45 (1982): 105。

③ 同上,第 109 页,注㉖。

④ 鲍则岳本人已经指出,虽然马王堆手稿和《想尔注》有时都与王弼和河上公的"通行"文本有出入,但反之亦然。在有些情况下,《想尔注》的文本是独特的。鲍则岳认为,如果《想尔注》与马王堆和"通行"文本之间有差异,可以解释为《想尔注》因其独特的宗教取向而"故意"改动文本,则明显的矛盾便得以解决。例如,鲍则岳论证道,第四章是他所谓《想尔注》"在一个确定的宗教氛围中,故意背离了既有的《老子》文本"(第 109 页)的一个很好的例子。在这个例子中,马王堆和王弼的文本都是在描述"道",用鲍则岳的翻译,即"suffusive, seemingly *perpetually* present",所以据鲍则岳,《想尔注》故意改变了文本,指出它对"永恒之物"的关注。此外,河上公注中相同的文本将"或"解释为"常"。这使得鲍则岳得出结论,河上公注可能在此受到了《想尔注》的影响,例如,将"或"别具一格地

注释的一致都并非偶然。然而纵使如此,"借用"的问题仍然无法解决。换言之,目前的证据仍然没有定论。仅在这两种注释比较的基础上,在任何程度上我们都不可能确切地说,《想尔注》是"依据"河上公注的,反之亦然。①不过,在文本分析之外,饶宗颐还提供了外部的证据,这使他的论点极具吸引力。

首先,是唐初道士成玄英(活跃于 630 年)的证词。据成玄英,河上公注的文本由葛玄修订。②这当然会将河上公版本

解读为"常"就是受到《想尔注》的影响(第 111 页)。无独有偶,岛邦男在他的 *Rōshi kōsei*(Tokyo,1973)第 61 页中也提出了同样的论证。尽管鲍则岳如此论证,我更倾向于赞同马叙伦,包括《想尔注》在内有"常"的版本,受到了河上公注的影响,见马叙伦,《老子校诂》(再版,香港:太平书局,1965),第 39—40 页。至少,"文本优先性"的问题不能轻易确定下来,也将无疑会引来多样的意见。我也不满于如下假设,即马王堆手稿重现了"纯粹"的文本,能够由此衡量其他版本的真实性。尽管马王堆手稿非常重要,也是现存最早的文献,但不能假定他们实际上就是"原版",或最接近于"原始"《老子》。韩禄伯(Robert Henricks)将要出版的关于马王堆《老子》的研究(New York:Random House)将对这一问题有所启发。

① 大渊忍尔也得出了同样的结论,尽管他赞同饶宗颐的论点。见他的"Rōshi sōjichū to kajōkōchū to no kankei ni tsuite"(前文第 175 页注②引用),第 107—108 页。

② 饶宗颐,《老子想尔注校笺》,第 87 页。饶宗颐在一篇单独的文章中,更为详细地讨论了此处及其他证据;见《吴建衡二年索纨写本道德经残卷考证》,载于《东方文化》(香港),2,1(1955 年 1 月):1—71。成玄英《老子开题》是从敦煌发现的,对它的引用在第 10 页上有所讨论。

的《老子》置于六朝之前。更确切地说来,据说葛玄通过删除原文中助词的方式缩减了文本,使之合乎"五千言"这一神奇的数字。成玄英认为,这个修订后的文本实际上就是当时河上公文本的主导版本。①

其次,有一个《道德经》敦煌残卷可以追溯到公元751年,它上面有"系师定河上丈人章句"的签名。也就是说,河上公版本的《老子》已经由"系师"即正当的"大师继承者"所确定。在道教文献中,"系师"之名或归于张鲁,或归于其父张衡(不要跟《东京赋》的作者混淆),他们当然都是天师道的创始人。因此,这表明河上公注是由道教中的"天师道"修订并传播的。这正是饶宗颐教授的主要论点。②

此外,关于道教基础教育的"顺序",早期的道教文本提供了一个有意思的讨论。《传授经戒仪注诀》(大渊忍尔将其追溯至公元6世纪)明确指出,学习道家学说应该从"大字"本《道德经》开始,其次河上公注,再次《想尔

---

①比方说,一些《老子》敦煌写本有4999个字。见 Ōfuchi Ninji, *Tonkō dōkyō*,第一卷,(Tokyo, 1978),第187—200页。严灵峰的《无求备斋老子集成初编》(台北,1965)中也介绍了成玄英的著作,见卷一,12b。《老子开题》的法语译本,可见贺碧来,*Les Commentaires du Tao To King* (Paris, 1977),第227—260页。

②见饶宗颐,《老子想尔注校笺》,第90页,《索纨写本道德经》,第7—8页。这一写本(P2417)可追溯至天宝十年,或公元715年,在这一写本最后,有记载下收信人姓名的合约。这表明《老子》的"五千言"版本在唐代已经广为运用了。见 Ōfuchi, *Tonkō dōkyō*,第192页。

注》。①饶宗颐认为,这似乎意味着河上公注而非《想尔注》具有文本优先性。事实上,吉冈义丰根据另一份保存在《道藏》中的文献指出,这一教导的顺序可能在梁朝(502—557)之前就已经确立了。②

最后,我们必须提到饶宗颐对所谓《道德经》"索统"残卷的讨论。③ 这份手稿也是在敦煌发现的,现为一位私人收藏家所有,其中包含了现代《老子》文本从五十一章开始的后三十一章。文末索统(公元3世纪的学者与占卜者)的签名可追溯至公元270年。如果这个日期可以接受,那么它肯定会成为现存最古老的《老子》写本之一。饶宗颐认为,最重要的是索统的手稿也显示出对河上公本的借鉴,尽管不是据说经由葛玄修订的"五千言"本。用饶宗颐本人的话来说,索统写本源于东

---

①饶宗颐,《想尔注》,第 90 页;《想尔注续论》(见前文第 174 页注③),第 1162 页。特别见 Yoshioka, "Rōshi kajōkō hon to dōkyō",第 297—303 页,其中引用并赞成大渊忍尔的观点。但是岛邦男和楠山春树都将其文本年代定位在唐代。见 Shima, "Rōshi kajōkō hon no seiritsu"(见前文第 176 页注①),第 18 页,以及 Kusuyama, *Rōshi densetsu*,第 140 页。文本本身(《道藏》989,《道藏子目引得》1228)同样用神话术语详细地解释了河上公注排在《老子》"大字"版之后,而位于《想尔注》之前的原因,特别参见第 2a—4b 页。

②Yoshioka,同上,第 324—329 页。此处讨论的文本是《洞真太上太霄琅书》(《道藏》1034—1035,《道藏子目引得》1341)。同样的顺序在 4.15b—16a 中也提及了。据吉冈义丰,这一文本可追溯至公元 450—500 年之间。

③见前文第 178 页注①。

汉末年(公元220年)流行的河上公本。①

关于这些论证还可以有更多的讨论,但我的观点很简单:它们共同提供了一个很好的例子,可以支持河上公注的年代应当较早的论点。饶宗颐的批评者或许过于专注河上公注与《想尔注》本身的对勘,而进行对勘的语境与在背后支持对勘的证据同样重要。可以肯定的是,批评者们可能认为,上述证据本身就是有待争论的问题,尤其是在其年代与真实性的方面。例如,严灵峰就主张,索紞写本可能是后世的伪书。② 然而要点仍然是,尽管某些早期的引用文献或许是有问题的,但要把它们全盘否定似乎是困难的,而且实际上也是没有根据的。

因此,从早期薛综、王羲之与《想尔注》残卷的引用以及其

---

①饶宗颐,《索紞写本道德经》,第71页。
②严灵峰,《无求备斋学术论集》(台北,1969),第285—288页。严灵峰能够亲眼见到手书,但他的批评大多是揣测。例如,他以《老子道德经序诀》为基础,假设它实际上为葛玄所作。至于手书标题《太上玄元道德经》似乎反映它是后世所作,饶宗颐(第4—6页)通过将其追溯到"天师道",已经对这一批评做出了很好的解释。尽管"太上玄元"直到唐代才流行起来,但它有着很长的历史。但是关键在于,手书使用了吴国的纪年,这带来了问题。饶宗颐本人和严灵峰都指出,在公元270年,敦煌地区已经是晋朝统治的一部分了,如果索紞与吴国之间没有任何关联,不用晋代纪年,这才显得十分奇怪。饶宗颐认为,当索紞作为首都的学生时,他的赞助者可能是一位与吴国道家有关联的高级人物(第2页),这听起来并不可信。令人惊异的是,就算在汉语和日语文献中,这一手书都没有引起足够关注。例如,楠山春树很少提到它,也很少接受饶宗颐的发现,载于 Rōshi densetsu,第155—156页。

他证据来看,河上公注最有可能成书于东汉。然而,还应该提到另一种可能性。楠山春树认为,可能有**两种**河上公注,我们必须把它们区分清楚。① 在楠山春树看来,首先,"原始"版本出现于东汉。这个文本失传后,第二个"扩展"版在六朝末年与河上公的成熟传说一道出现了。②

这种考虑的一个主要因素是,除了河上公注之外,传统文献也将一种《老子注》归于战国时期的河上丈人。例如,公元3世纪皇甫谧的著作《高士传》提到,河上丈人写过一本《老子章句》,与河上公注的标题完全一致。③《隋书·经籍志》就在河上公注的附近记载了河上丈人"注《老子经》"。《隋书》补充说,自梁代起这部著作就散佚了。④

如果河上公的形象是效仿于河上丈人的,这些标题指称的是同一部作品吗?然而,《隋书》把它们列为两种注释。这一定程度上导致了这样一种观点,即河上丈人的著作可以被认为是河上公注的"原始"版本。楠山春树认为,在内容方面这个"原始"版本以强烈的政治兴趣为特征。当第二版出现时,它结合了道教的教义,特别是旨在精神领悟与长生不老的修身实践。⑤

---

① Kusuyama, *Rōshi densetsu*, pp. 17—18,125—169.

② 同上,第157—163页。关于相似但略微复杂的论证,见 Kobayashi Masayoshi, "Kajō shinjin shōku no shisō to seiritsu", *Tōhō shūkyō*, 65 (1985):20—43。

③ 皇甫谧,《高士传》(《图书集成初编》,上海,1937),B:62。

④《隋书》,34:1000。

⑤ Kusuyama, *Rōshi densetsu*, pp. 158, 162.

初看之下，这一假设似乎很有吸引力，但它并非毫无困难。它也必须反驳对河上公注的早期引用，从而将其与河上丈人的著作区分开。例如，薛综从河上公注中引用的那句话，只能被视为一种晚出的篡改。① 类似地，《想尔注》也被认为是六朝时期的作品。② 在我看来，在这方面批评家的负担没必要如此沉重，无论如何，还没有任何确凿的证据来否认所有早期引用的真实性。相反，若要证成其年代在东汉时期，我们有着太多的东西要说。尤其是如我所论，黄老传统与河上公传说紧密相关，而东汉时期正与黄老传统相吻合。更为重要的是，楠山春树预设河上公注的内容被分成了两个相离的部分。政治的部分"较早"，且有别于注释中的"宗教"部分的注。我在下一章中将要论证的，恰恰不可能做出这样的区分。河上公注反映了一种统一的见解，修身与治理术共同形成了它的特征。

但是，对河上丈人注的引用需要做进一步讨论。事实上，除了两个"河上"人物之外，《老子章句》还被归于第三人。许多文献提到，河上公的弟子安丘先生也写了一本相同题目的老

---

① Kusuyama, *Rōshi densetsu*, 第 126—127 页。楠山春树在一篇专门的文章中更为详细地论证了这一点，见 "Ri Zen shoin no Setsu Sō chū ni tsuite"，载于 *Fukui hakushi shōju kinen tōyō bunka ronshū* (Tokyo: Waseda University Press, 1969), 第 339—354 页。事实上，据楠山春树，全部对薛综的引用，可能是后来伪造者所写。

② 关于《想尔注》，见 Kusuyama, *Rōshi densetsu*, 第 239—269 页，特别是第 259—260 页。《神仙传》中的河上公传说也将被推后，同上，第 172 页。

子注。① 例如,陆德明在他的《经典释文》中提到了它。②《隋书》也提到了它,并把它与河上丈人注及河上公注放在一起。③ 事实上,据说著名的《老子》学者傅奕(555—629)甚至亲自研究过这些文本。④ 这难道不表明题为《老子章句》的注释不止一种吗?即使我们认为两种"河上"注是同一文本的不同变体,安丘先生的著作还有待解释。石秀娜认为,有可能是弟子的作品后来被归于比他更著名的老师,也就是说,安丘注成了其他注释可溯及的"原版"。⑤ 这一观点不无道理,但更有可能的是,这些标题指称的是同一部作品。这里没有必要为这一注释指认任何一位历史上的作者。需要再次强调的是,所有这些人物都与黄老传统相关。

更具体地说,我们可以提出如下假设。题为《老子章句》的注释出现于东汉。它可以追溯到公元100年以后,因为《史记》《汉书》都没有提及河上丈人、河上公或安丘先生的《老子》注。起初,人们将其归于黄老传统中不同的关键人物。因此,虽然《史记》中没有提到河上丈人的任何著作,皇甫谧的《高士传》却将其列为《老子章句》的作者。类似地,《后汉书》认为安

---

①安丘先生也被称为安丘丈人或安丘望之。见皇甫谧,《高士传》,B:74—75。

②陆德明,《经典释文》(《图书集成初编》;上海,1936),序,第53页。作者的名字也叫作毋丘望之,安丘望之的一个变体。

③《隋书》,34:1000,也在毋丘望之之下。

④见下文第191页注①,以及正文中的讨论。

⑤石秀娜,*La Divinisation de Lao Tseu dans le Taoisrne des Han* (Paris, 1969),第33页,注①。

丘先生只是黄老学派中的一位老师,《高士传》却认为他写了一部老子注。① 当"天师道"传统在东汉末年确立时,它将这一《老子注》作为它的经典之一,并将其归属于河上公。② 在六朝时期,当河上公传说逐渐被世人所知时,最终人们倾向于认为河上公便是这一注释的作者。因此到了6世纪,我们开始在多种文献中找到对河上公注的明确引用,而其他两位候选作者则被逐渐遗忘。

目录记载上的混乱,可以追溯到这些记载本身所依据的文献。首先,据《隋书》记载,自梁代起河上丈人注与安丘注就失传了。这意味着《隋书》依赖于更早的目录文献,而且没有这些作品的一手知识。事实上,《隋书》挑选出的四种目录著作尤为重要。它们是刘向的《别录》,刘歆(卒于23年)的《七略》,王俭(452—489)的《七志》以及阮孝绪(479—536)的《七录》。③ 众所周知,刘歆的著作是在其父刘向的《别录》的基础上写成的,班固编纂《汉书·艺文志》曾广泛参考了这两种书。④《汉书》

---

① 《后汉书》,19:703。此处记载,安丘先生教导耿况、王汲以《老子》,后者是王孟的兄弟。与之类似,参见嵇康的《神仙高士传》,第11b页。其中将安丘先生作为《老子》的专家,但没有提到一部注释。

② 黄老学派与"天师道"之间的关联,或可追溯到乐巨公的弟子田叔(见前文第151页注①),他曾任汉中(陕南川北)太守十年,汉中也是后来"天师道"传统的发源地。也许河上公传说中反映出的将老子神化,并将《道德经》视为启示文本,可能有助于解释黄老道教向"天师道"的过渡。

③ 《隋书》,33:992。

④ 见《隋书》,33:903—909。这是传统汉语文献的早期目录学著作发展中最为重要的数种。

没有提及我们正在讨论的注释,因此可以推测,此处《隋书》主要借鉴的是王俭和阮孝绪的著作。

这些著作都不复传世,但它们同样也被陆德明挑选出来。① 陆德明注意到河上公传说,但没有提及任何河上丈人的注释。他也列出了安丘先生的一部注释。但这种引用仅仅只能在概括性的"序"中找到;陆德明的《老子音义》并没有提及它。② 这也表明,陆德明本人并不知道这部著作,而是从王俭与阮孝绪的目录中摘录了题目。这样,即使河上公《老子章句》作者的身份已被确凿无疑地建立起来,对河上丈人与安丘先生的引用也在唐代及后来的文献中存在。

然而,傅奕的证词似乎提出了一个难题。这一引用能在许多道家著作中找到,其中最早的似乎是谢守灏(活跃于1194年)的《混元圣纪》。谢守灏认为,傅奕考察了许多《老子》的版本,包括从北魏太和(477—499)年间道教天师寇谦之那里"获得"的安丘本,以及公元5世纪下半叶的道士仇岳所"传"的河

---

① 陆德明,《经典释文》(《图书集成初编》)序,第9页。据我所知,关于这两部著作,只有阮孝绪著作的序言和目录得以传世。我查阅了姚慰祖刊行的1934年版的《七录序目》,它立足于瞿镛的铁琴铜剑楼版本。但是,我们从中得不到任何关于河上丈人注与安丘注的信息。

② 据武内义雄和内藤干治,在陆德明《经典释文》的《老子音义》中,仅仅引用了13条注。见 Takeuchi, *Rōshi genshi*, 第35页;Naitō Motoharu, "Kajōkō chū rōshi no yōjōsetsu ni tsuite",第319页。据我所数,有其他未标明作者的文献未列在其中;但序言中所列全部32条注,引自注释主体的不足一半。有意思的是,陆德明引用了两版河上公的《老子》;见下页注③。

上丈人本。① 这难道不意味着这些文本在唐初依然流行吗？这就是前面提到的，为什么岛邦男认为河上公注可以追溯到南齐时期的道教大师仇岳。

在这方面可以提出三点。首先，著名道士寇谦之活跃于太武帝（424—451年在位）朝而卒于448年，不可能在太和年间"得到"这部注释。② 这立即使得谢守灏记载的可信度出现了疑点。此外，即使我们接受谢守灏的记载，即傅奕看到了不同的《老子》版本，这并不必然意味着它们都有着不同的注释。事实上，河上公注有不同的版本。我们可以回忆一下，据成玄英，唐代河上公注文本的主导版本是据推测由葛玄修订的"五千言"本。在陆德明的著作中，也引用了河上公文本的"古本"。③ 我们没有理由不去相信，这些不同的版本都附有相同的注释。

最后，安丘本与河上丈人本关联于特定的道教大师，这一事实可能具有重要意义。也许某些道教教派对它们格外重视，

---

①谢守灏，《混元圣纪》（《道藏》551，《道藏子目引得》769），3.20a。本段亦载于彭耜，《道德真经集注杂说》（《道藏》403，《道藏子目引得》709）2.30b；参见上文第一章第67页注④、注⑤，第68页注①。见 Yoshioka Yoshitoyo, "Rōshi kajōkō hon to dōkyō"，第292—297页，其中讨论也非常有益。至于仇岳转写的版本，在语境中似乎暗指这是仇岳本人的著作。见马叙伦，《老子校诂》，第3页。

②Yoshioka，同上，第296页。

③陆德明，《经典释文》，第二十五卷，《老子引义》（《图书集成初编》，上海，1936），16：1403—1416。据我粗略统计，其中引用了河上公48次，然而"古本"最多被引用了两次，最多也不过四次。

这些教派力求改革"天师道",并将他们自己与那些跟河上公本密切相关的教派区分开来。虽然我们对仇岳一无所知,但寇谦之作为中国北方道教的伟大改革家,被后来的史学家详尽地记载下来。① 在南方也发生了重要的转变,因为陆修静(406—477)、陶弘景(456—536)等人也将道教的多样化传统加以巩固。② 仇岳这个名字,是否会是孙游岳(陆修静的学生与陶弘景的老师)的变体呢?"游"和"仇"的发音相似,至少在某佛教文献中,"孙游岳"被简写作"孙岳"。③

诚然,这些推测并不能解决眼前的问题。河上公注的起源与流传无疑将继续引出各种各样的观点。然而总体而言,我认为河上公注最好放在东汉的语境之下,更确切地说是在黄老的背景之下。在创作河上公注的过程中,是否考虑到了河上公传说,这个问题仍有待考证。由于河上公注没有以任何方式提及

---

①关于这个问题,特别见于马瑞志,"K'ou Ch'ien-chih and the Taoist Theocracy at the Northern Wei Court, 425—451",载于 *Facets of Taoism*, Holmes Welch 和 Anna Seidel 编(New Haven: Yale University Press, 1979),第 103—122 页。

②见 Rolf A. Stein, "Religious Taoism and Popular Religion from the Second to Seventh Centuries",载于 *Facets of Taoism*,第 53—81 页;又见 Michel Strickmann, "On the Alchemy of T'ao Hung-ching",同上,第 123—192 页。Stein 的著作于此关联特别重要,因为它详细阐明了"天师道"与当地流行传统的互动关系,这引向了改革,并导致了道教共同体内部的紧张。

③转引自陈国符,《道藏源流考》(再版,台北,1975),第 44—45, 478 页。诚然,这仅仅是推测而已,少有证据支撑二者的同一。在上下文中,似乎它称的是公元 5 世纪"著名"的南派道教大师,与北派的寇谦之相齐名,那么我们直接想到的就是孙游岳。

这个传说,所以前者在创作过程中,似乎不太可能考虑到后者。我们可以认为,由于二者相似的背景以及传说的声望,河上公注在出现于东汉之后才被归于河上公名下。当传说本身在公元4世纪开始落于文字时,或许是在《序诀》本的传说写成不久之后,它被用来作为河上公注的补充。换言之,当后来版本的传说将"素书"等同于《老子章句》时,传说与注释的关系被牢牢建立起来了。在下一章中,我们将会看到,在传说中如此重要的黄老之维是如何也被反映到注释之中去的。

Chapter four

Ho-shang Kung: Cosmology, Government, and the Ideal Sage

第四章

河上公:宇宙论,
治道,理想圣人

如陆德明所论,河上公注"言治身治国之要"。这一评价很好地把握住了这部著作的主旨。更具体地说,在河上公注中,政治的面向与伦理的面向融合为一。它们的基础,是一种对过去的看法及其宇宙论架构。此外,还有宗教的一面,以不朽为导向,以理想圣人的形象为中心。与河上公传说一样,圣人的特殊知识对于理解河上公注一样至关重要。我们将会看到,这些主题编织成一个统一的见解。经过上述分析,我们可以在下一章中对勘王弼注与河上公注。

历史与论争

和前面对王弼的分析一样,本章的讨论也从《老子》第一章开始。河上公注非常严密。《老子》开篇讲,"道可道,非常道"。也就是说,可道之道不同于恒常且不可言说的道。河上公注曰:"谓经术政教之道也。"河上公注明显有着论争的语调。

与王弼注不同,河上公注几乎没有试图调和《老子》对儒家学说的攻击。当《老子》要求"绝圣"时,河上公毫不犹豫说道:"绝圣制作,反初守元。"①在这里,圣人的制作被明确等同于"五帝"与仓颉的创制。据说前者观察了"天象",即启发

---

①第十九章。参见叶乃度译,*Ho-shang-kung's Commentary on* Lao-tse

《易》之思的星象,而后者创造了汉字。① 这与"三皇"的制作形成了对比。"三皇""结绳"记事而不用语言。② 在这里,河上公似乎仅仅是将儒家的圣人典范与"更高"的圣人进行对比。但情况要更为复杂。谁是"三皇""五帝"?对此历来众说纷纭。据《史记》,"五帝"包括黄帝、尧与舜。③ 另一方面,"三皇"在汉代通常被认为是伏羲、神农与女娲,尤其是由于郑玄接受了这一观点。④ 困难之处在于,中国几乎一切思想学

(Ascona:Artibus Asiae, 1958),第41页。河上公注是我自己翻译的,为了进行比照,将对叶乃度译作加以引用。

① 何为"五帝"众说纷纭。特别参见顾颉刚和杨向奎,《三皇考》,载于《古史辨》,第7B卷,吕思勉和童书业编(北京,1941;再版,香港:太平书局,1963),第20—275页。河上公的诠释基于《易经·系辞》:"天垂象,见吉凶(In the heavens hang images that reveal good fortune and misfortune)。"见卫礼贤译,*I Ching or Book of Changes*,贝恩斯(Cary E. Baynes)译,第3版,Bollingen Series, 19(Princeton:Princeton University Press, 1967; reprint, 1979),第320页。关于中文文本,见高亨,《周易大传今注》(山东:齐鲁书社,1979),第540页。

② 和"五帝"一样,"三皇"的身份也有许多传统。见顾颉刚和杨向奎,同上。《古史辨》的7B卷致力于这一主题。《系辞》也写道:"上古结绳而治,后世圣人易之以书契,百官以治,万民以察(In the highest antiquity people knotted cords in order to govern. The sages of a later age introduced written documents instead, as a means of governing the various officials and supervising the people)。"卫礼贤,同上,第335页;略有改动。高亨,同上,第567页。

③《史记》以《五帝本纪》为始;另外两个是黄帝之孙颛顼,以及黄帝之曾孙帝喾。《史记》,第一卷(《四部备要》)。

④ 郑玄,史记注,转引自顾颉刚和杨向奎,同上,第129页。

派都尊崇"三皇""五帝"。此外,河上公注第三十九章"故贵以贱为本""言必欲尊贵,当以薄贱为本,若禹稷躬稼,舜陶河滨,周公下白屋也"。① 舜、禹、后稷与周公当然也是儒家想象中的关键人物。如《论语·宪问》:"禹稷躬稼,而有天下。"河上公注是否有前后矛盾之处?

第六十二章也提到"三皇"。《老子》认为道不会遗弃"人之不善",河上公注:"人虽不善,当以道化之。盖三皇之前,无有弃民,德化淳也。"②

这里"前"字很关键。它表明河上公攻击儒家学说的标准是有待衡量的。"五帝"不能与"三皇"相提并论,但纵使是后者,在大道流行之"初"的"黄金年代"面前,也显得苍白无力。第十八章继续从这个角度反对儒家美德:

经文　　　　　　　　注释

大道废,有仁义。③　　大道之时,家有孝子,户有忠

---

① 在舜之后,禹建立了夏朝,传统上可追溯至公元前 2000 年。后稷是传说中周族的祖先,由于"发明"了农耕而为人们所记。参看叶乃度,第 76 页,其中将白屋错认成了一个人名。

② 参见叶乃度,第 108 页。在叶乃度依照的顾欢版中,独有"三皇之时"而非"三皇之前"。在这里没有理由修改《四部丛刊》的文本。见郑成海,《老子河上公注校理》(台北,1971),第 376 页。下文引用这本书写作《校理》。

③《老子》原文引自陈荣捷译,*The Way of Lao-tzu* (Indianapolis: Bobbs-Merrill, 1981),第 131 页。译文有改动。提请读者注意,在本章中《老子》的翻译并不总是合于第二章中的翻译,因为《四部丛刊》和《四部备要》

	信,①仁义不见也。大道废不用,恶逆生,乃有仁义可传道。
智慧出,有大伪。	智慧之君贱德而贵言,贱质而贵文,下则应之以为大伪奸诈。
六亲不和,有孝慈。	六纪绝,亲戚不合,②乃有孝慈相牧养也。
国家昏乱,有忠臣。	政令不明,上下相怨,邪僻争权,乃有忠臣匡正其君也。此言天下太平不知仁,人尽无欲不知廉,各自洁己不知贞。大道之世③,仁义没,孝慈灭,犹日中盛明,众星失光。

版本有时有出入。总的来说出入不大;关于这一问题,特别见于 Shima Kunio, *Rōshi kōsei* (Tokyo, 1973),以及马叙伦,《老子校诂》(再版,香港,1965)。

①参见叶乃度,第40页。见郑成海,《校理》,第118页,其中"户有忠信"被改为"国有忠信"。在这个语境中,修改过的读法更有道理。仅有两个版本支持它。

②"六绝绝"当改为"六纪绝",这显然是讹误;这一校正有据于其他六个版本,见郑成海,《校理》,第119页。王弼将"六亲"理解为父子、兄弟与夫妇,而河上公将它们等同于家庭关系中的"六纪"。后者在传统上被认为是诸父、兄弟、族人、诸舅、师长、朋友。在儒家传统中,每一种都对应着具体的美德。见郑成海,《老子河上公注疏证》(台北,1978),第128页,下文引用这部著作简写作《疏证》。

③"大道之君"作"大道之世",如其他六种版本所示。郑成海,《校理》,第121页。

从这个意义上说,儒家美德不过是世界从最"初"的天堂之境"堕落"后引发的补救措施。① 它们可以说反映了痼疾的症状,但无法将其治愈。三皇五帝虽有贤德,但他们仍然被世界之"堕落"所束缚。因此,与儒家学说的论争揭示出这样一种历史观,即人类境况每况愈下乃是历史的特征。《老子》第三十八章:"失道而后德。"河上公注:"言道衰而德化生也。"有意思的是,河上公用"衰"替换了"失"。不仅"历史的"发展被更为清晰地展现出来,而且复兴道之统治的可能性也得以敞开。

这就是上面引用《老子》第一章注的要义。然而,我们不必认为,它反映了一种古代神话传统。在河上公注中,看不出它是从一个神话内核发展出来的。容易看出的是,儒家对于历史的理解被认为是全然不充分的。虽然没有解释由道"堕落"的原因,但显然河上公最关切的是如何重建源始"太和"之治,即理想的乌托邦国家。为了实现这一点,在人们返"初"之前,

---

① 关于这个主题,特别见于吉瑞德(Norman J. Girardot), *Myth and Meaning in Early Taoism* (Berkeley: University of California Press, 1983);以及安乐哲, *The Art of Rulership: A Study in Ancient Chinese Political Thought* (Honolulu: University of Hawaii Press, 1983),第一章。这里预设的历史观接近于《庄子》第十六章。见华兹生译, *The Complete Works of Chuang-tzu* (New York: Columbia University Press, 1968),第171—174页。亦见于葛瑞汉对《庄子》中的"尚古主义"的研究,"How Much of *Chuang Tzu* did Chuang Tzu Write?" 载于 *Studies in Classical Chinese Thought*,罗思文和史华慈编(Chico: American Academy of Religion, 1980),第459—501页。

必须先理解道之本性。

"一":河上公注中的宇宙论沉思

道之虚

如我们所见,道之本性是《老子》第一章的主题。"无名"被认为是"天地之始"。河上公释"道"曰:"无名者谓道,道无形,故不可名也。始者道本也,吐气布化,出于虚无,为天地本始也。"河上公进而注下一句"有名万物之母":

> 有名谓天地。天地有形位、有阴阳、有柔刚,是其有名也。万物母者,天地含气生万物,长大成熟,如母之养子也。①

因此,道无形且出于虚无。"虚"与"无"这两个词对河上公而言是等同的,在十一章中他明确地将"无"界定为"空虚"。在这个意义上,"无"不太有形上学或本体论的意义,因此,河上公注中"无"更接近于"无物(nothing, nothingness)"而非"非存在(non-being)"。《老子》第十一章讲,正是因为"无","用"才得以可能。河上公注:

> 言虚空者乃可用盛受万物,故曰虚无能制有形。道者

---

① 参见叶乃度,(前文第 197 页注①),第 13 页。

空也。①

换言之,在河上公注中,"无"之所以重要,仅是由于它是一种描述道的无尽之藏的方法。实际上,除了将道界定为空之外,在整部注释中几乎没有关于道之本性的类似讨论。重点毋宁被转移到了道的创生力量,尤其是道以"天地"为中介的创生力量。这一点非常清晰地体现在河上公注《老子》第四十章的名句"天下万物生于有,有生于无":

> 天地神明,蜎飞蠕动,皆从道生。道无形,故言生于无也。此言本胜于华,弱胜于强,谦虚胜盈满也。②

在此例中,显然重点不在于"无"的概念上。河上公用更具体、更切近的东西解释《老子》原文。我们将在下一章看到,这种具体性与河上公的诠释学预设密切相关。因此,河上公注主要是从道与世界的关系考察道之本性。道是万物所生之源,这在河上公注中起着重要作用。首章"母之养子"的隐喻在第二十五章再次出现。这里,《老子》将道描述为"混成"与"先天地生"。河上公注特别凸显创生的主题:"谓道无形,混沌而成万物,乃在天地之前。"此外,《老子》将道描述为"独立而不改",河上公则将道之不变本性理解为"化有常"。进一步看:

---

① 参见叶乃度,第 29—30 页。第一句颇为难译,此处翻译依据于将本章视为整体。

② 参见叶乃度,第 78 页。

经文	注释
可以为天下母。	道育养万物精气,如母之养子。
吾不知其名,字之曰道。	我不见道之形容,不知当何以名之,见万物皆从道所生,故字之曰道。

上述最后一句注中所包含的明显的逻辑困难不需要我们操心。重要的是,"道"这个词本身明确地与创生过程联系在一起,而这个创生过程也被认为是有"常"的。从第一章到第二十五章,我们可以看到"气"这一概念是河上公理解此创生过程的关键。

气之充

"气"这个词难以翻译。《说文解字》中对其最早的界定是"云气",并扩展到任何类型的气体。但它也意味着一种更为基本的质料、一种创生力、能量或"生命－气息"。它是生命的基本"原料",构成万物且弥散于宇宙之中。也正是在这个意义上,很多学者将"气"译为"material force(物质力量)"。然而,困难在于,"气"不能仅仅被还原到"物质"的层面。史华慈指出:"我们可以将'气'所包含着的性质,称为灵魂性、情感性、精神性、神圣性乃至'神秘性'。"[①]在河上公这里,"气"可以理解为"气息(breath)"或"生命－气息(life-breath)"。原因

[①] 史华慈, *The World of Thought in Ancient China* (Cambridge: Harvard University Press, 1985),第181页。

很简单,河上公注本身就在运用呼吸的意象(如第一章)。我们应该牢记,在对宇宙构成的统一理解中,"气"既包含了"物质性",也包含了"精神性"。第四十二章注中生动描述了世界的形成:

经文	注释
道生一。	道使所生者一也。①
一生二。	一生阴与阳也。
二生三。	阴阳生和、清、浊。② 三气分为天地人也。
三生万物。	天地人共生万物也。③ 天施地化,人长养之也。

《老子》原文很难翻译。比如,难以断定,万物的生成是在过去,而"二"与"三"就是复数。然而,按河上公注,《老子》在解释世界各种构成力量的演化,这样就不存在歧义了。

因此,"气"这个概念可被三分为"浊"/"阴","清"/"阳"

---

① 《四部丛刊》版本中脱"一",按其他八版本校正。见郑成海,《校理》,第271页。参见叶乃度,第80页。

② 在其他六个版本中,"和气浊"释作"和清浊"。郑成海,《校理》,第271页。郑成海本人更倾向于依道藏和一个日本版释作"和气清浊",强调了"清""浊"之气的"和"这一行动。我认为这一语境蕴含着"气"的三种形态,但差距不大。

③ "人"字后补,见郑成海,《校理》,第272页。

与调和二者之"和"。接着这三者分别被关联于地、天、人。这里所呈现的宇宙论并非河上公所独有。相反,它在汉代文献中很常见。例如,《淮南子》说:

> 天地未形,冯冯翼翼,洞洞灟灟,故曰太昭。道始于虚廓,虚廓生宇宙,宇宙生元气……清阳者薄靡而为天,重浊者凝滞而为地。①

《说文解字》对"地"字的解释也写道:"元气初分。轻清阳为天。重浊阴为地。"② 又如,《列子》写道:"一者,形变之始也。清轻者上为天,浊重者下为地,冲和气者为人。"③

由此可见,河上公对《老子》的理解根基于汉代流行的宇宙论。宇宙的形成被描绘为道之气的分离与混合,或者用第一章注更形象的说法,是道之气的"吐"与"含"。最初,"阴"与"阳"可能分别指太阳是否被云遮住的状态。④ 在此意义上,

---

① 《淮南子》(《四部备要》),3.1a;陈荣捷译,*A Source Book in Chinese Philosophy* (Princeton: Princeton University Press, 1963; reprints, 1973),第307页,有改动。

② 许慎(活跃于100年),《说文解字》(再版,香港:中华书局,1979),第286页。转引自郑成海,《疏证》,第291页。

③ 载于《列子集释》,第一卷,杨伯峻编(香港:太平书局,1965),第5页。参见葛瑞汉译,*The Book of Lieh-tzu* (London: John Murray, 1960),第19页。

④ 参见徐复观,《中国人性论史·先秦篇》(台北,1969;再版,1984),第510—511页。参见前文第一章第40页注①。

"阴""阳""气"最初可能仅仅是有关天气的词,后来才获得更深的宇宙论意义。它们与太阳的关联在河上公注中依然保留着,第四十二章:

经文	注释
万物负阴而抱阳。	万物无不负阴而向阳,回心而就日。

顺带提一下,这一注释亦见于第七十三章,用以描述"天之道"。

在对第四十二章下一句的注释中,"气"这一观念的普遍性得到了进一步证明。在这里,河上公的解释显然也非常具体:

经文	注释
冲气以为和。	万物中皆有元气,得以和柔,若胸中有藏,骨中有髓,草木中有空虚与气通,故得久生也。①

这个结论颇为出人意料,但是却很重要,本章后面会对其加以更详细地考察。在这里应该注意的是,之所以"虚"或"空"对理解道而言至关重要,"气"的自由流行乃是其最终原因。就

---

① 参见叶乃度,第80页。

此而言,将道界定为虚,也意味着气之充。

"一"

源始生成力弥散在宇宙之中,这一观点与"一"的观念密不可分。"一"当然是河上公注最重要的概念之一,它出现在二十多章之中,而且与修身及治道密切相关。"一"的概念在《老子》中是含混的。第四十二章提到"一"由道所生,而在其他地方二者似乎是等同的(如第十四、三十九章)。乍看之下,这种含混似乎也存在于河上公注中。

有时,河上公明确地将道与"一"区分开来。如,第五十二章注:

经文	注释
天下有始,以为天下母。	始有道也。① 道为天下万物之母。
既知其母,复知其子。②	子,一也。既知道己,当复知一也。
既知其子,复守其母。	已知一,当复守道反无为也。

---

① "始有道也"替换为"始者道也"或"始道也",见郑成海,《校理》,第315页。

② 王弼的文本为"既得其母"而非"既知其母"。据郑成海,《老子校诂》,第320页,后者似乎是原初的读法。

第五十一章注进一步把"一"等同于"德":

经文	注释
道生之。	道生万物。
德畜之。	德,一也。一主布气而畜养。

然而,道与"一"的这种区分似乎与第十四章的开头并不相符:

经文	注释
视之不见名曰夷。	无色曰夷。言一无采色,不可得视而见之。
听之不见名曰希。	无声曰希。言一无音声,不可得听而闻之。
搏之不得名曰微。	无形曰微。言一无形体,不可抟持而得之。
此三者不可致诘,故混而为一。	三者,谓夷、希、微也。……混,合也。故合于三名之为一。①

如果"它"不是道本身的话,还能是什么呢?在这一章后面,

---

① 参见叶乃度,第 33 页。

129 《老子》称之为"无状之状"。河上公注:"言一无形状,而能为万物作形状也。"难道这里的"一"不就等同于道吗?

要紧的是,直至目前"道"这个词根本没有出现在第十四章中。河上公注的结尾处提到了它,但又一次与"一"相区别:

经文	注释
执古之道,以御今之有。能知古始,是谓道纪。	圣人执守古道,生一以御物,知今当有一也。人能知上古本始有一,是谓知道纲纪也。

从这个意义上说,没有"一",人们将不可能认识到当下之道而回归于"始"。在河上公注中,"一"意为道之"精"或本质。正如注释本身所说,"一"为道之"要"(第一章)。

通过提出一种本质(精),使无形之道变得可以理解。河上公由此解决了《老子》中的含混性。在这方面,河上公第三十九章注最能说明问题:

经文	注释
昔之得一者:	昔,往也。一,无为,道之子也。
天得一以清。地得一以宁。	言天得一故能垂象清明。言地得一故能安静不动摇。

按照同样的语言形式,"神"与"谷"也被如此分析,因为"一"

能够实现它们的潜能。进而:

经文	注释
万物得一以生。	言万物皆须道以生成也。
侯王得一以为天下贞。	言侯王得一故能为天下平正。

在术语的运用上,从"一"到"道"的突然转变不应被我们忽视。没有理由怀疑这里的文本是残缺的。① 事实上,当讨论从天、地等转移到万物之生时,句子的整体结构都发生了改变。

河上公是前后一贯的,在生成问题时,"一"总是从属于道,因为道即"母"。前面提到,"既知其母"之后,我们"当"理解"一",并通过它复归于"始"(第五十二章)。道与"一"之间之所以会有如此细密的区别,归根结底在于河上公对实践的强调。《老子》第十章提出人们是否总能"抱一"的问题。对此河上公写道:

言人能抱一,使不离于身,则长存。一者,道始所生,太和之精气也。故曰:一布名于天下,天得一以清,地得一以宁,侯王得一以为正平,入为心,出为行,布施为德,总名

---

①见郑成海,《校理》,第248页,其他版本略有变体,大部分都包含小品词。《老子》文本最后一句的读法是不确定的,但这不影响我们的讨论。

为一。一之为言,志一无二也。

由此,不同的主题被结合在一起,并综合成一个关键概念。"一"形成了道之本质,这一解读也可以从河上公对第二十一章的注释中得到印证。《老子》第二十一章原文采用了一种平行的结构将道描述为"恍"/"窈"与"忽"/"冥",但其中有"物"有"精"。河上公注保留了"精"这个词,但用"一"替换了"物"。于是乎它们都和元气及阴阳之合有关。

"一"(即道之"子")的关键性,不止于解决了《老子》本身的困难。"一"位于无形之道与宇宙的中介,它形成了河上公整个思想的基础。道在其自身之中超越了人的经验之域。但由于它的"精"与"德",道的创生与持存力量在世界中展现。作为"道"之气,"一"同时也被认为有着物质性的一面。它生出了"天地",而"天地"标示着物理宇宙的边界。天由于"一"而"清",它呈现于群星之闪耀。在这一点上,"天门"这个在《老子》中原本较为模糊的表达被河上公明确等同于北极星(第十章)。"地"由于"一"而"宁",它呈现于"五谷"之丰盛(第二十五、三十章)与"四季"(第二十七、五十九章)之有常。对应于五颗可见行星与五种基本物质(金木水火土)的"五行",同样包含在河上公注中(第二十八、三十九章)。这些共同构成了一种最终以"一"的观念为基础的宇宙观。反之,如果没有"一",则天将"裂"而地将"废"(第三十九章)。从这个意义上说,创生之秩序为"常"。

然而,宇宙不仅仅是现代意义上的物理宇宙。它包含着一个神性存在者的世界,这些存在者本身由道之"元气"所生。

第四章　河上公：宇宙论，治道，理想圣人　213

更重要的是，据河上公，天对应于人之鼻，地对应于人之口（第六章）。同样，每一个体内栖居着不同的"神"。

余英时认为，公元前6世纪左右，两种原本分离的灵魂观合而为一，形成如下对于灵魂的传统的理解：每个人体内都有两个"灵魂"，即"魂"与"魄"。① "魂"与"魄"被分别等同于"阳"与"阴"。前者"轻"，在死后升天；后者"重"，系缚于地。

在河上公注中，或者更一般地说在汉代整个思想中，阴阳学说与五行学说相结合，产生出了五种主要的居于体内的神。② 它们"位于"五脏之中。《老子》第六章讲的"谷神不死"神秘莫测，河上公释曰：

谷，养也。人能养神则不死也。神，谓五脏之神也。肝藏魂，肺藏魄，心藏神，肾藏精，脾藏志，五藏尽伤，则五

---

①余英时，《中国古代死后世界观的演变》，载于《明报月刊》，18, no. 9（1983），第14—16页，"'O Soul, Come Back!' A Study in the Changing Conceptions of the Soul and Afterlife in Pre-Buddhist China", *Harvard Journal of Asiatic Studies*, 47（1987）：369—378。据余英时，"魄"似乎是这两者中较老的概念，可能关联到对月的崇拜。另一方面，"魂"似乎是从南方引入的。

②这是一个大题目，见前文第一章第36页注②。关于这一理论的五个阶段或元素，最好的论文集是《古史辨》，第五册第二部分，顾颉刚编（1935）。此外，见岛邦男的重要著作 *Ggyō shisō to Raiki Getsurei no kenkyū*。在这一理论下聚集起来的诸多现象的对应，见"表12"，载于李约瑟，*Science and Civilisation in China*，第二卷（Cambridge：Cambridge University Press, 1956），2: 262—263。

神去矣。①

顺便提一下,将"谷"释为"养"并不像听起来那么牵强。河上公将"谷"假借为"穀",意为"谷物"与"养育"。② 有意思的是,尽管"五谷"被河上公高度重视,但后来的道家却认为它们对五神有害。关于这个问题,以后将有更多的讨论。在这里,我们可以认为,这是另一个表明河上公注年代久远的迹象。

这就是河上公宇宙论的完整要义。物质与精神合而为一。此之谓"太和",而"一"栖居其间。这也是河上公理解的"自然"(第一、五、二十五章)。就此而言,复归于"本始"并不意味着回到道之无分无形。"一"象征着理想**秩序**,它与"混沌"相对,而"混沌"通常与"宇宙鸡子"的创世神话相关。③ "婴儿"

---

①参见叶乃度,第21页。众所周知,道教后来对其加以阐发,形成了"内丹学"的复杂体系。关于养神的发展与实践,见马伯乐(Henri Maspero), *Taoism and Chinese Religion*, Frank A. Kierman Jr. 译(Amherst: University of Massachusetts Press, 1981),特别是第五、七、九卷。亦见于贺碧来的出色研究,"Metamorphorsis and Deliverance from the Corpse in Taoism",载于 *History of Religions*, 19, 1 (August 1979): 37—70, 以及 *Méditation taoiste* (Paris: Dervy Livres, 1979),亦见下文第228页注①、第229页注①。

②关于第六章第一句诸种诠释的讨论,见蒋锡昌,《老子校诂》,第38—39页。

③在这里我特别考虑到前文第201页注①所引吉瑞德的著作。但是,需要指出吉瑞德主要关切于"早期"道家,例如《老子》《庄子》以及《淮南子》。河上公注中,唯一可以被认为归于"混沌"之处是第一章,在其中"常名"被形容为"鸡子"。这与未能说话的婴儿、在贝壳中的珍珠、

的意象经常被用于河上公注(第一、十、二十、四十九、五十五、六十七章),但胚胎或复归子宫却从来没有出现过。

没有"一",则天将"分裂",国将灭亡而人将早夭。在这个宇宙论架构中,每一个外在的活动都有着其内在的对应。在这个意义上,河上公注中的"修身"与"治国"是等同的。的确,正如施舟人(Kristofer Schipper)所说:

> 甚至可以这样说,对河上公注而言,治国与治身之间的契合是解释《道德经》的基石。①

接下来的讨论将会表明,事实正是如此。

治道与治身:黄老之维

河上公注第三章写道:"说圣人治国与治身同也。"在整个八十一章中,大约有二十五章明确论及这一主题。毫无疑问,对治道之双重本性的强调是河上公注的核心与独特之处。

《老子》第三章注值得特别关注,因为它实际上简要概括了河上公的伦理与政治程式。它还展示出注者是如何在与原

在石头中的美玉相平行,它强调的仍是理想的秩序——其形式是充分发展的,而非毫无形式。

① 施舟人,"The Taoist Body",载于 *History of Religions*, 17, 3—4 (1978):355。亦见于施舟人的书,*Le corps taoiste* (Paris: Fayard, 1982)。这一主题也被贺碧来所强调,见 *Les Commentaires du Tao To King* (Paris, 1977),第30—39页。

文互动的过程中提出新的洞见：

经文	注释
不尚贤，	贤谓世俗之贤，辩口明文，离道行权，去质为文也。不尚者，不贵之以禄，不贵之以官。
使民不争。	不争功名，返自然也。
不贵难得之货，	言人君不御好珍宝，黄金弃于山，珠玉捐于渊也。
使民不为盗。	上化清静，下无贪人。
不见可欲，	放郑声，远美人。
使心不乱。	不邪淫，不惑乱也。

在第三章的前半部分，河上公非常接近《老子》原文。正如《老子》本身所说，"无欲"的主题是善治的关键。河上公注将政治意涵更为充分地揭示出来了。例如，个人对于"贤"的态度与官员的任命直接相关。河上公注也利用了传统的洞见来解释文本。例如，汉初陆贾（前216—前176）作《新语》，言传说中的圣王舜禹的确曾将黄金与珍珠弃于山渊，那是它们本来所属之处。① 此外，第五句的注释很可能引自《论语》。《论语·卫

---

① 转引自郑成海，《疏证》，第25页。

灵公》:"放郑声,远佞人。"按《论语》的解释,郑国之歌"淫"而"佞人""殆",即危险。"佞人"指的是通过溜须拍马与诋毁重伤来求取自己利益的人。大多数学者会为了合于《论语》而将河上公注中的"远美人"改为"远佞人",特别是因为有些版本恰恰写成这样。而我选择保留标准的版本,因为在河上公注中,邪淫之害是反复出现的主题。

这些传统名言很有可能是普通的文学表达。但它们有可能使河上公的学说合法化。河上公传说也有意地引用《诗经》来宣扬它对皇帝的教导。这与河上公对历史的理解丝毫不相冲突。传说中的圣人,乃至孔子本人,也都是人中翘楚:在以治国之道治身的重要性方面,他们定会与老子意见一致。

对第六句的注释更有意思,它标志着一个新的起点。上下文和字句都清楚表明,《老子》所说的是"民"之"心",而事实上王弼本作"使民心不乱"。《老子》似乎关切的是百姓的良好生活,而河上公强调的却是统治者的治身。这并不是说河上公修改文本以符合自己的意图,相反,大多数学者更偏好河上公的解读。① 我唯一想说的是,注者将其视为良机,由此阐述他所认为的《老子》学说的充分意义。

---

① 在岛邦男参阅的 28 个版本中,22 种都没有"民";见 *Rōshi kōsei* (Tokyo,1973),第 58 页。据陈荣捷,"民""并没有出现在河上公和其他 47 种文本中",尽管"它的出现对保持三个句子对仗而言是必要的",*The Way of Lao Tzu*,第 104 页,注④。马叙伦和蒋锡昌都赞成河上公的文本,认为王弼注本身表明脱一"民"字。见马叙伦,《老子校诂》,第 35—36 页;蒋锡昌,《老子校诂》,第 21—22 页。但是,在第二十七章注中,王弼引用了第三章,也有"民"字。

继续看第三章注：

经文	注释
是以圣人之治：	说圣人治国与治身同也。
虚其心，	除嗜欲，去乱烦。
实其腹，	怀道抱一，守五神也。
弱其志，	和柔谦让，不处权也。
强其骨。	爱精重施，髓满骨坚。
常使民无知无欲，	返朴守淳。
使夫知者不敢为也。	思虑深，不轻言。
为无为，	不造作，动因循。
则无不治。	德化厚，百姓安。

尽管没有明确说出主语，但几乎可以肯定的是，河上公认为前几句中的所有格"其"指的都是圣人而非百姓。每一句话分开来看，河上公的注释似乎都足够合理；但统而观之，重点显然转移到了圣人的身上。更确切地说，在这里"圣人之治"转变成了统治者的修身之学。《老子》在后面再次明确指称百姓，这时注释变得非常简短。不过，"不敢为"依然被解释为统治者不应轻言；"智者"指的是"深"于计划与谋虑的统治者。然而，如果人们认同河上公注释所根基的宇宙论架构，那么河上

公的解释是有说服力的。

第三章注释中提出的诸多主题需要进一步细究。首先应该明确的是,河上公注主要针对的是统治者。除了对治道之术的一般强调之外,它也表现在一些细微但有启发性的细节上,这些细节往往被人们所忽略。例如,《老子》第四十六章:"天下有道。"河上公注:"谓人主有道也。"同样,诸如"太上"(第十七章)与"上德"(第三十八章)这些词被释为"太古无名号之君"。"大丈夫"(第三十八章)和"古之善为士者"(第十五章)都是指"得道之君"。更为明晰的是,"古之善为道者"被谨慎地等同于"古之善以道治身及治国者"(第六十五章)。最后再举一例。《老子》第六十四章以一个相对唐突的表达开篇:"其安易持。"河上公注基于两个关键词:"治身治国安静者,易守持也。"

综上所述,这些例子指向了河上公注根本的政治兴趣。其学说是且仅仅是以统治者为鹄的。第三十二章将道描述为"朴",它"虽小,天下莫能臣也"。河上公注将"臣"理解为名词,意为"官员"或"大臣":

道朴虽小,微妙无形,天下不敢有臣使道者也。①

"天下不敢有臣使道者也"意为:天下没有大臣敢于运用道。

---

① 叶乃度译为:"Within the empire nobody risks to be a servant serving Tao",尽管"nobody"过于强了,叶乃度也意识到这里包含的名词结构(第65页)。

诚然,这种解读并非没有困难。它也可以理解为:天下没有人敢于像对待臣仆那样对待道。不过,我的解读有着其他思考的支撑,并且是为了突出河上公注中的一个重要主题。

第三十二章注继续写道,如果统治者能够"守"道,万物都会自然而然地被德之力量所改变。和前面的注释结合起来看,这意味着君臣之别,这种区别同样也可以在第七十章的注释中找到。然而,《老子》第三十章开篇写道,"以道佐人主者"不恃军事力量。这似乎与前一论断相矛盾,即只有统治者才能够守道。河上公意识到了这个问题。他解释说,"谓人主能以道自辅佐也",因此避免使用武力。《老子》第三十六章告诫统治者"国之利器不可示人"。在河上公看来,《老子》中的"人"其实特有所指:

利器者,谓权道也。治国权者,不可以示执事之臣也。
治身道者,不可以示非其人也。

这就是我所谓的河上公注中的黄老之维。"权"这个词本质上是一个法家的概念,表示统治者的权威与统治的权力。我们在讨论王弼时已经看到,韩非子是如何将老子之"利器"解释为一套赏罚制度,以及为什么统治者必须对他的大臣隐藏它们。我也是在同样的意义上理解河上公注中的"权道"。然而,河上公与法家学派的区别在于,它多出了对治身的强调。上面引用的最后一句话也可以在河上公传说中找到。河上公将他的注本授于汉文帝,就特别强调"勿示非其人"。

守一

第三章注释中提到的诸如"无为""清静""返自然"等概念由此便有了更为具体的含义。在河上公注中,这些概念被归于"守一"这一总题之下。在《老子》本身中,"抱一"这一表达被使用了两次(第十、二十二章);但河上公更喜欢用"守"这个词来表达"守住"已经"抱得"之物的重要性。换言之,无论在政治上还是在内在生命方面,理想的治道都取决于统治者获得与维持"一"的能力,以及防止有害影响的能力。

《老子》第三十七章开篇云:"道常无为。"河上公注似乎只是复述其意:"道以无为为常也。"将"为"与其对立面"无为"并置非常有意思,而且这也意味着一种应当遵循的"为"的做法。第三十七章其余部分提供了"无为"之术的总貌。虽未提及"守一"一词,但它以德之力量来描述道:

经文	注释
……而无不为。侯王若能守之,万物将自化。	言侯王若能守道,万物将自化效于己也。①

---

① "Model themselves (after them)"也可以在"model after themselves"的意义上解释,后者强调了自我转化的思想。"效"的基本意义是"效仿"或"追随",其他两个版本用了变体"効",它在同样的意义之外还有"效力"之义,例如,如果统治者能够守道,万物能够按照他来转化自己,并为他效力。

化而欲作,吾将镇之以无名之朴。	吾,身也。无明之朴,道德也。万物已化效于己也。复欲作巧伪者,侯王当身镇抚以道德也。
无名之朴,夫亦将无欲。不欲以静。	言侯王镇抚以道德,民亦将不欲,故当以清静导化之也。
天下将自定。	能如是者,天下将自正定也。

这里的"吾"被等同于统治者,或者更直接地等同于"我"甚至"身体"。治道问题的根本在于欲望。此外,对这一的问题解决有赖于统治者之清静和以道之德感化百姓。如前所述,"德"的概念等同于"一",即道之"精",是否达到它取决于气之充盈。在相近的释义之下,一个强烈的实践关切浮现出来:河上公注的问题不在于实然如何,而在于统治者应当怎样做才能实现"太和"之治,以及实现不朽之道本身。

神性之身

身体是一个微观宇宙,它反映天地。现在必须更仔细地考察这个概念。第六章注最清晰地呈现了河上公对于人"身"的理解(前面引用了第一部分)。此章注可以说在整本河上公注中最为难解:

| 经文 | 注释 |
| 谷神不死, | 谷,养也。人能养神则不死也。神,谓五脏之神也……五藏尽伤,则五神去矣。 |

是谓玄牝。	言不死之道,①在于玄牝。玄,天也,于人为鼻。牝,地也,于人为口。天食人以五气,②从鼻入藏于心。五气轻微,为精、神、聪、明、音声五性。③ 其鬼曰魂,④魂者雄也,主出入于人鼻,与天通,故鼻为玄也。地食人以五味,⑤从口入藏于胃。五味⑥浊辱,为形、骸、骨、肉、血、脉六情。⑦ 其鬼曰魄,魄者雌也,主

---

①"有"作"道",这显然是讹误,见郑成海,《校理》,第40页。

②"五气"有许多理解,它们也关联于五个基本方位点。据郑玄,肺之气"热",而肾气"寒";其余列于期间。转引自郑成海,《疏证》,第51—52页。

③"五性"也可指五音;例如,调整"声音"。作为五脏之"性",它们所指仍多有不同。在一个传统中,肝"静"而心"燥"。

④"鬼"最准确译为"ghost"。据余英时,"魂魄"与"鬼"的对应,和一般"魂"-"神"、"魄"-"鬼"的对应相反。河上公注反映出了流行的信念。见余英时,《中国古代死后世界观的演变》,第18页。

⑤"五味"是酸、苦、辣、咸、甜,分别对应于脾、肝、肾、肺、心。

⑥在其他四个版本中,"性"作"味",与前句一致,见郑成海,《校理》,第41页。

⑦从汉代起,"六情"等同于喜、怒、哀、乐、爱、恶。有意思的是,王弼只说"五情"。金春峰指出,服务于政治的数理上的考虑,是这种变化的原因。因此金春峰认为,"六情"的运用证实了河上公注出于汉代早期。见他的《也谈老子河上公章句之时代及其与抱朴子之关系》,载于他的《汉代思想史》(北京,1987),第671页,这篇论文第一次出现于《中国哲学》,9(1983)。

	出入于人口,与地通,① 故口为牝也。
玄牝之门,是谓天地根。	根,元也。言鼻口之门,是乃通天地之元气所从往来也。
绵绵若存,	鼻口呼噏喘息,当绵绵微妙,若可存,复若无有。②
用之不勤。	用气当宽舒,不当急疾勤劳也。

141　　我不想假装知道《老子》在这里的目的是什么,河上公注通过将本章中的关键术语与"神性"之身的元素相等同,使本章能够得以理解。"神""玄牝""门""根"在宇宙及其身体内在对应中都有一席之地。就我们的目的而言,"五性"与"六情"的确切对应,不如衔接宏观世界与微观世界的直接**通道**来得重要。如果这一通道没能守住,灵魂将离开身体而导致死亡。另一方面,如果通道被牢牢守住而精神得到了恰当滋养,所有官能的和谐发用将得到保证。正如第六章所说,其结果是"不死"。河上公注中的"身"一词正是在这个意义上使用。此外,当这一切完成之后,栖居体内的"神"的力量将以"德"的形式表现自身,从而改变万物。在这个意义上,第三章注将"抱一"与"守五神"等同,这就是"守一"(第二十、二十二、二十

---

① 《四部丛刊》有"与天地通";"天"打乱了对仗的对称,基于其他七个版本将其删去。见郑成海,《校理》,第41页。

② 姑且将此句如此翻译,最后一个从句的意思并不全然清楚。参见叶乃度,第22页。

七、八十一章)、"若一"(第三十二、四十五章)、"专一"(第五十五章)等词的含义。

为了达到"守五神",人们必须确保居所精美以吸引诸"神"乐意栖居其间。在这方面,河上公具体的想象是非常清楚的。河上公如此解释"天地之间"(第五章):

> 天地之间空虚,和气流行,故万物自生。人能除情欲,节滋味,清五脏,则神明居之也。

因此五脏的健康取决于对欲望的抑制。对何种欲望呢?第十二章讲得很清楚:

经文	注释
五色令人目盲。	贪淫好色,则伤精失明也。
五音令人耳聋。	好听五音,则和气去心,不能听无声之声。
五味令人口爽。	爽,亡也。人嗜于五味于口,则口亡,言失于道也。

"五色"现在与欲望关联起来,尤其是性欲。河上公还提出了更为具体的建议:统治者应该远离其后妃之燕居(第二十六章)。性放纵是有害的,因为它会导致"精"之失,正如我们刚才所见,它在第六章被界定为"魂"与"五气"。一般说来,"精"指的是"气"最为纯净与精妙的状态,但在这里,与它的强

大力量相应,也可以更具体指精液。因此,为了保持"和气",人们应该避免任何荒淫无度。这就是"无为"之义。在河上公看来,"无为"就是"情欲断绝"(第四十八章)。

在所有对身体有害的诸种欲望中,河上公特别指出性放纵与贪财(第九、十、二十二、二十六、二十九、三十六、四十一、四十四、四十六、五十九、七十二章)。归根结底,对节欲的强调乃是效法道之虚。《老子》第十一章从"三十辐共一毂"这一事实起笔。河上公注一开始也同样具体地解释说,古时车轮有三十根辐条,以合农历之月数。接着注释转移到主题:

治身者当除情去欲,使五藏空虚,神乃归之。治国者寡,能总众;弱,共使强也。

被车轮包围的空虚之处由此给统治者传达了如何治国治身的信息。

143 治身之方

除了对节欲的一般强调之外,很难更确切地讲清楚如何守"一"。第六章最后两部分似乎意味着,某些形式的呼吸练习可能会涉及到守"一"之方。第十章注也指向了这一结论。《老子》第十章提出一系列问题。"载营魄抱一,能无离乎?"对于这第一个问题,河上公注详论何为魂魄,酒精和美食如何伤害它们所在的肝肺,以及魂静魄安如何能够实现长寿。接下来是对"一"的长篇讨论,前文已经引用过了。进而:

经文	注释
专气致柔,	专守精气使不乱,则形体能应之而柔顺。
能婴儿乎?	能如婴儿内无思虑,外无政事,则精神不去也。
涤除玄览,	当洗其心,使洁净也。心居玄冥之处,览知万事,故谓之玄览也。
能无疵乎?	不淫邪也。净能无疵病乎?①
爱民治国,	爱治身者,爱气则身全;治国者,爱民则国安。
能无为乎?	治身者呼吸精气,无令耳闻;治国者,布施惠德,无令下知也。

对这两种治理形式的详细描述很好地表达了河上公的伦理理想与政治理想。本章注释的其余部分重复了人的鼻子在与天沟通中的重要性。"天门"的开阖等同于北极星,它被解释为气息与呼吸的接替。这里想讲的是怎样的冥想技巧呢?

这让人想起《庄子·缮性》中的著名段落:

吹呴呼吸,吐故纳新,熊经鸟申,为寿而已矣,此道引

---

①其他八个版本不见此句,读起来像后世的疏。见郑成海,《校理》,第60页。

之士,养形之人,彭祖寿考者之所好也。①

如前所述,从马王堆的出土文献来看,对动物运动的效仿在汉代很常见。这些练习旨在"导引""精气",从而使它们在全身自由流通。这可能是河上公冥想养生法的一部分,尽管在注释中没有提到任何形式的体育锻炼。同样的方法也被运用于饮食实践之上,因为保持五脏的洁净虚空很重要。但应该注意的是,河上公并没有规定完全不食"五谷"。虽然这种方法在汉代很流行,并成为后来道家"守一"之法的一个重要方面,但它与河上公对自然馈赠的感激正相反对。诚然,注释中的确提到了节欲和去欲,但总体上看,其矛头所向往往是有害的放纵与过度的欲望。就此而言,如果饮食实践构成了河上公程式的一部分,那么它可能更接近于《太平经》的内容。正如康德谟所指出的,一般而言"该书(《太平经》)建议人们饮食适度",在实际操作中其意义或被理解为"一天一餐"。② 因为控制饮食的理

---

①《庄子》(《四部备要》),6.1a,华兹生译,*The Complete Works of Chuang-tzu* (New York: Columbia University Press, 1968),第167—168页,多有改动。参见吴文雪对汉代流行的诸多修身技术的讨论,载于他的 *Divination, Magie, et Politique dans la Chine Ancienne* (Paris, 1976),附录。

②康德谟,"The Ideology of the T'ai-p'ing Ching",载于 *Facets of Taoism*,尉迟酣和石秀娜编,New Haven: Yale University Press, 1979,第42页。《太平经》是最早的,也是最重要的道教经文。"守一"这个词也见于其中。尽管此处的讨论所包含的细节不在河上公注中,似乎清楚的是,《太平经》对"守一"实践的理解大致相同,即关联于治身与治道,并集中于"气"上。见王明编,《太平经合校》(北京:中华书局,1979),第16,409—422,728,739—743页。参见康德谟,第41—42页,其中没有讲到政

论辩护在于保持五脏的纯净,所以不难看出为何后来"守一"的支持者会采取更多的举措,来将"五谷"等同为修行者必须警惕防范的有害影响之一。① 不过,这一发展并非我们在此关

治维度。但是,在这些笼统观察之外,很难再将河上公注与《太平经》联系起来。虽然在传统上《太平经》可追溯至汉代,但通行的版本经过了数番编辑。因此通行文本也提到了更接近于后世道家实践修身方法。例如,文本某处提到"上士"为"不食有形而食气",见王明编,《太平经合校》,第 90 页,以及贺碧来,*Méditation taoiste*(Paris, 1979),第 100—102 页,其中讨论了一些更为具体的冥想技术。关于《太平经》的一般研究,见王明,《论太平经的思想》,载于他的《道家和道教思想研究》(北京,1984),第 108—138 页,以及金春峰,《汉代思想史》(1987),第 526—528 页。众所周知,"不食五谷"的实践在《庄子》中就已提到过(第一章;华兹生译,*Complete Works*,第 33 页)。但这不意味着早年间所有方家只能遵循一种修身之术。因此,在葛洪的《抱朴子》(第十八章)中,我们还能读到"守一"之术与其他一道有赖于"少欲约食"之方。见王明编,《抱朴子内篇校释》(北京,1980),第 297 页。

① 关于道家的"守一",特别参见下列文献:Poul Andersen, *The Method of Holding the Three Ones: A Taoist Manual of Meditation of the Fourth Century A. D.* (London: Curzon Press, 1980);贺碧来,*Méditation taoiste*,第四章;K. Schipper, *Le corps taoiste* (Paris, 1982),第八章;以及特别是孔丽维(Livia Kohn),"Guarding the One: Concentrative Meditation in Taoism",载于 *Taoist Meditation and Longevity Techniques*,孔丽维编,与 Yoshinobu Sakade 合作 (Ann Arbor: Center for Chinese Studies, University of Michigan, 1989),第 125—158 页。在这个极好的文集中,还有两篇论文与当前讨论相关:H. Ishida, "Body and Mind: The Chinese Perspective",第 41—71 页;以及戴思博(Catherine Despeux), "Gymnastics: The Ancient Tradition",第 225—261 页。关于不食"五谷"的实践,戴思博解释道:"这必须被理解为泛指当时人们的日常饮食……这些文本非常清晰地指出,节制

注的问题。回到上面引用的《庄子》文本,似乎它所提到的呼吸练习并没有比河上公注本身提供更多的东西。我们在这里可以看到的是,河上公注与方士传统密切相关,而方士专长于这些技术,并成为黄老学派的重要组成部分。

我们已经看到,第十二章的注释提到了沉溺于五音的危害,它显然会导致"和气"之失,从而无法听到"无声之声"。后者要从呼吸练习的角度来解释。第十章注指出,呼吸之术在于"无令耳闻"。这是河上公注中最接近于解释冥想技巧的地方。在第十五、三十三和第五十二章中,它被更一般地描述为"反听"与"内视"之术。其中第一段写道:

经文	注释
古之善为士者,微妙玄通,	谓得道之君也。玄,天也。言其志节玄妙,精与天通也。
深不可识。	道德深远,不可识知,内视若盲,反听若聋,莫知所长。①

突然引入"内视"与"反听"着实令人费解。或许它们只是一般

(谷物)并不是完全禁食,毋宁是用更精细的食物来代替日常食物。精细的食物通常是含有蔬菜或矿物成分的药物或混合物。"(第247—248页)参见 Schooner, *Le corps Taoist*,第216—221页,这部分也致力于这一主题。这和其他相关的实践也联系于这一观念,人体内有着有害的精神,它喜于馥郁之食,并且会导致疾病,若要抵抗它,必须要"守一"。

①参见叶乃度,第35页。最后一句意义不确。

操作,或者它们可能仅仅是用于指称冥想的一般术语,以区别于其他"外向"活动。它们也出现在第三十三章注的第二部分,放在"自知"的语境中加以讨论:

经文	注释
知人者智,	能知人好恶,是为智。
自知者明。	人能自知贤与不肖,是为反听无声,内视无形,故为明也。

在第十五章与第三十三章中,"内视"与"反听"始终与抑制欲望、保持虚空与实现长生的可能性联系在一起。例如,《老子》第三十三章最后一句话令人困惑:"死而不亡者寿。"河上公从治身的伦理角度加以解释:"目不妄视,耳不妄听,口不妄言,则无怨恶于天下,故长寿。"下一章将把它与王弼注做比较。

最后,第五十二章注也提到"内视",它以对"一"的描述起笔。正如我们所见,"已知一,当复守道反无为也"。《老子》继续描述所谓"常"之实践,包括"用其光,复归其明,无遗身殃"。对此,河上公注曰:

> 用其目光于外,视时世之利害。复当返其光明于内,无使精神泄也。内视存神。①

---

① 参见叶乃度,第93页。有些版本强调"精神"绝不可泄于"外",这使得意义更加完整。见郑成海,《校理》,第319页。

因此,"内视"的外部对应也是相当重要的,它使得统治者能够辨别任何情况的利害并加以权衡。

我们无法重构"内视"与"反听"之术的精确本性。这些表达在早期文献中很罕见。在《史记》中仅出现过一次,且仅仅被解释为"聪"与"明"。① 其基本技巧似乎包括均匀的深呼吸、专注于呼吸的接替,在此过程中,人们可以观想内在的宇宙并聆听灵魂的运动。这类似于《庄子》所谓的"心斋":

> 无听之以耳而听之以心,无听之以心而听之以气……虚者,心斋也。②

---

① 《史记》(《四部备要》),68.5a,商鞅传。在语境中更为明确,它们用在这里表明一般意义上自知与谦逊的重要性,例如,不要"炫耀"所见所闻。《淮南子》(《四部备要》,16.1a)中也用到了"内视",意为达到无形之道,但在河上公注中,这个词悬而未解。参见《晋书》,75:1988。

② 《庄子》,第四章(《四部备要》),2.7a。参见华兹生译, Complete Works,第57—58页;葛瑞汉译, Chuang-tzu: The Seven Inner Chapters (London: George Allen and Unwin, 1981),第68页。再次重申,后代对于冥想技艺的发展常归于"内观"之名下,这是重要的,但它与目前的讨论并不直接相关。关于成熟的道家实践,特别见孔丽维,"Taoist Insight Meditation: The Tang Practice of *Neiguan*",载于 *Taoist Meditation and Longevity Techniques*,第193—224页。需要强调的是,对"内观"等词的使用,并不意味着河上公注因此必须追溯到东汉时期。在同一章中,《庄子》继续讲到"夫徇耳目内通……鬼神将来舍(if the ears and eyes could be directed to penetrate inwardly...then even ghosts and spirits will come to dwell [in you])"。这是否包含一个特定的方法,仍是不清楚的。清楚的是,冥想技艺的发展有着漫长的历史;这里表明河上公注与这一历史的早期阶段靠得很近。

河上公无疑会认同,唯有虚心无欲,才能最终守住"一"。

无为之政

到目前为止,我们的注意力都集中在对"一"的个人追求之上。但正如个体的良好生活取决于虚空与宁静,治国之理亦然。《老子》第六十章半开玩笑地说:"治大国若烹小鲜。"河上公注别具一格地从对这一具体问题的解释起笔,即如果人们想要保全整条鱼,为什么不能去掉鱼肠与鱼鳞,接着讲到要点:"治国烦则下乱,治身烦则精散。"

这确实为河上公注中对统治者的实践建议做了总结。"乱"的意思是困惑、无序与叛乱,它象征着河上公的世界中最大的政治之恶。"乱"与"散"的配对也很有意思。在我看来,二者并置背后的意象,是战争与饥荒中百姓"离散"之景。东汉末年,战争与饥荒都极为猖獗。①

治理切不可"烦",这是河上公注中反复出现的主题。河

---

① 关于汉家天下将覆灭时爆发的诸多叛乱,一般研究见吕思勉,《秦汉史》(再版,香港:太平书局,1962),1:334—343。据 Howard Levy,洪灾、干旱与时疫引发的无尽痛苦,记载于公元 173,175,176,177,179,182,183 年的正史之中,引发了公元 184 年的黄巾之乱。见雷斐氏(Howard S. Levy),"Yellow Turban Religion and Rebellion at the End of Han",载于 *Journal of the American Oriental Society*, 76, 4 (1956):219。顺带一提,施舟人(*Le corps taoiste*,第 219 页)和戴思博("Gymnastics",第 248 页)都指出,"不食五谷"的实践在经济困难与灾荒之时殊为常见。换言之,"宗教"实践的社会-政治背景不应被忽视。

上公注具体描述了无为之治。如《老子》第四十八章:"取天下常以无事,及其有事,不足以取天下。"河上公将征服之义转化为一种治理理论:

> 取,治也。治天下当以无事,不当以劳烦也。及其好有事,则政教烦,民不安,故不足以治天下也。①

如果身体不沉溺于放纵,那么它将实现长寿。同样地,如果人们不被劳烦,那就意味着治道得以长久。

在《老子》中,"无事"一词可以与"无为"替换使用。"无事"也见于第六十三章。在这里,河上公注引入了一个非常重要但易于被忽视的条件。"事无事"被理解为"预有备,除烦省事也"。这里的"备"包含着什么呢?什么样的政治会使百姓"烦"呢?

先来回答第二个问题。在河上公看来,战争是尤其要避免的(第三十、三十一、四十六、五十、五十七、六十八、六十九章)。一般说来,《老子》不主张使用武力,但它的确偶尔也会讨论战争之术。最能说明问题的例子是第六十九章,它以引用兵家之言起笔。关于老子对兵家的引用,河上公解释道:"陈用兵之道。老子疾时用兵,故托己设其义也。"这个免

---

① 参见叶乃度,第 88 页。第一部分的意义也可被译为,统治者不应该"劳烦"他自己,其中强调了治身与治道之间的并列关系。"烦"的行为更像是直接指向百姓,特别是在某个日本版中有一个额外的"民"字。见郑成海,《校理》,第 297 页。

责声明意味着,《老子》之所以讨论战争之术,唯一目的只是使之挫败。因此,注释得以阐述这一章的其余部分,而不用担心陷入矛盾。

战争破坏了"一"之统一所象征的和谐。这不仅仅是人的问题,还涉及来自宇宙的直接之"应"。就战争而言,河上公写道:"天应之以恶气,即害五谷,尽伤人也。"(第三十章)同样的逻辑也适用于其他"烦劳"的政策。重要的是,统治者对百姓之疾苦有直接责任。例如,第七十五章解释了百姓遭受饥寒的原因:

经文	注释
民之饥,以其上食税之多,	人民所以饥寒者,以其君上税食下太多。①
是以饥。	民皆化上为贪,叛道违德,故饥。②

除了明确地将"上"与统治者等同起来,后半部分还引出了"应"。整部河上公注都预设了"应"。在这里,选用动词"叛"与"违"表明恶治的灾难性后果。正如河上公注接着讲道,百姓之所以难以治理,是由于统治者之纵欲而使他们变得虚伪。

---

①按其他九种版本,"饥寒"代替"饥甚"。见郑成海,《校理》,第443页。
②第一句中助词"矣"作"贪","矣"在这一语境中无意义。其他12个版本都作"贪"。见郑成海,同上。

过度的刑罚也会扰乱宇宙的平衡。《老子》第七十四章问道:"民不畏死,奈何以死惧之?"河上公再一次将其与治身及治国联系起来:

> 治国者刑罚酷深,民不聊生,故不畏死也。治身者嗜欲伤神,贪财杀身,民不知畏之也。人君不宽刑罚,教民去情欲,奈何设刑法以死惧之?

这是河上公之"烦"政最好的例子。然而需要注意,注释并不主张完全取消刑罚制度。与"一"之和谐相对立的是过度的刑罚,但统治者必须有所"备"。《老子》第七十四章继续写道:

> 若使民常畏死,而为奇者,吾得执而杀之,孰敢?常有司杀者杀。夫代司杀者杀,是谓代大匠斫;夫代大匠斫者,希有不伤其手矣。①

第一句是含混的。"孰敢"既可以理解为"谁敢执而杀之",也可以理解为"谁敢犯法"。② 尽管本章整体上倾向于支持第一种理解,但河上公却遵循了第二种理解:

---

① 译文引自陈荣捷,*The Way of Lao Tzu*,第 230 页。
② 例如,在刘殿爵的翻译中,第一句译为:"Were the people always afraid of death, and were I able to arrest and put to death those who innovate, then who would dare?"刘殿爵,*Lao Tzu Tao Te Ching*,第 136 页。关于这一问题,译者意见各占一半。例如阿瑟·韦利赞同陈荣捷,理雅各也写道:"Who would dare to do wrong?"

> 当除己之所残克,教民去利欲也。以道教化而民不从,反为奇巧,乃应王法执而杀之,谁敢有犯者?老子伤时王不先道德化之,而先刑罚也。

因此,理想统治者是果决而令人敬畏的,尽管他以"无为"而治。我认为这种有"备"状态,本质上与上一章所讨论的"刑名"概念是一致的。

第七十四章注的其余部分进一步描述了这种治理模式的宇宙论根源。"司杀者"被明确等同为恒常之"天道","犹春生夏长,秋收冬藏,斗杓运移,以节度行之"。通过效法宇宙,认识到万物皆有规律且各有其位,统治者可以真正地与民休息。理想的统治者有其备,因为他意识到,"祸患未有形兆时"非常脆弱,可以被迅速制止。因此,"治身治国于未乱之时,当豫闭其门也"(第六十四章)。"门"闭上了,"一"便守住了。

道之家

统治之术从来不是随意的。"无为"与"自然"等概念的前提是,治道有着明确的程式。将其描述为一种"养"的形式最为贴切。正如我们所见,道本身像"母",通过其"精"来化育万物并呵护它们以致成熟(第一、二十五、五十一章)。河上公当然不会忽视这其中的伦理与政治意涵:"道之于万物,非但生而已,乃复长养、成孰、覆育,全其性命。人君治国治身,亦**当如是也**。"(第五十一章,黑体系笔者所加)在河上公注中,理想父母由圣人的形象来代表。我们很快就会看到,为什么"当"在这一语境中至关重要。

从河上公对《老子》著名的"三宝"的解释中,可以看到父母之爱这一主题的重要性。《老子》第六十七章:"我有三宝,持而保之。一曰慈……"虽然"慈"常被用于父母对子女的爱,但大多数英译者倾向于更广义的理解。① 但是,河上公明确将"慈"等同于"爱百姓若赤子",因为在他对道的理解中,圣人正是能够爱其"子",并能够得到爱的报答。

正如《老子》本身所论,圣人能够处在百姓之前引领他们而不担心百姓会伤害他(第六十六章)。在河上公看来,这是因为"圣人在民前,不以光明蔽后。民亲之若父母,无有欲害之心也"②。注释继续论述圣人与民的关系,认为圣人之爱是深厚的,他"视民如赤子"。这是《老子》说"是以天下乐推而不厌"的原因。

这为统治者提供了一个可以效法的典范。圣人以身教的方式进行教化,这就是河上公对老子"无言之教"思想的解释(第二、三十四、四十三章)。这种教化就是我们已经描述过的"守一"之方。例如,第三十五章注释是这样总结的:

---

① 见陈荣捷,*The Way of Lao Tzu*,第 220 页,注③。"deep love"这个词也是陈荣捷的翻译。

②《老子》这一段的意思似乎是圣人"位于百姓之前,百姓不受伤害",其中注释最后一句应该变为"圣人没有任何伤害百姓的想法"。参见叶乃度,第 115 页,其中采取了这种解读。

经文	注释
执大象,天下往。	执,守也。象,道也。圣人守大道,则天下万民移心归往之也。治身则天降神明,往来于己也。
往而不害,安平太。	万民归往而不伤害,则国家安宁而致太平矣。治身不害神明,则身安而大寿也。

"大寿"与"太平"是两件礼物,或更确切地说,是圣人能赠予世界的一件礼物的两个方面。圣人能够做到这一点有两个原因。首先,他无所不知;其次,他是受庇佑的。

正是由于他渊博的知识,圣人才能够成为典范。《老子》第二十二章:"是以圣人抱一为天下式。"河上公揭示出圣人知识力量的重要性:"抱,守也。式,法也。圣人守一,乃知万事,故能为天下法式也。"圣人如何知道所有的事? 同一章讲"不自见①,故明",河上公注:

圣人不以其目视千里之外也,乃因天下之目以视,故能明达也。

这是否意味着,圣人的知识依赖于他者? 恰恰相反,圣人的知

---

① "自见"一词,字面翻译为"self-seeing"。它也出现在第二十四章中。据河上公,它指的是那些看他们自己并认为自己好看的人,以及那些看自己的行为并相信它合乎道之学说的人。参见叶乃度,第51页。

识建立在自知的基础之上,而自知产生于"天道"与"人道"相同一的基本认识。圣人之所以能够"不出户知天下",是因为他能够将己身之知延伸到其他现象上。圣人如何能够"不窥牖见天道"(第四十七章)?河上公释曰:

> 天道与人道同,天人①相通,精气相贯。人君清净,天气自正,人君多欲,天气烦浊。吉凶利害,皆由于己。

这也很好地总结了前面讨论的治身与治国的相互关联。

这种知识不能与巧计或俗智相混淆,后两者在河上公注中被反复抨击(如第十九、二十、四十八、六十四章)。以强调礼节与其他传统美德为典型的俗智,实际上是导致治道之"烦"的因素之一。在这方面,第六十五章注非常重要:

经文	注释
古之善为道者,	说古之善以道治身及治国者。
非以明民,	不以道教民明智巧诈也。
将以愚之,	将以道德教民,使质朴不诈伪。
民之难治,以其智多。	民之所以难治者,以其智多而为巧伪。

---

①第四十七章。"大"释作"天",见郑成海,《校理》,第292页。

故以智治国,国之贼。	使智慧之人治国之政事,必远道德,妄作威福,为国之贼也。
不以智治国,国之福。	不使智慧之人治国之政事,则民守正直,不为邪饰。上下相亲,君臣同力,故为国之福也。①

对比是非常明显的。在本章后面,圣人的特殊知识被称为"不智",并且等同于"治身治国之法式"。拥有这种知识,便是河上公所说的"与天同德"(第六十五章)。

第六十五章的注释也指出了君臣之间颇为有意思的关系。最后两部分主题的微妙变化向我们透露了其中奥秘。圣人指出,统治者绝不能允许大臣们滥用权力。诚然,如果脱离上下文,人们可能将其错认为法家之言。如果统治者要成为百姓的父母,那么国家的大臣仅仅是家庭的仆人。更确切地说,考虑到中国传统的家庭环境,大臣或官员仅仅是"保姆",他们绝不被允许将他们自己之道强加于"孩子"身上,也绝不能取代真正的父母。正如我们所见,虽然主人爱其家并不加烦扰,但如果需要做出快速而坚定的回应,主人总是已有所准备。

圣人的特殊知识可以总结为一个词:"应"。圣人认识到"天地"之间的准确对应统治着宇宙,并因此圣人能够遵循"一"之道。任何有关自我修养与治道的技术,与这种根本洞

---

① 一些小的校正,见郑成海,《校理》,第393—396页。参见叶乃度,第113—114页。《十六经》(《马王堆汉墓帛书》,第72页)中用"守一"这个词,正是用来形容圣人的特殊知识。

见相比就显得次要了。《老子》第七章:"天长地久。"河上公注断然言曰:"说天地长生久寿,以喻教人也。"这是河上公的预设。如果能够认识到天道,那么长寿与太平之治就自然会接踵而至。河上公注的基础,乃是一种玄远的观念论,它以圣人的特殊知识为中介。

矛盾的是,天地之所以永恒,是因为它们从不追求永恒;它们恒常运转,从不被任何自我保护的思想所驱使。第七章继续写道:

经文	注释
天地所以能长且久者,以其不自生。	天地所以独长且久者,以其安静,施不求报。①

这将一个重要的因素引入对圣人之教的讨论中。即使是在追求长生的过程中,圣人也不会在私利的驱动下应于道。在河上公看来,正是在这个意义上,《老子》说:"爱以身为天下,若可托天下。"②注释写道:

言人君能爱其身,非为己也,乃欲为万民之父母。以此得为天下主者。

---

①依其他六种版本,"荣"作"求",《校理》,第44页。
②第十三章。陈荣捷译,The Way of Lao Tzu,第122页,译文有改动。这一句有很多变体,见陈荣捷,第123页,注⑤,以及蒋锡昌,《老子校诂》,第71—75页。大意不受影响。

正如第五十一章注中所提到的"当"一样,这里运用的语言也很有意思,稍后将对其加以解释。不期待任何回报,这是河上公注中反复出现的主题,它既适用于道之施为(第二、十、五十一章),也适用于圣人之为(第四十九、七十七章)。例如在第四十九章中,河上公写道:"圣人爱念百姓如婴孩赤子,长养之而不责望其报。"

第七章注当然也进一步解释了为什么圣人能够在不杂私利的情况下完善自己。道之家的主题再次进入了河上公讨论的前景之中:

经文	注释
外其身,而身存。	薄己而厚人也。百姓爱之如父母,神明佑之若赤子,故身常存。

道之家是生长着的。正如百姓像圣人之子一样,后者也可以说是受到父母在天之庇佑。河上公的世界以微观宇宙与宏观宇宙的对应为特征,它在本质上是有着层级结构的。

这里有两个问题需要进一步讨论。圣人在什么意义上受天之"佑"？其次,统治者与圣人之间是什么样的关系？质言之,在河上公那里,圣人甚至高于统治者,他注定是被庇佑的。

我们在很多地方已经看到,所有存在者都由道所生。《老子》第一章称之为"玄"。我们也已看到,河上公如何用"玄"指"天",以及万物的生成是如何以"一"(即道之子)与"精气"之冲为中介。然而,《老子》更进一步指出,有比"玄"者更玄的东

西。关于"玄之又玄"这一名句,河上公注曰:

> 天中复有天也。禀气有厚薄,得中和滋液,则生贤圣。得错乱污辱,则生贪淫也。

换言之,一个人要么生而为圣,要么根本不是圣人。贺碧来指出,河上公在这里只是接受了汉初一个一般信念。①

这就将圣人与连同帝王在内的其他所有人区别开来了。正如《老子》所说,只有圣人能够"复归于无极"(第二十八章)。在河上公的理解中,这意味着圣人是长生的,他的"身"能够复归无极。更为明确的是,从老子对人之大患若身的观察中,河上公惊呼道:"使吾无有身体,得道自然,轻举升云,出入无间,与道通神,当有何患?"(第十五章注)很难确定如何从字面上来理解它,"身体"的具体描述可能暗示着超乎诗意驰骋的信仰因素。然而有一点是清楚的,那就是圣人甚至超越了皇权之"家"。我们不应忘记,河上公传说中也描述了圣人如何腾而升天,并向皇帝展露他的真实身份。

《老子》第五十六章讲到,圣人为天下所贵。就像在传说中河上公责备汉文帝起初的高傲自大,也一如安丘先生拒绝为汉成帝所用,河上公注解释道:"其德如此! 天子不得臣,诸侯不得屈。"若要完善我们的比喻,那么圣人便是家中贵客,他关

---

① 贺碧来,*Les Commentaires du Tao To King*,第31—32页。关于这个论题的一般讨论,亦见于许倬云的简要分析,"The Concept of Predetermination and Fate in the Han",载于 *Early China*, 1 (1975): 51—56。

于"养"的特殊知识对统治者而言不可或缺。

这就是河上公为什么如此谨慎地说到,圣人不仅"当"(第五十一章)成为百姓的父母,而且也"欲"如此。没有圣人,统治者只是一个监工。然而,这并不意味着统治者就和百姓一样。这是一个程度的问题,在河上公的宇宙中,无物不合于"一"之秩序。在这一点上,第五十七章注讲得非常清楚:

经文	注释
以正治国。	……天使正身之人,使有国也。
以奇用兵。	……天使诈伪之人,使用兵也。
以无事取天下。	以无事无为之人,使取天下为之主。

从道之家中找到自己的位置是非常重要的,而圣人正是能够揭示最为玄远的秘密的人。如果统治者俯身遵从圣人之教,那么后者之庇佑甚至可以传递给他。《老子》第五十五章:"含德之厚,比于赤子。"河上公将这句话带回道之家:"神明保佑含德之人,若父母之于赤子也。"当然,含德只是守"一",即守道之精的另一种说法。归根结底,与王弼一样,河上公的学说也基根于"道-家"见解。

Chapter five
Wang Pi and Ho-shang Kung Compared

第五章
王弼与河上公对勘

我将王弼与河上公所呈现的《老子》描述为"道-家"见解,以此显示尽管存在重大差异,但是两者有着共同基础。这使得两种注释的对勘变得更为复杂。它也向我们提出这样一个问题:应当如何解释这些差异?我的看法是,对勘王弼与河上公不仅必须考虑到他们对《老子》的解释,还必须考虑到他们不同的诠释取向。

分歧点:"哲学"与"宗教"?

首先应当将具体的差异确立下来,这种差异指出两种注释的独特性。例如,《老子》第一章总结说:"此两者同出而异名。"问题在于,"此两者"是什么呢:

王弼

两者,始与母也。同出者,同出于玄也。异名,所施不可同也。①

河上公

两者,谓有欲无欲也。同出者,同出人心也。而异名者,所名各异也。名无欲者长存,名有欲者亡身也。

---

①有些版本以"无"代替"母",见林振述译,*Translation of Tao Te Ching and Wang Pi's Cornmentary*,第4页,注②。"始"与"母"是第一章另外两个关键概念。

如我们所见，对河上公而言，"玄"指的是天。但对王弼而言，"玄"意味着"冥也，默然无有也。始母之所出也。"

第六章中的"谷神"引发了河上公注对滋养五脏之神的长篇讨论，而王弼取"谷中央"之义，阐述了这一意象暗指的"无"的观念。第二十一章中，王弼将"孔"等同于其同音词"空"。然而，河上公用它意指"大"。这两种解释在字典上都可以找到。《老子》第二十九章以天下为"神器"，因此不应加以干涉：

王弼	河上公
神，无形无方也。器，合成也。无形以合，故谓之神器也。万物以自然为性，故可因而不可为也。	器，物也。人乃天下之神物也，神物好安静，不可以有为治。

《老子》第五十九章："治人事天莫若啬。""啬"有农夫之义。依王弼注，这意味着农夫在工作中遵循自然之道，就此而言治道与农夫的工作有类似之处。然而，河上公将"啬"一词理解为因"爱"某物而"惜"以用之："治国者当爱民财，不为奢泰。治身者当爱精气，不为放逸。"

这种例子比比皆是。之所以选录这些，是因为它们清楚地证明了两种注释的不同重点。同样重要的是，它们表明王弼与河上公都是谨慎的注者。对单字的诠释最能揭示这一点，因为没有一例是过于偏僻或完全无理的。不能说他们仅仅以《老子》为跳板,利用其权威兜售自己的思想。① 我们将在后文更清楚地看到,在这两种注释中,新思想仅仅是在旧思想的基础之上形成的。

王弼与河上公的见解是不同的。王弼强调"无"这一核心概念,这显然不见于河上公。在第一章与第六章的注释中,这种差异尤为明显。在这两章注中,河上公主要讲的都是神性之身与得长生之道。同样,上引第二十一章注也简洁地表明了王弼的核心洞见。

同样的差异也延伸到了关于道生万物的解释上。王弼的焦点可以称之为生成的逻辑,它从基本之数由"无"中生衍的方面加以解释。而河上公则讲述了由道之"冲气"形成宇宙之道(第四十二章);实际上,河上公注甚至没有提到"无"。第四十章结尾讲"天下万物生于有,有生于无",其注曰:

---

① 例如,见贺碧来,*Les Commentaires du Tao To King* (Paris, 1977),第6—7页。据贺碧来,中文注释"对于是否忠实于原文并没有非常系统化的关注。因为这些注释本就是一种名副其实的文学形式……一种特别适合思想家在其流派中展示他自己的思想、宣传自己的权威。这特别符合中国人的精神诉求(ne se soucient guère de fidélité et visent au système. Car le commentaire s'avère en fait une veritable forme littéraire... forme particulièrement apte à permettre à un penseur de presenter ses propres idées, ou celles de son école, en se reclamant de l'autorité d'un ancien, ce qui convenait tout spécialement aux exigences de l'esprit chinois)"。虽然认识到在中国思想史上注释之为文学形式的独特性很重要,而且它也比原文要多出来很多,但我们决不能走向另一个极端,而忽视它植根于文本的传统之中这个事实。

王弼	河上公
天下之物皆以有为生,有之所始,以无为本,将欲全有,必反于无也。	天地神明,蜎飞蠕动,皆从道生。道无形,故言生于无也。此言本胜于华,弱胜于强,谦虚胜盈满也。

相形之下,王弼在讨论"无"时举重若轻,河上公煞费苦心地解释"有"如何被"说成"是由无而生。

"理"的观念也是如此,它与"无"是正相关的。河上公注几乎未曾提及。仅举一例。《老子》第四十七章说,圣人"不出户,知天下;不窥牖,见天道"。王弼关心如何解释所以然,而河上公似乎对如何实现更感兴趣:

王弼	河上公
事有宗,而物有主……道有大常,理有大致,执古之道,可以御今。	圣人不出户以知天下者,以己身知人身,以己家知人家,所以见天下也。天道与人道同……人君清净,天气自正……吉凶利害,皆由于己。

在此例中,河上公将重点置于"己"上,而非与道并行的普遍之理,也非描绘道在宇宙之中的展现。

相反,王弼注根本不关心不朽的追求。自我的重要性固然无可否认,但正如我们所见,"无为"是存在的终极模式,"无欲"与"无私"则是王弼注的重要主题。但是,河上公注中殊为重要的内在宇宙仍然与王弼思想格格不入。

据《老子》第十六章,人们由归根而静并复于"命",这也被称为"常"。河上公分析的立足点,在于将"复命"理解为"不死";而王弼将前者等同于"得性命之常"。《老子》接着讲道,当"常"被认识到,人就与道相合而成为"不朽"。据王弼,这意味着人达至虚空之极,故而"不有极"。《老子》总结道,当人不朽时,它便"没身不殆"。王弼的解释谨慎地用了"无之为物"几个字来起笔。因此,正如《老子》似乎暗示的那样,能够不朽并免于危险的不是人。河上公的理解也显然如此,对王弼而言重要的是,任何事物得以持存的原因都系于"无"之概念。

然而,《老子》第三十三章也说:"死而不亡者寿。"①这难道不意味着《老子》至少关心如何达到长寿吗?毫无疑问,河上公会给出肯定的回答,但王弼的答复却大相径庭:

王弼	河上公
虽死,而以为生之道不亡;乃得全其寿。身没而道犹存,况身存而道不卒乎?	目不妄视,耳不妄听,口不妄言,则无怨恶于天下,故长寿。

---

① 关于相反的观点,亦见于叶乃度与德效骞(H. H. Dubs)之间有意思的对话,载于 *Asia Major*, New Series, 3(1952):156—159,159—161;4(1954):149—150。叶乃度总结道:"因此,'死而不亡'这个表达似乎指的是道家的修炼,它试图通过保存身体,在死后守住一种永恒的生命。"(第158页)德效骞回应道,这一表达的意思是"只有在名声与影响的不朽中,才会有真正的长生"(第160页)。

王弼注结尾处提出的问题非常有意思,因为它表明他意识到了老子之言的意涵。然而,永存这个谓词非道莫属,通过反问的方式,人之生命可否不朽的问题被轻轻抛在一边。《老子》也提及长寿的主题(第四十四、五十九章),或从反面说人背弃道就将"早已"(第五十五章),对此王弼都保持沉默。①

因此,在这一层面上,王弼注以对道的辩证理解为特征,它并没有处理微观世界与宏观世界之间精确的层级对应关系,而后者对于河上公来说极为重要。这也影响了他们的政治见解。前引第二十九章的例子在这方面很有启发。由于对天下之所以是"神器"的理解不同,对无为之治的解释也各异。对王弼而言,无为是因乎自然之进程,但对河上公而言,它包含着一个明确程式,其从治道的内外两方面进行设计。同样如前引第五十九章,王弼将统治者治国与农夫耕田作了类比,在此聚焦于"全其自然"的思想。另一方面,就河上公而言,爱民是效法于爱自身"精气"之术。

如我们在上章所见,在第七十四章注中,河上公展开了关于以过度刑罚"烦"民之危害的长篇讨论。然而与此同时,统治者必须有"备"于迅速而果决地处理混乱。第七十五章注转而对苛捐杂税进行长篇批判。尽管在文本分析中,篇幅通常并不是一个可靠的标准,但在此它暗示出王弼与河上公对老子政治洞见强调程度的不同。第七十四章与第七十五章共计约

---

①第五十五章的文本也见于第三十章,这使得马叙伦怀疑前者的真实性。见马叙伦,《老子校诂》,第 155 页。但是,王弼对第三十章的注也略过了长寿的问题,他说到暴力的人死得早。参见第七章与第五十章。

110个字。河上公注约350个字,而王弼注则只有55个字。①这并不是说王弼对政治不感兴趣,事实上我的观点恰恰相反。它所表明的是,与河上公相比,王弼较少关注具体政策或治理措施。

因为对王弼而言,统治术归根结底是"无为"与"自然"之事,所以圣人的形象被展现为理想统治者的典范。圣人虚其心之私欲,并在此意义上体道;他"崇本以息末"。通过"无私",圣人"行不言之教"(第二、十七、二十三、六十三章)。如果统治者认识到这一点,那么他不仅有权来统治,而且真正值得成为世界的主人。

王弼认为"无私"意味着"不考虑自己"(第七、七十七、八十一章),而河上公总是取其更普遍的含义,即不偏不倚或成为公正的统治者(第七、十六、十九章)。王弼只是简单地用"无言之教"这个表达,但不加任何解释,而河上公强调"身教"(第二、三十四、四十三章)。在河上公的世界中,圣人不仅仅是一个效法的典范,他同样也是统治者的老师。再次用我们的比喻来说,他肩负着在人世间建立道之家的使命。在这个意义上,因其有特殊知识,圣人**经由**统治者治理国家。在王弼注中,成圣的可能性仍然是敞开的,而河上公认为圣人已然为道所"佑"。圣人的形象对王弼而言是重要的,但以下观点很大程度上是河上公所独有的:圣人在宇宙中占有特殊地位,因为他

---

①应该注意到,据数个版本,王弼怀疑第七十五章的真伪:附在注释最后的是"I suspect that this was not written by Lao-tzu"。见 Hatano, *Rōshi dōtokukyō kenkyū*,第428页。

被赋予充盈之气的观点。

《老子》第二十七章将圣人描述为多才多艺的人,归根结底是救世主的形象:

1. 善行无辙迹,
2. 善言无瑕谪;
3. 善数不用筹策;
4. 善闭无关楗而不可开。
5. 善结无绳约而不可解。
6. 是以圣人常善救人;
7. 故无弃人。①

王弼注聚焦于一个中心思想上,而河上公注则煞费苦心地解释每一个非凡特长意味着什么:

王弼	河上公
1. 顺自然而行,不造不始,故物得至而无辙迹也。	1. 善行道者求之于身,不下堂,不出门,故无辙迹。
2. 顺物之性,不别不析,故无瑕谪可得其门也。	2. 善言谓择言而出之,则无瑕疵谪过于天下。

---

① 刘殿爵,*Lao Tzu*,第 84 页,以及陈荣捷,*The Way of Lao Tzu*,第 147 页,有改动。数字对应于注释。

3. 因物之数不假形也。	3. 善以道计事者,则守一不移,所计不多,则不用筹策而可知也。
4—5. 因物自然,不设不施,故不用关楗绳约而不可开解也。此五者皆言不造不施,因物之性,不以形制物也。	4. 善以道闭情欲、守精神者,不如门户有关楗可得开。 5. 善以道结事者,乃可结其心,不如绳索可得解也。
6—7. 圣人不立形名以检于物,不造进向以殊弃不肖,辅万物之自然而不为始,故曰无弃人也。不尚贤能,则民不争,不贵难得之货,则民不为盗,不见可欲,则民心不乱。常使民心无欲无惑,则无弃人矣。①	6. 圣人所以常教人忠孝者,欲以救人性命。 7. 使贵贱各得其所也。

在王弼对圣人"救世"事业的理解中,"自然"概念显然处于中心地位。但对河上公而言,重要之处在于解释圣人能够做什么与能够教什么。从圣人的角度来看,忠孝相较于至"一",无疑是次一级的美德,但在重建上古乌托邦社会的路上,它们能够有效地管理百姓。我们将看到,第二十七章也印证了引导这两篇注释的诠释观之差异。

---

①参见林振述,第49—50页;鲁姆堡和陈荣捷,第82—83页。

王弼对"无"的强调贯穿在他对《老子》的整体理解之中,因此,他的诠释经常被贴上"哲学的"标签。河上公强调内在宇宙与守"一"之道,因此,他的注释被认为是"宗教的"。这一区分并不一定就是偏颇的,因为上文详述的差异是真实且重要的。然而,这两者的共同基础同样重要。由此观之,"哲学"并不与"宗教"相对立,王弼与河上公的对勘必须考虑到,"哲学的"解释与"宗教的"解释都起源于以道为基础的见解。

共同基础

在我看来,王弼与河上公的动机无疑都是出于对国家良好生活的根本且实际的考虑。实际上,这不仅适用于这两种注释,而且也在很大程度上刻画出中国传统思想的整体特征。这两种注释都不是仅仅对道之本性做"纯粹"而思辨的论述,它们并非不受其时代的伦理政治问题的影响。归根到底,他们见解的核心是"道-家"乌托邦。

"道-家"乌托邦不仅根基于如何理解道,而且根基于如何理解古代。不管其意图是否在于论争,在向读者呈现《老子》时,王弼与河上公都借鉴了传统资源。诚然,他们对历史的理解是不同的。河上公的思路中有着明确的时间序列,而王弼说道从"始"便存在就足够了。我们看到,王弼所强调的,是认清道在历史中恒常之理的重要性,从而"御今之有"(第十四、四十七章)。然而,对河上公而言,其目标在于重建甚至在三皇五帝之先的天堂之境(第六十二章)。但实际上,王弼与河上公都认识到古代的关联与权威,圣人的形象也需要追溯至其上(如第六十五章)。它对实现这种乌托邦社会有着重要意蕴。

《老子》第八十章将理想国家描绘为小国寡民。关于前两句,王弼注曰:

经文	王弼
小国寡民。	国既小,民又寡,尚可使反古,况国大民众乎,故举小国而言也。
使有什伯之器而不用。	言使民虽有什伯之器而无所用,何患不足也?

王弼注前半部分的逻辑似乎有些晦涩,但至少清楚的是,他从老子的话中看到了强调返"古"之重要性的一般性指示。① 后半部分问题更多。"什伯之器"的字面义是"数十成百的器具"。"什伯"在中国古代被作为军事用语,意指将士兵分为"十"与"百"的等量单位,因此一些学者认为《老子》原指的是一般的军事装备。然而,王弼注中结语的问题表明,他将"什伯"一词理解为数量的表达,而非特定的器具。② 更为有意思

---

①由于这个困难,"小国"如何能够成为"大国"的"例子",至少一位日本学者怀疑王弼注此章的真伪。见 Hatano,第438页。

②关于军事背景,特别见于蒋锡昌的详细讨论,《老子校诂》,第460—461页,以及鲁姆堡和陈荣捷,第209页,注①。对所有格的"器"似乎指的是器具的类型而非数量。然而,河上公与马王堆的文本在"什伯"之后多了一个"人"字,这使得后者成了数量的表达。在这个意义上,这个

的是，河上公对第二句采用了不同的句读：

经文	河上公
小国寡民。	圣人虽治大国，犹以为小，俭约不奢泰。民虽众，犹若寡少，不敢劳之也。
使有什伯。	使民各有部曲什伯，贵贱不相犯也。
之器;而不用。	器谓农人之器。而不用，不微召夺民良时也。

169 《老子》第二句被分成两部分，这导致了一个尴尬的结构。河上公似乎认识到"什伯"一词的军事背景，但是由于他极力反对使用军事力量，他看不出"什伯"除了根据百姓的地位对他们进行一般分类之外，还能够有什么别的含义。我们切不可忘记，河上公的世界本质上是一个有层级的世界。

短语也可被译作"Let there be ten times and a hundred times as many utensils(让器具有十倍百倍之多)"（鲁姆堡和陈荣捷，第 208 页）。因此，鉴于马王堆的证据，刘殿爵将它早先的翻译"Ensure that even though the people have tools of war...（保证即使百姓有打仗的工具……）"改为"Ensure that even though there are tools ten times or a hundred times better than those of other people(保证即使比其他人多有十倍或百倍的器具)"。见刘殿爵译，*Chinese Classics. Tao Te Ching* (Hong Kong: Chinese University Press, 1982)，第 115, 239 页。在马王堆帛书中，第八十章紧接在第六十六章后。

显然,河上公与王弼将"小国"的描述理解为截然不同事物的"例子"。但是,他们的共同基础也浮现出来了。《老子》继续道:

1. 使民重死,
2. 而不远徙。

王弼	河上公
1—2. 使民不用,惟身是宝,不贪货赂,故各安其居,重死而不远徙也。	1. 君能为民兴利除害,各得其所,则民重死而贪生也。 2. 政令不烦则民安其业,故不远迁徙离其常处也。

虽然在河上公的解释中,政治意蕴更为充分,但对简单而安全的生活的普遍强调在两种注释中是相通的。如果百姓在他们的生活中"各得其所",那么便会"重死",且不会冒生命危险去追求改变。因此在这个意义上,治道之任务在于尽量减少不必要的改变,因为它会破坏"道-家"宇宙固有的秩序。有意思的是,就连王弼也特别提到贵"身"(或者说身体意义上的自我)。《老子》接着更详细地描述了这种乌托邦,河上公对此注曰:

经文	河上公
虽有舟舆,无所乘之。	清静无为,不作烦华,不好出

	入游娱也。
虽有甲兵,无所陈之。	无怨恶于天下。
使民复结绳而用之;	去文反质,信无欺也。
甘其食。	甘其蔬食,不渔食百姓也。
美其服。	美其恶衣,不贵五色。
安其居;	安其茅茨,不好文饰之屋。
乐其俗。	乐其质朴之俗,不转移也。
邻国相望,鸡犬之声相闻,	相去近也。
民至老死不相往来。	其无情欲。

老子对理想国家做长篇描述,而王弼注很简单:"无所欲求。"

因此,王弼与河上公都认为,乌托邦国家的最终特征是无欲,或更确切地说,是引起贪婪与造成冲突的不满消失了。对王弼而言,《老子》第八十章指出了建立新社会的必要性,这种社会的基础在于复归于道的思想与从历史中辨识出的洞见。只要百姓是无欲的,治道的具体实践便是次要的。然而,河上公认为这是一种精密的治道模式,它以未有文字之时的"远古"技术为特征。在河上公看来,实现理想社会主要是复归的过程。如果我们严肃考察这两种注释的历史语境将会发现,在王弼的时代,汉代彻底分崩离析之后,复归古代的希望似乎已经让位于构建新未来的见解。无论如何,魏已然代汉,其统治力量可能不会对任何以复归古代为中心的治道理论抱有好感。

虽然这具有启发性,但从历史角度对这一本性的推测很难说是确凿的。无可争议的是,王弼与河上公都认为,人欲是政治与道德之恶的主要原因。特别是,河上公将《老子》第八十章论述的主语等同于统治者。正如我们所看到的,这里预设的是统治者的行动与百姓的举止和态度有着直接的关系。按照河上公的看法,百姓之所以饥馑,是由于统治者的苛捐杂税。但是在更深层次上,"民皆化上为贪,叛道违德,故饥"(第七十五章)。对于同一章,王弼注:"言民之所以僻,治之所以乱,皆由上不由其下也,民从上也。"①

实现道之乌托邦的可能性就在于统治者与百姓之间的这种对应。《老子》第五十七章借圣人之口说道:

1. 我无为而民自化。
2. 我好静而民自正。
3. 我无事而民自富。
4. 我无欲而民自朴。

这是王弼与河上公理解自化过程的文本基础,它遵循着"无为"之治。王弼再次将这一具体细节与整体论述结合起来:

---

① 鲁姆堡将第一句理解为"百姓将逃避他的理由",这也是可能的。见鲁姆堡和陈荣捷,第 201 页,参见林振述,第 136 页。

王弼	河上公
上之所欲,民从之速也。我之所欲,唯无欲而民亦无欲自朴也。此四者,崇本以息末也。	1. 圣人言:我修道承天,无所改作,而民自化成也。 2. 圣人言:我好静,不言不教,而民自忠正也。 3. 我无徭役徵召之事,民安其业故皆自富也。 4. 我常无欲,去华文,微服饰,民则随我为质朴也。①

河上公注更为具体。但正如我所指出,即使对王弼而言,"崇本息末"的思想也不仅仅是对回归道的一般要求。它既包括养护百姓,又要求消除诱引百姓的腐败影响。王弼也谴责运用军事力量与严刑酷罚(第三十、三十六章),他也关注政府官员的恰当任命与绩效(第三章)。归根结底,王弼无疑会在他的治道理论中强调"应"的概念。在这一点上,河上公将会欣然认同,尽管他会补充说,"天道"与"人道"的对应与关联应当拓展至涵盖"神性之身"。在这一点上,《老子》将道与天下的关系与川谷跟随江海相比较(第三十二章)。河上公注曰:

> 譬言道之在天下,与人相应和,如川谷与江海相流

---

① "成"作"为",这显然是抄写错误,郑成海对照其他六种版本校正,郑成海:《校理》,第 350 页。最后一句的翻译也是根据郑成海的释法。

通也。①

"应"的概念在河上公注中显然并不陌生。归根到底,理想统治者在百姓不知情的状态下完成了所有事情;后者只会认为,自然之道任己发展。就此而言,王弼与河上公完全一致(第十七章)。

在这一点上,对王弼与河上公差异的讨论就从理论层面转移到了实践层面。比较二者政治见解,不难发现他们有一个共同的基础。为了完善我们的分析,必须提出这样一个问题:这种相似性是否同样可以延伸到他们的理论取向上。乍看之下,王弼对"无"的辩证解读似乎与河上公注中的宇宙论架构大相径庭。然而,比较这两种注释,更为仔细地阅读会揭示出二者的某种照应,并引出一些新的问题。

更为显豁的事实是,河上公认同王弼将道描述为"无",尤其是在无形无名的意义上(第一、二十五、三十二、四十章)。正是由于道的否定性,河上公将重点转移至"一",即道之精,在这方面,"道－家"的实践意蕴可以被充分揭示出来。王弼与河上公都强调道之为宇宙的"始"与"母"。王弼著作中隐隐约约有迹象表明,他并未完全摆脱那个主导河上公见解的宇宙论。

"天道"与"人道"之间的对应关系,不仅对河上公有重大意义,对王弼亦然。王弼对"应"的强调便预设了这一点。《老子》第七十三章讲,天之道"不言而善应"。王弼注讲明了它对于人们生活的影响:"顺则吉,逆则凶。"吉凶的主题(它同样也

---

①《四部丛刊》版本在开头重复了"分"这个字,这是不必要的。见郑成海,《校理》,第219页。

是河上公注的核心)在王弼对第五十四章的注释中再次出现,只是在那里它被描述为"天下之道"。正如《老子》所说,在修道中,人们应该"以天下观天下"。虽然两种注释对这一难解段落的解释并不相同,但河上公很难否认王弼的结论。按照河上公的看法,《老子》讲的是"以修道之主",其生得以"昌",从而可以辨识出其反面:那些与道相背者将"亡"。王弼则说:

> 以天下百姓心观天下之道也,天下之道,逆顺吉凶,亦皆如人之道也。①

这不过是"自然"的另一种表达方式,人总是"法"于地,而地又是法于天(第二十五章)。这就是包含天地的"天下之道"于"理"而言和"人之道"并无分别的原因。这也是通过观百姓之心与天下之事并"应"之,人们可以领会道在宇宙中的在场的原因。

除了这种感知关系以及它对人类事务的影响之外,"天下之道"还有什么特征?据河上公,宇宙首先是由四季与五行管理的,并融合了"一"的阴阳之力。诚然,这种宇宙论的探讨很大程度上是河上公所特有的。但在对第九章"功成身退,天之道也"一句的注释中,王弼写道:"四时更运,功成则移。"波多野太郎指出,王弼或许想到的是在《史记》蔡泽(卒于约公元前221年)传记中一句相近的话。② 在秦国征服其他诸侯国并统

---

① 第54章。参见林振述,第102页;鲁姆堡和陈荣捷,第155页。
② Hatano,第81页;参见鲁姆堡和陈荣捷,第28页,注②,其中提供了大致日期。

一天下之前,蔡泽任秦相。从传记中保存下来的他的论述来看,他既强调长生,也强调统治者的无上权威,由此推断,蔡泽可能是黄老学派的支持者。① 稍后我会回到这一点。

按照《老子》第四章的描述,道永在,且在"帝"之先。王弼解释道:

经文	王弼
道冲而用之或不盈, 渊兮似万物之宗; 挫其锐,解其纷, 和其光,同其尘, 湛兮似或存。 吾不知谁之子, 象帝之先。②	夫执一家之量者,不能全家。执一国之量者,不能成国。穷力举重,不能为用,故人虽知,万物治也,治而不以二仪之道,则不能赡也。地虽形魄,不法于天则不能全其宁。天虽精象,不法于道则不能保其精。③……天地莫能及之,不亦似帝之先乎?帝,天帝也。

---

①《史记》(四部备要),79.13a—17b。据说蔡泽是燕国人,"方士"传统一般可以追溯到齐国和燕国。在他的对话中(第14a页),蔡泽似乎详细阐发了《老子》第十八章。

②陈荣捷译, *The way of Lao Tzu*, 第105页,译文略有改动。由于以"挫其锐"开头的四句也出现于第五十六章,人们也提出了很多修正。但王弼注和马王堆帛书都支持了《四部备要》版本。王弼对这四句话的注释,在此不再重复,它主要想说明"道"不会受到这些行为的影响,例如,道虽然"其体同尘",但它的真性不会因此而"渝"。

③"精"作"清"。见楼宇烈,《王弼集校释》(北京:1980),1:12,注⑦;参见鲁姆堡和陈荣捷,第16页,注④。

王弼论证的结构表明,道之"二仪"意为天地之道。据《易经》,"太极"生"两仪"。由于它也说阴阳共同构成道,"二仪"的表达传统上从阴阳理论的角度来理解。① 王弼正是在这一意义上运用这个术语,对地之"魄"的指称也暗示了这一点。顺带一提,河上公也将"帝"与"天帝"等同起来。

因此在王弼注中,天道也可从宇宙论的层面加以理解,这个思想早在汉代早期就已经建立。当然,正如河上公会认同的那样,天道从属于道本身。第二十五章注最后系统阐发了人、地、天、道四者的关系。王弼写道:

经文	注释
人法地,地法天,天法道,道法自然。	……形魄不及精象,精象不及无形,有仪不及无仪,故转相法也。

就像河上公一样,王弼的宇宙也有着层级结构,而道则处于顶点。

在第四章与第二十五章中,"魄"与"象"是相平行的。如果"魄"是地的"灵魂",那么天之"象"是什么呢?据《老子》第七十三章,天道不仅是相感相应的,它也"繟然而善谋"。② 王弼注曰:

---

①见冯友兰《中国哲学史》的讨论,1:384。其中翻译了相关的文本。
②译文参见鲁姆堡和陈荣捷,第198页。

垂象而见吉凶,先事而设。①

"垂象"一词也见于河上公注。《老子》第三十九章:"天得一以清。"河上公解释道:"言天得一故能垂象清明。"如果我们回头看王弼对第四章的注释,就会看到它也涉及第三十九章。纵使天有其象,如果不效法于道,它便不会"清"。在这些例子中,"象"指的只能是天上的星座。

王弼与河上公在这里都遵循着《易经》的传统。《易经》写道:"天生神物,圣人则之;天地变化,圣人效之;天垂象……圣人象之。"②有鉴于此,"天帝"甚至可能意指北极星,因为在汉代文献中这两者有时被等同起来。③

"垂"一词一般表示从上悬挂某物,或是由上级指挥下级的行动。"天垂象"可以理解为"天治理星象",以此明确它的政治意涵。星星自然而然地应于天之法则,而百姓也会自发地被统治者转变。天毫不费力地"分配"星星的位置,而统治者不需要借助向外的行动来治理国家。这让人想起"垂拱"这个概念,它通过描绘统治者在治理时"垂"衣服与"拱"手的意象来表达无为之治。

---

①译文参见鲁姆堡和陈荣捷,第198页。

②R. Wilhelm, *I Ching* (Princeton: Princeton University Press, 1979),第320页,译文略有调整。转引自楼宇烈,《王弼集校释》,1:183,注⑧。

③关于这一主题,见例如 Joseph Needham, *Science and Civilisation in China*,第三卷,*Mathematics and the Sciences of the Heavens and the Earth* (Cambridge: Cambridge University Press, 1959),第259—262页。

《尚书》明确地将"垂拱"界定为"无为"而治。① 但却是在《论语》中,我们找到了这种治道形式的经典表达。孔子说:"为政以德,譬如北辰,居其所而众星共之。"② "共"在此读作上声,可与"拱"字通假。陈荣捷指出,从汉代开始,这段文字便被解释为"无为"思想。③ 孔子的另一句名言同样支持了这一解读:

> 无为而治者,其舜也与?夫何为哉,恭己正南面而已矣。④

"恭"字在发音和语义上都与"垂拱"有关。就像北极星一样,统治者的王座也是朝南的。

王弼与河上公共享了这种对于秩序与和谐的理想而宏大的见解。它并非归属于孔子,甚至没有归属于天,而是以道为基础。在"道-家"宇宙中,天与人贯通交融,万物各有其位。在政治领域,统治者的主权当然是重要的,但百姓也同样重要。当得"一"时,天才能够变"清",但清朗之天总需要以群星为中介。说统治者已然守"一",不过是百姓满足而幸福的另一种讲法。对道的精神性沉思与伦理政治关切融为一体。在这个

---

① James Legge 译,*The Chinese Classics*,第三卷,*The Shoo King*(reprinted, Hong Kong: Hong Kong University Press, 1960),5:3:10,第316页。
② 《论语》,2.1;陈荣捷译,*A Source Book in Chinese Philosophy*(1973),第22页。
③ 陈荣捷,同上。
④ 《论语》,15.4;陈荣捷,同上,第43页;译文略有调整。

意义上,王弼与河上公共同基础的真正特征,是伦理与精神性的深刻统一。

伦理超出道德,精神性不能与神秘主义或迷信画等号。这对王弼与河上公二者都适用。对他们而言,伦理与精神性构成了一种气质,它囊括政治、宗教与其他经验形式。如果这种经验统一体上升到思想的层面,就产生了一种反思形式,这种反思形式不区分"见"与"为",不区分**理论**与**实践**。毕竟,圣人不见而知,不为而成。我正是在这个意义上理解摩尔(Charles A. Moore)的话:"在中国,伦理与精神在非常实在的意义上是一体的。"①

诠释学转向

如果我们把两者的异同都纳入思考,那么王弼与河上公对勘研究的复杂性就充分展现在我们眼前。在认识到它们有同有异之后,"哲学"与"宗教"的对立就不复有力了。这两种注释都是"哲学的",因为它们对于道以及道与天下的关系,有着相同的理解基础。反过来说,如果"哲学"意味着王弼与河上公的注释都摆脱了政治兴趣,那么它们便都不是"哲学的"。这两种注释都是"宗教的",因为它们对于实现"道-家"乌托邦与"太平"之治,都有着同样根本的救世论关切。反过来说,

---

①Charles A. Moore 编, *The Chinese Mind: Essentials of Chinese Philosophy and Culture* (Honolulu: University Press of Hawaii, 1967; reprint, 1977),第5页。

如果"宗教"意味着只关心不朽或精神性启蒙,那么它们便都不是"宗教的"。

但是二者之间的差异无法回避,更糟的是,其差异也无法通过解释来消除。相较于河上公对修养"精神之身"的强调,王弼注中关于"无"与"理"的核心讨论的确显得更为"哲学"。必须提出的问题是,既然有着将两者联系起来的共同基础,那么它们何以会在这么多的方面产生分歧?这可以仅仅解释为侧重点不同吗?

显然,两种注释侧重点不同。然而,侧重点很少是偶然的。换言之,仅仅承认侧重点不同并不能解决问题,这只是换了种说法。二者源于共同的世界观,面对同样的文本,又是什么导致了它们不同的侧重点呢?

基于上述分析,毫无疑问这两种注释都系缚于同一种世界观,其特征为伦理与精神相统一而形成的层级宇宙。此外,正如前面所提到的,王弼与河上公都是谨慎的注者,他们都不能说是无视《老子》而强行传达自己的思想。系缚于同一文本,他们不得不采取同样的词汇,然而他们的解释大相径庭。是否《老子》本身的开放性,就是他们分歧的唯一原因?诸如"玄牝""谷神"等概念肯定会引出不同的解释。但《老子》的开放性仅仅解释了这种分歧的可能性,它无法解释分歧的本性。那么,他们的差异可否归因于河上公注中别具一格的黄老神韵呢?

黄老因素是重要的,并且构成了两种注释之间的一个关键分歧点。然而,我们的分析不能止步于此。尽管黄老学说在河上公注中占中心位置,但作者并不打算写一部关于黄老思想的专著。虽然这是注释有争论的一面,但它仍只是著作的一个方面,而且是从对《老子》本身的解读中衍生出来的。换言之,需要承认注者之为注者的自我认识。需要进一步讨论的是,黄老解读最初是如何产生的?在更广阔的语境中,黄老之维只是标志注释的根源,它在其所处时代积淀下来的传统之中。王弼在寻求理解《老子》时,也遵循着同样的传统。虽然王弼与黄老学派没有关联,但他并非对其全然不知。正如我们所见,王弼的政治取向并非与河上公完全不同。就此而言,那句可能是对秦相蔡泽的引用也非常有意思。

重要之处不在于王弼是否真的引用了什么人的话,而在于他不加犹豫地汲取各种传统资源来解释《老子》。事实上,王弼与河上公的解释都利用了诸如《易经》《论语》和《庄子》等在他们之前的作品。因此,这两种注释都系缚于共同的传统,即同一个洞见与真理的蓄水池,由此,他们将《老子》与他们自己独特的生活世界连在一起,并将自己与其他思潮区分开来。仅凭黄老因素并不能解释,传统是如何在这些注释中加以重新诠释的,而这仍是目前讨论的关键之处。为了理解为什么这两种注释有着不同的方式,我们的分析必须采取我所说的诠释学转向,来看看默会的解释原则如何引导他们对《老子》的解读。

前两段所阐述的,或可称之为两种注释的诠释学边界,他们从共同的视域来审视文本,在他们穿透《老子》思想的同时,也开辟出了新的领域。导致他们之间差异的,是解读文本的方式。这不是要论证作者的意图。诠释学预设为其意图奠基,并使之成形。此外,比较两种注释可以明显地看出王弼与河上公的诠释学差异。

王弼注中最为显著的诠释学特征是它对语言的关注。前面强调过,语言的主题是王弼理解《老子》的核心。这在"元解释"层面同样成立。《老子》中的关键词用同音字来解释。仅举两个已经讨论过的例子。"德"的意思是"得","孔"的意思是"空"。双关语也被加以运用,如在第三十六章与第五十七章中,"利"(锋利)被解释为"有利"。其他诸如"文"与"反"也被王弼用类似的方法加以处理(第十九、四十章)。从整体上看,这些例子都指向了一种在很大程度上为王弼所独有的诠释模式。

除了语言游戏之外,王弼对《老子》原文不断地引用与交叉引用也值得注意。相较之下,河上公注中这方面显得特别缺乏。这意味着,对王弼而言,诠释的任务在于,根据文本的整体将《老子》的意义清晰表达出来。这种看似平淡无奇的作法,实际上却是王弼天才的体现,他的诠释方式有着非常现代的回响。

转向河上公注,我们面对的是截然不同的诠释方式。河上公最别具一格之处,在于他对老子本人的指称。当在原文中出现第一人称单数"吾"或"我"时(第四、四十二、五十三、六十七、七十章),或当语境暗示说话者在场时(第五十四、四十七章),注释将其名定为老子。例如,第七十章第一句写道:"吾言甚易知,甚易行。"王弼引用第四十七章来阐述"无为"之义,而河上公注便没有那么雄心勃勃:

王弼	河上公
可不出户窥牖而知,故曰,甚易知也。无为而成,故曰甚易行也。	老子言:吾所言省而易知,约而易行。

诠释总是关切于"所说"。但与说话的内容相反,前提本身可以有着不同的诠释。在河上公注的例子中,所说也包含着"谁"和"为什么"。《老子》第五十三章开篇云:"使我介然有知,行于大道":

王弼	河上公
言若使我可介然有知,行大道于天下……	介,大也。老子疾时王不行大道,故设此言。使我介然有知于政事,我则行于大道,躬行无为之化。

在这一语境中,绝大多数注者认为"介"之义为"小"或"最轻微",但"介"字本身有着很多含义,包括"大"在内。① 重要的是,王弼用这句话引入了主要思想,而河上公阐明了这句话的"历史"指涉以及老子的意图。老子对他那个时代的政治颇为反感,这一思想是河上公注中反复出现的主题(第二十、二十六、六十九、七十四章)。

这个初步对勘提醒我们,两位注者以不同的方式与《老

---

①见陈荣捷,*The Way of Lao Tzu*,第194页,注①。

子》互动。换言之,王弼与河上公在解读《老子》时,他们在期待并寻找不同的东西。后者关注如何在新的境遇中表现出老子的言行,并将其加以运用;而前者试图将文本中的思想整合成一个融贯的整体;二者之间不能画等号。对王弼来说,"我"或"吾"的身份对他所言之意几乎没有影响,但对河上公来说,意义是以**外部**因素为中介的,不论这种因素是自传性的还是历史性的,它们都被视为文本之所指。简言之,由于意义本身被不同的方式所默会理解,《老子》对他们而言有着不同的意义。

从这个角度来看,王弼与河上公之间的差异有了新的意义。对河上公而言,"玄"指的是天——即在宇宙论中所构想的天空。"谷神"指的是真正的精神,人们必须谨慎地滋养它。另一方面,在王弼看来,它们都表示了道的否定性。换言之,对河上公而言,当且仅当外部指称被辨识并确定后,文本的意义才得以理解。从这个意义上说,意义本质上是**指称性**的。这种对意义的前理解,无论是有意或是无意,对王弼而言都是陌异的,因为王弼认为意义栖居于词句本身之中。

我已经提到,意义的指称性解释了河上公诠释为什么会如此具体。《老子》第二章提出了一系列悖论:

1. 天下皆知美之为美,斯恶已。
2. 皆知善之为善,斯不善已。

王弼与河上公都关注如何解决这些悖论,但在他们各自诠释学方法的指引下,其结果迥然不同:

王弼	河上公
1—2. 美者，人心之所乐进也；恶者，人心之所恶疾也。美恶，犹喜怒也；善不善，犹是非也。喜怒同根，是非同门，故不可得偏举也，此六者皆陈自然……①	1. 自扬己美，使彰显也，有危亡也。 2. 有功名也，人所争也。

美与善都是抽象概念，因此他们没有客观的指称。那么对河上公而言，这两句只能指人之境况的具体方面，即指的是能够带来冲突与危险的名与争。这也是河上公注之所以对"无"不感兴趣的原因。由于"无"不指称现象世界中的任何事物，所以它无法具有意义，只有在不同的指称框架中，它才能够具有意义。

在王弼那里，诠释的任务在于将《老子》之言翻译成更易于接近、易于理解的概念。"美恶，**犹**喜怒也"，二者都根生于自然中。在王弼的辩证结构中，这些都无法成为绝对。《老子》第三章："是以圣人之治，虚其心，实其腹。"我们看到，按照河上公的理解，这指的是修身与治国的同一，因为圣人之治始于虚己之心。由于"心"与"腹"指的都是具体对象，对河上公而言，"虚其心"与"实其腹"指的只能是圣人的内在生命——即消除嗜欲，以守五脏之精神。但对王弼来说，内脏根本不是

---

①见鲁姆堡和陈荣捷，第7页，以及林振述，第5页。译文有调整。

问题所在：

> 心怀智而腹怀食，虚有智而实无知也。①

按照王弼的解释，《老子》的意思是，为了增强并完善某种存在方式，使之脱离引起欲望之机巧与知识，圣人认识到了"实"的必要性。正如第三章其余部分所证实的，王弼与河上公都认识到无欲的重要性，但在他们向读者阐发《老子》时，却有着天壤之别。

我们还可以找到更为明确的例子。我仅选择了前面几章来说明这种遍布于两种注释中的诠释学差异。如前所述，在对第二十七章的注释中，王弼用"自然"概念来描述圣人的诸多天赋。圣人是否真的"行"过无关紧要，重要的是他总是遵循着事物之本性。另一方面。河上公觉得亟须解释，圣人之所以"行无辙迹"，是因为他根本不离开家。在第八十章对理想国家的描述中，河上公甚至更为具体地描述了人们曾经享受的田园牧歌般的生活，而且人们可以再次享有它。对于王弼而言，由于意义不在于任何外部的指称，那么唯一需要说的便是寡欲

---

① 围绕着这一段的第二部分，即"虚有智而实无知也"一句有许多争论。关于不同学者的观点，见 Hatano，第 53 页，以及楼宇烈，1:9—10，注⑥。此处的困难在于，大部分学者将"虚"和"实"当作名词，那么句子的意思是"空虚的东西是有智慧的"，这是林振述（第 7 页）和鲁姆堡（第 11 页）等人所理解的。尽管这在语法上是正确的，但似乎与王弼的理解相悖。王弼正是将"虚"理解作无"智"。如果这两个词被理解作动词，那么对我来说这个问题似乎就得到了解决。

的重要性。我们已经看到,对河上公而言,真正的"神物"就是《老子》所谓的天下之"神器"(第二十九章)。对王弼而言,这仅仅意味着"道-家"宇宙是"合成"而"无形"的。其中意涵是,人们绝不能将其视为以有形有名为特征的普通之物。《老子》第六十章说"治大国,若烹小鲜",河上公旋即指出,小鱼绝不能去肠去鳞;当然,王弼根本没有提到鱼。

王弼最关切的是如何阐明《老子》思想的基础与意涵。第十六章以这句名言起笔:"致虚极,守静笃。"正如人们所预料的那样,河上公分别对两部分做注,而王弼一下抓住了一个中心思想。注释的风格也反映了其诠释学预设:

王弼	河上公
言致虚,物之极笃;守静,物之真正也。	得道之人,捐情去欲,五内清静,至于虚极。 守清静,行笃厚。

对得道之人的强调,简明扼要地证明了河上公注的指称之维。正是由于这种诠释学结构,河上公能够在运用黄老学说来解释《老子》的同时,而不忽视其文本原意。事实上,这就是遍布于河上公宇宙中之对应关系的全部要义。这不仅是感知到特定现象之间的对应关系,而且还影响着诠释与思想的特定过程。它塑造了解读文本与理解意义的方式;在此例中,它延伸到河上公注的前理解结构。另一方面,王弼的著作是由另一种诠释结构塑造的;这种诠释结构主要是概念性的,在其中《老子》的思想被匹配并追溯至更为基础的原则,以此原则来解释

《老子》并进一步将其扩充。"理"在王弼注中占有如此重要的地位并非偶然。与河上公指称论的理解模式相比,王弼的诠释模式本质上是**病原学**的。

要为这一分析下结论,我们须仔细阅读《老子》第五十章。这是一个极为难解的章节,但因难本身富有教益。原始文本的开放性导致了两种注释的差异,如果他们的诠释学结构仍然隐而不显,那么这种差异就无法得到令人满意的解释。《老子》写道:

1. 出生入死。
2. 生之徒,十有三;死之徒,十有三。
3. 人之生,动之死地,(亦)十有三。
4. 夫何故?
5. 以其生生之厚。
6. 盖闻善摄生者,
7. 陆行不遇兕虎;
8. 入军不披(被)甲兵。
9. 兕无所投其角,虎无所措其爪,兵无所容其刃。
10. 夫何故?
11. 以其无死地。①

两种版本的文本差异在第三句与第八句,其中王弼版用方括号

---

① 参见陈荣捷,*The Way of Lao Tzu*,第 188 页;刘殿爵,*Lao Tzu*,第 111 页。

括起来。王弼与河上公对"十有三"这一表达的解读并不相同。注释写道:

王弼	河上公
1. 出生地,入死地。	1. 出生,谓情欲出五内①,魂静魄定,故生。入死,谓情欲入于胸臆,精劳神惑,故死。
2—11. 十有三,犹云十分有三分,取其生道,全生之极,十分有三耳。取死之道,全死之极,亦十分有三耳。而民生生之厚,更之无生之地焉,善摄生者无以生为生,故无死地也。器之害者,莫甚乎兵戈,兽之害者,莫甚乎兕虎,而令兵戈无所容其锋刃,虎兕无所措其爪角,斯诚不以欲累其身者也,何死地之有乎。夫蚖蟺以渊为浅,而凿穴其中,鹰鹯以山为卑,而	2. 言生死之类各有十三,谓九窍四关也。其生也目不妄视,耳不妄听,鼻不妄嗅,口不妄言,味,手不妄持,足不妄行,精神不妄施。其死也反是也。② 3. 人知求生,动作反之十三死也。 4. 问何故动之死地也。 5. 所以动之死地者,以其求生活之事太厚,违道忤天,妄行失纪。 6. 摄,养也。

---

① 将"五内"释作"旡内"是没道理的;郑成海基于其他九个版本的校正,见郑成海,《校理》,第304页。

② 关于小的文本问题,见郑成海,《校理》,第305页。

增巢其上①,矰缴不能及,网
罟不能到,可谓处于无死地
矣,然而卒以甘饵,乃入于无
生之地,岂非生生之厚乎?
故物苟不以求离其本,不以
欲渝其真,虽入军而不害,陆
行而不可犯也,赤子之可则
而贵。信矣!②

7. 自然远离,害不干也。
8. 不好战以杀人。
9. 养生之人,兕虎无由伤,
兵刃无从加之也。
10. 问兕虎兵甲何故不加
害之。
11. 以其不犯十三之死地
也。言神明营护之,此物
不敢害。③

河上公对第五十章的注释几乎不需要解释。"十有三"这个表达最早被韩非子诠释为九窍(眼、耳、鼻、口、前阴、尿道与后阴、肛门)与四肢,其总和为十三。④ 从对第二句的注释来判断,"四关"可能指的是四肢,虽然据汉代注家高诱,"四关"在《淮南子》中意为耳、眼、心与口。⑤ 显然,对河上公而言,如果

---

①据楼宇烈,这个类比取自《大戴礼记》;见楼宇烈,1:136,注⑧。还有文献中许多相似的表达列于 Hatano,第 334 页。将"蚖蟮"和"鹰鹯"译作"Worms (of the sea)"和"eagles"是粗糙的;《四部备要》版本写作"lizards and earthworms(蜥蜴和蚯蚓)"和"eagles and (?) sparrow hawks(鹰隼)"。前一部分也被诠释为蛇形或"龙状"的生物,见 Hatano,第 333 页。

②参见林振述,第 93—94 页;鲁姆堡和陈荣捷,第 144—145 页。"赤子"指的是《老子》第 55 章。

③参阅叶乃度,第 89—91 页。

④转引自陈荣捷,*The Way of Lao Tzu*,第 188 页,注①。

⑤《淮南子》(《四部备要》),8.8b。

外部指称没有被辨识并确定，所说的话就无法被理解。从某种意义上说，河上公也是十足的"现实主义者"。虽然圣人有神明之营护，但他不会遭遇野兽的原因，在于他总是能够避免危险，他不会受到兵甲的伤害，因为他根本不参与到战争之中。

王弼与河上公一致认为，欲望导致求生与死亡，它形成了"道－家"修身的对立面。然而，王弼诠释的结构却迥然不同。王弼对第五十章的注释主体从对文本的细读开始。但是，将"十有三"解读为"十三"，仅仅在"指称论"的诠释学宇宙中才有意义。作为一个粗略的统计之数，这里将《老子》视为对人之境况总体的一个普遍观察。真正的论证是由得道之人不为欲所累的思想引出的。在解释"不死"的概念时，在类比论证以及它如何关联到整体论证上，王弼花了相当大的心思。分析以"故"收尾，其结论是必须保护物之"本"与"真"。在王弼看来，这才是《老子》之"真"义。语词的意义在概念的层面可以追溯到更为根本的"原因"，在此意义上这是一种"病原学"的解读。王弼注中所反映出的意义，总是以语言为中介，在与其他语词及思想的联系中得以呈现。

结论

如果本研究能让王弼注与河上公注得到更好的理解，那么我们就达到目的了。在我看来，它们展现出对于道的两种综合性见解，它们既相似又相异。在同一诠释学边界内，它们不得不分享共同的根本旨趣与预设。在不同的诠释学模式下，它们不得不从《老子》中看到不同之处。

杜光庭的评价很好地把握住了两者的共通之处。像河上公一样，王弼也力图解释"理家理国"之道。因为精神性从来未曾与伦理分离，两种注释都不仅是描述性的，同样也都是规范性的。《老子》无疑描述了宇宙的起源及其玄远的秩序。此外，这一秩序直接关系到人类的本性与命运，因此它必须被精心守护。这就是为什么《老子》以及其他诸"经"如此重要。原始文本已经指向了道；注者的任务在于"提－醒（re-mind）"读者，并"知－会（in-form）"他们道之玄妙与它对人们生活的意蕴。向道之思总是**目的性**的，它描述了一种存在模式与行动方式，能够在理想上守护世界，使之不陷于混乱与不和。①

如果王弼注显得更为"哲学"，那是因为它看待《老子》的诠释学视角。这种思想的游戏，类似于后世关于哲学话语之本质的概念。几个世纪后，王弼对"无"的理解无疑给陆德明留下了深刻印象，直至唐代，其他注者都无法与王弼匹敌。因此，用陆氏的话来说，唯有王弼"妙得虚无之旨"。因此，杜光庭也认为王弼注聚焦于"虚极无为之道"。实际上甚至可以说，王弼在中国思想史上开创了一种新的智性探究模式。

另一方面，河上公注显然根基于汉代的精神气质之中。宇宙论结构与对黄老思想的运用，透露出它对汉代思想的借鉴。

---

① 我当然记得顾立雅将道家区分为"沉思的"和"目的性的"。见他的"On Two Aspects in Early Taoism"和"What is Taoism?"，两者都载于 *What is Taoism? And Other Studies in Chinese Cultural History* (Chicago: University of Chicago Press, 1970; reprint, 1977)，分别是第37—47页，第1—24页。尽管这种区别富有启发性，但它没有完全反映出《老子》与两种注释的本性，其中"沉思性"与"目的性"合而为一个整体。

在诠释学层面也是如此,因为诠释本身也是历史性的,共同构成诠释者之世界的预设、思想与愿景透露了此种历史性。从汉代以前的《韩非子》,到汉代的《淮南子》等著作,我们看到了意义的指称性是如何被肯定的,以及如何被应用于理解《老子》与其他经典之中。河上公注牢牢地扎根于这一传统。然而,到了王弼的时代,这种理解模式已经不再能免于批评了,因为新一代的诠释者提出了关于意义本身的问题。前面已指出,王弼对汉学的批评,尤其是对《易经》诠释的批评,恰恰集中于早先注家认为理所当然的意义的指称性上。在这个意义上,王弼所推动的,可以说是对经典的传统诠释的诠释学反叛。我们切不能忘记,王弼在对《易经》的诠释中,强调了"忘言忘象"的概念。这是以一种诠释学理想为前提的,这种理想寻求通过一种理解行为来超越诠释的手段,而这种理解行为将研究的主题融为整体。王弼总是以某一现象的基础或"本质"为鹄的,而不是其他相关现象。我是在这个意义上理解杜道坚所说的"汉老子"与"晋老子",二者都反映了它们时代的精神。但是,后者的出现并没有导致前者的灭亡;相反,二者都塑造了中国思想的后续发展。这对老子研究的意蕴在于,其他不同诠释可以根据它们与这两种诠释孰近孰远来加以评价。在这方面,本研究或可有助于为《道德经》诠释史建立基础。

因此,从诠释学的视角来看,这两种注释对我们理解中国思想史的发展史非常重要。与此同时,我同样相信孔子的格言"述而不作"(《论语·述而》)可以适用于王弼与河上公两人。这并没有抹杀两位注者的个人才华,也没有抹杀孔子的才华,而且这也不和王弼促成新思想模式兴起的说法相矛盾。它所表明的是,《老子》的意义始终是首要的,因为它关注道本身的意义。他们注释中的新意,只能从他们与旧者的交互中得到理解。道之理想超越了人之"作"。这并非忽视了他们作为注者的自我理解,或者是破坏了他们试图复兴道之治的严肃性。

在我看来,河上公注的天才之处在于其见解的完整性。《老子》之意义被完全描绘出来并被对象化,从而能够作为求道的具体指南。另一方面,王弼注的天才之处在于其见解的开放性。《老子》的意义被辩证地集中于几个包罗万象的概念中,这些概念本身便带来了进一步的详细阐释与再诠释。以这种方式,王弼的洞见为包括宋明理学在内的后代思想奠定了基础。再加上河上公注后来被道教所吸纳这一事实,很容易看出这两种注释如何成为"哲学道家"与"宗教道家"之核心的代表。

河上公注成为道教的一部分之后,它的政治理想便不再与之相关了。王弼的思想被进一步发展之后,其注释与《老子》之间的交互便逐渐被淡忘了。事实上,只有当这些思想从他们的原始语境中被提取出来时,它们才能够形成某种哲学体系的元素。但是,随后的发展不能被回溯性地解读为注释本身。换言之,以"哲学道家"与"宗教道家"之争将两种注释对立起来,这其实是一种时代错位。

这些术语只有在道教完全建立时才有意义,而不能用于王弼与河上公,也不能用于《老子》本身。众所周知,在司马谈(卒于前110年)与刘向等史学家把各种思潮井井有条地组织为不同的"学派"时,"道家"学派的概念才在汉代首次被提出。在当时,"道家"本质上与黄老传统相等同。在《汉书》中,我们

仍然能看到"道家"被界定为"君人南面之术",也就是说,它是基于"无为"学说的统治术。① 在六朝时期,随着对老子新诠释

---

①《汉书》,30:1732。在我的讨论中引入这三种相关研究,似乎为时过晚。我在此提一下它们:何肯(Charles Holcombe),"The Exemplar State: Ideology, Self-Cultivation, and Power in Fourth-Century China",载于 *Harvard Journal of Asiatic Studies*, 49, 1 (June 1989): 93—139;鲁道夫·瓦格纳(Rudolf G. Wagner),"The Wang Bi Recension of the *Laozi*",载于 *Early China*, 14 (1989): 27—54;以及高道蕴(Karen Turner),"The Theory of Law in the *Ching-fa*",载于 *Early China*, 14 (1989): 55—76。何肯详细分析了六朝时期儒家在政治与思想中起到的特定作用。他写道:"总的来说,儒家阶层在这一时期仍是士人教育的基础,也是做注时最津津乐道的主题。因此,六朝哲学家没有背弃儒家思想,而是更深地推进了他们对儒家真理的理解。"(第120页)这的确可以用于王弼之上,尽管在我的论证中设想的是更高的"道-家"真理,它融汇了儒道两家。高道蕴的文章在其讨论《经法》中法的本性与来源方面殊为重要。我没有意识到,王弼用来区分圣人与普通人的"神明",在早期文献中被特别理解为"理解如何以道统治的本质因素"(第70页,注⑤)。这将更有力地论证,王弼被政治兴趣所驱动,因为这显示出他的圣人概念植根于久远的传统,其旨在建立理想的乌托邦。但是就对《经法》的分析而言,我们可以提出一个建议。圣人作为统治者的老师,这一角色在黄老学派中殊为重要,不可忽视。当《经法》讲到"执道者之观于天下也……无私也",它似乎指的更像是圣人而非"君主的行为"。这一段接着写道,只有"执道者"能够实现天道,这是区分君臣的根本差别。正如《经法》进一步论证,正因这种特殊的知识与力量,"指导者"因此能"立天子,置三公"。瓦格纳的研究认为,当代附有王弼注的《老子》文本并不是王弼实际所见所注的"原初"文本。总的来说,这并不影响当前研究达到的结论。瓦格纳相信王弼编排的《老子》文本分成诸多不加标题的章,但没有分成《道经》和《德经》。但是,

的出现,这一界定已不再能公允地评价道家的诸多方面了。在随后对道家身份的追寻中,人们可能会提到两种一般的观点,它们开始相互竞争,以图成为《老子》学说的"真正"继承者。但归根结底,在河上公注、《想尔注》与王弼注烙下印记之后,道家传统才充分获得了其双重身份,从而导致了两种道家形式的发展。由是观之,早期老子注对于我们理解道家历史的确至关重要。

毫无疑问,这只是一个建议,只是另一研究的一项可能议程。在这部著作中,我希望已经展示了精神与伦理的统一,它刻画了王弼注与河上公注的特征,由此反驳了将其视为不同"道家"学派的划分。对这两位注者而言,只有一个统一的传统,即由圣人所传之道的传统。归根结底,在他们的注释中的道之见解,是基于对传统的再诠释。

他谨慎地补充道"这并不是说它没有被分成两篇"(第49页)。尽管我仍然不完全确信王弼的《老子》文本原初就被分成数章,我的发现也认为,它可能被分为两个未加标题的部分。我以前提到过,在瓦格纳非常谨慎的讨论中有一些小困难:在安丘先生的形象上有着一些混淆(第35—36页),被认作"王丘生"),以及"薛综"被认成"谢综",严遵的《老子》著作中遗失的是前六"卷"而非"章"。最后,遗憾的是近来我才注意到顾德曼(Howard Goodman)的著作"Exegetes and Exegeses of the Book of Changes in the Third Century A. D.: Historical and Scholastic Contexts for Wang Pi"(Ph. D. Dissertation, Princeton University, 1985),以及应该提到 Itano Chōhachi 的研究,"Ka An Ō Hitsu no shisō",载于 *Tōhō gakuhō*,14(1943):43—111。

参考文献

中国与日本文献

秋月觀暎.黃老觀念の系譜[J].東方學,1955(10):69-81.

青木正兒.清談[M].Tokyo:Iwanami shoten,1934.

张心澄.伪书通考[M].上海:商务印书馆,1939.

张立斋.文心雕龙注订[M].台北:正中书局,1979.

张素贞.韩非解老喻老研究[M].台北:长歌出版社,1976.

赵翼.廿二史札记[M].杜维运,注.台北:鼎文书局,1975.

陈奇犹.韩非子集释[M].上海:上海人民出版社,1974.

陈鼓应.老子今注今译[M].台北:商务印书馆,1981.

陈鼓应.庄子今注今译[M].台北:商务印书馆,1984.

陈国符.道藏源流考[M].增订版.北京:中华书局,1963.

陈世骧."想尔"老子《道德经》敦煌残卷论证[J].清华学报,1957,1(2):41-62.

陈寅恪.陶渊明之思想与清谈之关系[M]//陈寅恪先生文集:卷二.台北:三人行出版社,1974:309-333.

陈寅恪.书世说新语文学类钟会组撰四本论始毕条后[M]//陈寅恪先生文集:卷二.台北:三人行出版社,1974:309-333.

郑成海.老子河上公注校理[M].台北:中华书局,1971.

郑成海.老子河上公注疏证[M].台北:华正书局,1978.

程宜山.王弼哲学思想辨微[J].哲学研究,1984(5):54-60.

辑成玄英道德经开题序诀义疏[G]//严灵峰.无求备斋老子集成初编.台北:艺文印书馆,1965.

蒋锡昌.老子校诂[M].上海:商务印书馆,1937.

江侠庵.先秦经籍考[M].上海:商务印书馆,1933.

焦竑.老子翼[G]//图书集成初编.上海:商务印书馆,1940.

钱穆.中国思想史中之鬼神观[J].新亚学报,1955,1(1):1-43.

钱穆.王弼郭象注易老庄用理字条考[J].新亚学报,1955,1(1):135-156.

钱穆.史记地名考[M].香港:龙门书店,1968.

钱穆.庄老通辨[M].台北:三民书局,1973.

钱穆.中国学术思想史论丛:卷三[M].台北:东大图书,1977.

钱大昕.廿二史考异[G]//图书集成初编:15册.上海:商务印书馆,1937.

金春峰.也谈老子河上公章句之时代及其与抱朴子之关系[J].中国哲学,1983(9):137-168.

金春峰.汉代思想史[M].北京:中国社会科学出版社,1987.

房玄龄.晋书:十卷[M].北京:中华书局,1982.

卿希泰.中国道教思想史纲:卷一[M].成都:四川人民出版社,1980.

刘昫.旧唐书:十六卷[M].北京:中华书局,1975.

周继旨.魏晋文论的兴起与玄学中天人新义的形成[J].哲学研究,1984(5):45-53.

郑玄.周易郑注[G]//图书集成初编.上海:商务印书馆,1936.

孙星衍.周易集解[G]//图书集成初编.上海:商务印书馆,1936.

周绍贤.魏晋清谈述论[M].台北:商务印书馆,1966.

周绍贤.道家与神仙[M].第二版.台北:中华书局,1974.

朱谦之.老子校释[M].北京:中华书局,1980.

朱晓海.才性四本论测义[J].东方文化(香港),1980(18):207-224.

朱得之.老子通义[G]//严灵峰.无求备斋图书集成初编.台北:艺文印书馆,1965.

朱天顺.中国古代宗教初探[M].上海:人民出版社,1982.

钟肇鹏.黄老帛书的哲学思想[J].文物,1978(2):63-68.

法琳.辩正论[G]//Taishō Tripitaka:五十二卷.2110号,1960.

范寿康.魏晋之清谈[M].上海:商务印书馆,1936.

付勤家.中国道教史[M].上海:商务印书馆,1937.

藤原高男.顾欢老子注考[C]//内野博士还历纪念东洋学术论集.Tokyo:Kangibunka kenkyūkai,1964:163-164.

福井康顺.葛氏道の研究[M]//东洋思想研究,Tokyo:Iwanami shoten,1954:43-86.

福井康顺.老子道德經序訣の形成[J].日本中國學會報,1959(11):27-37.

蜂屋邦夫.孫盛の歷史評と老子批判[J].東洋文化研究所紀要(Tokyo University),1980(81):19-177.

韩非子.韩非子[M].四部备要本.台北:中华书局,1882.

韩国磐.魏晋南北朝史纲[M].北京:人民出版社,1982.

班固.汉书:12卷[M].北京:中华书局,1983.

波多野太郎.老子道德經研究[M].Tokyo:Kokusho kankōkai,1979.

贺昌群.魏晋清谈思想初论[M].上海:商务印书馆,1947.

何启民.魏晋思想与谈风[M].台北:商务印书馆,1967.

河上公.河上公注老子道德经[G]//严灵峰.无求备斋图书集成初编.台北:艺文印书馆,1965.

河上公.宋刊河上公注老子道德经[G]//严灵峰.无求备斋图书集成初编.台北:艺文印书馆,1965.

河上公.敦煌写本老子河上公注[G]//严灵峰.无求备斋图书集成初编.台北:艺文印书馆,1965.

范晔.后汉书:十二卷[M].北京:中华书局,1965.

嵇康.圣贤高士传[M]//马国翰.玉函山房辑佚书.1889.

谢扶雅.现在老子道德经注数目考略[J].岭南学报,1930,1(3):59-99.

谢守灏.混元圣纪[M]//道藏551-553.道藏子目引得.哈佛燕京学社引得编纂系列,25号.769.

欧阳修,宋祁,等.新唐书:二十卷[M].北京:中华书局,1975.

徐复观.中国人性史论:先秦篇[M].台北:商务印书馆,1984.

徐复观.两汉思想史:二卷[M].香港:香港中文大学出版社,1975.

玄嶷.甄正论[G]//Taishō Tripitaka:五十二卷.2112号.1960.

刘安.淮南子[M].四部备要本.台北:中华书局,1974.

皇甫谧.高士传[G]//图书集成初编.上海:商务印书馆,1937.

饶宗颐.吴建衡二年索紞写本道德经残卷考证[J].东方文化(香港),1955,2(1):1-71.

饶宗颐.老子想尔注校笺[M].香港:东南出版社,1965.

饶宗颐.老子想尔注续论[C]//福井博士颂寿纪念东洋文化论集.东京:早稻田大学出版社,1969:1151-1171.

容肇祖.魏晋的自然主义[M].上海:商务印书馆,1935.

金谷治.秦漢思想史研究[M].修订版.Kyoto:Heigakuji shoten,1981.

高亨.周易大传今注[M].山东:齐鲁书社,1979.

高亨,池曦朝.试谈马王堆汉墓中的帛书老子[J].文物,1974(11):1-7.

木村英一.黃老から老莊及び道教へ:兩漢時代における老子の學[G]//京都大學人文科學研究所創立廿五周年紀念論文集.Kyoto:Kyoto University,1954:85-144.

葛洪.神仙传[M]//汉魏丛书,1794.

小林正美.河上真人章句の思想と成立[J].Tōhō shūkyō,1985(65):20-43.

顾颉刚.秦汉的方士与儒生[M].香港:一心书局,1976.

顾颉刚.古史辨:七卷[M].香港:太平书局,1962-1963.

谷方.河上公老子章句考证[J].中国哲学(北京),1982(7):41-57.

顾欢.道德经注疏[G]//严灵峰.无求备斋图书集成初编.台北:艺文印书馆,1965.

顾实.汉书艺文志讲疏[M].第二版.上海:商务印书馆,1935.

郭沫若.十批判书[M].修订版.北京:人民出版社,1954.

郭伯恭.四库全书纂修考[M].北京:商务印书馆,1937.

楠山春樹.李善所引の薛綜注について:老子河上公注の成立に因む[C]//福井博士頌壽紀念東洋文化論集.Tokyo:Waseda University Press,1969:339-354.

楠山春樹.Review of Hatano Tarō, Rōshi dōtokukyō kenkyū[J].東方宗教,1979(54):89-98.

楠山春樹.老子传说の研究[M].Tokyo: Sōbunsha, 1979.

刘殿爵.马王堆汉墓帛书老子初探:第一、二部分[J].明报月刊,1982,17(8):35-40.

李春.老子王弼注校订补正[D].硕士学位论文.台北:台湾师范大学,1979.

刘向.列仙传[M].古今遗书版.上海:商务印书馆,1937.

刘国钧.老子王弼注校记[J].图书馆学季刊(北京),1934,8(1):91-116.

刘国钧.老子神化考略.金陵学报,1934,4(2):61-87.

刘大杰.魏晋思想论[M].上海:中华书局,1939.

柳存仁.道藏本三圣注道德经之得失[J].崇基学报,1969,9(1):1-9.

柳存仁.论道藏本顾欢注老子之性质.联合书院学报(香港),8(1970-1971):15-28.

柳存仁.道藏本三圣注道德经会笺:第1-3部分[J].中国文化研究所学报,1971,4(2):287-343,1972,5(1):9-75,1973,6(1):1-43.

楼宇烈.王弼集校释:两卷[M].北京:中华书局,1980.

陆希声.道德真经传[G]//严灵峰.无求备斋图书集成初编.台北:艺文印书馆,1965.

吕凯.魏晋玄学析评[M].台北:世界书局,1980.

吕思勉.隋唐五代史:两卷[M].上海:中华书局,1961.

吕思勉.秦汉史:两卷[M].香港:太平书局,1962.

陆德明.经典释文:第一卷[G]//严灵峰.图书集成初编:第一卷,第十六卷.上海:商务印书馆,1936.

何晏,皇侃.论语集解义疏[G]//图书集成初编:四卷.上海:商务印书馆,1937.

何晏,邢昺.论语注疏解经[M].台北:中国子学名著集成,1977.

龙晦.马王堆出土老子乙本前古佚书探原[J].考古学报,1975(2):23-32.

马叙伦.老子校诂[M].修订版.北京:古籍出版社,1956.

国家文物局古文献研究室.马王堆汉墓帛书:第一卷[M].北京:文物出版社,1980.

马王堆汉墓帛书整理小组.马王堆汉墓帛书:经法[M].北京:文物出版社,1976.

牟润孙.论魏晋以来之崇尚谈辩及其影响[M].香港:香港中文大学出版社,1966.

牟宗三.才性与玄理[M].第三版.台北:学生书局,1974.

内藤幹治.老子河上公注の校本について[J].集刊東洋學,1968(19):70-81.

内藤幹治.河上公注老子の養生說について[G]//吉岡博士還曆紀念道教研究論集.Tokyo:Kokusho kankokai,1977:319-339.

野間和則.王弼について:老子註をあぐつて[J].Tōhō shūkyō,1982(59):66-83.

大淵忍爾.老子道德經序訣の成立:第1-2部分[J].東洋學報,1959,42(1):1-40,1959,42(2):52-85.

大淵忍爾.五斗米道の教法について:老子想爾註を中心として:第1-2部分[J].Tōyō gakuhō,1966,49(3):40-68,1967,49(4):97-129.

大淵忍爾.敦煌道經:第一卷[M].目錄篇.道德經類:187-250.

彭耜.道德真经集注杂说[M]//道藏403,道藏子目引得.哈佛燕京学社引得编纂系列,25号.709.

齊木哲郎.黃老思想の再檢討[J].東方宗教,Tokyo,1967:103-108.

齊木哲郎.馬王堆帛書よら見た道家思想の一側面[J].東方學,1985(69):44-58.

酒井忠夫.Review of Kusuyama. Haruki's Rōshi densetsu no kenkyū[J].Tōhō shūkyō,1980(55):107-115.

陈寿.三国志[M].北京:中华书局,1982.

澤田多喜男.老子王弼註考察一斑[J].東洋文化,1982(62):1-28.

司史迁.史记[M].四部备要版.台北:中华书局,1970.

释道世.法苑珠林[M].四部丛刊版.台北:商務印書館,1965.

島邦男.老子校正[M].Tokyo:Kyūkoshoin,1973.

島邦男.老子河上公本の成立[C]//宇野哲人先生白壽祝賀紀念東洋學論叢.Tokyo,1974:529-549.

島邦男.馬王堆老子から見た河上公本[J].Shūkan tōyōgaku,1976(36):1-26.

島邦男.五行思想と禮記月令の研究[M].Tokyo:Kyūkoshoin,1971.

纪昀.四库全书总目提要:第28卷[M].道家类(道藏版).万有文库本.上海:商务印书馆,1935.

魏征,等.隋书[M].北京:中华书局,1973.

孙克宽.唐以前老子的神话[J].大陆杂志,1974(Benjamin I. Schwartz)(1):1-12.

脱脱,等.宋史:二十卷[M].北京:中华书局,1977.

武内義雄.老子原始[M].Tokyo: Shimizu Kōbundō,1967.

武内義雄.老子之研究[M].Tokyo: Kaizosha, 1927.

武内義雄.武内義雄全集:卷五[M].Tokyo:Kadokawa shoten, 1978.

唐长孺.魏晋南北朝史论丛[M].北京:三联书店,1978.

唐长孺.魏晋南北朝史拾遗[M].北京:中华书局,1983.

唐君毅.论中国哲学思想史中理之六义[J].新亚学报,1955,1(1):45-98.

唐兰.黄帝四经初探[J].文物.1974(10):48-52.

唐文播.河上公老子章句作者考[J].东方杂志,1943,39(9):44-50.

汤用彤,魏晋玄学论稿[M].北京:人民出版社,1957.

汤用彤,任继愈.魏晋玄学中的社会政治思想略论[M].上海:上海人民出版社,1956.

曹操集[M].北京:中华书局,1962.

杜光庭.道德真经广圣义[M]//道藏440-448.道藏子目引得.哈佛燕京学社引得编纂系列,25号725.

杜道坚.玄经原旨发挥[M]//道藏391.道藏子目引得.哈佛燕京学社引得编纂系列,25号703.

杜维明.从意到言[M]//中华文史论丛:第一辑.上海:古籍出版社,1981:255-261.

杜维明.魏晋玄学中的体验思想:试论王弼圣人体无一观念的哲学意义[J].明报月刊,1983,18(9):21-26.

董思靖.太上老子道德经集解[M].十万卷楼版,1877.

宇佐美潜水,王注老子道德真經[G]//无求备斋图书集成初编.台北.艺文印书馆,1965.

王志铭.老子微指例略王弼注总辑[M].台北:东升出版事业,1980.

王充.论衡[M].香港:广智书局.

王仲荦.魏晋南北朝史[M].两卷本.上海:人民出版社,1981.

王重民.老子考[M].北京:中华图书馆协会,1927.

王符.潜夫论[M].四部丛刊版.台北:商务印书馆,1965.

王恢.水经注汉侯国集释[M].台北:文化大学出版社,1981.

王明.太平经合校[M].北京:中华书局,1979.

王明.抱朴子内篇校释[M].北京:中华书局,1980.

王明.道家和道教思想研究[M].重庆:中国社会科学出版社,1984.

王弼.周易略例[M].邢璹,注.第一辑.上海:商务印书馆,1922.

王弼.老子微指例略[G]//严灵峰.无求备斋老子集成初编.台北:艺文印书馆,1965.

王弼.道德真经注[M]//道藏373.道藏子目引得.哈佛燕京学社引得编纂系列,25号690.无求备斋图书集成初编.台北:艺文印书馆,1965.

王弼.老子[M].四部备要本.台北:中华书局,1981.

王叔泯.黄老考[J].东方文化(香港),1975,13(2):146-153.

杨伯峻.列子集释[M].香港:太平书局,1965.

杨勇.世说新语校笺[M].香港:大众书局,1969.

严灵峰.中外老子著述目录[M].台北:中华丛书委员会,1957.

严灵峰.无求备斋学术论集[M].台北:中华书局,1969.

严灵峰.老庄研究[M].第二版.台北:中华书局,1979.

严遵.道德指归论[M]//严灵峰.无求备斋图书集成初编.台北:艺文印书馆,1965.

吉岡義豐.老子河上公本と道教[C]∥酒井忠夫.道教の總合研究. Tokyo: Kokusho kankōkai, 1977:291-332.

余英时.汉晋之际士之新自觉与新思潮[J].新亚学报,1959,4(1): 25-144.

余英时.中国知识阶层史论:古代篇[M].台北:联经出版社,1980.

余英时.中国古代死后世界观的演变[J].明报月刊,1983,18(9): 12-20.

西方文献

Ames, R T. The Art of Rulership: A Study in Ancient Chinese Political Thought[M]. Honolulu: University of Hawaii Press, 1983.

Andersen P. The Method of Holding the Three Ones: A Taoist Manual of Meditation of the Fourth Century A. D[M]. London: Curzon Press, 1980.

Balazs E. Chinese Civilization and Bureaucracy: Variations on a Theme [M]. New Haven and London: Yale University Press, 1964.

Bauer W. China and the Search for Happiness: Recurring Themes in Four Thousand Years of Chinese Cultural History[M]. Michael Shaw,Trans. New York: Seabury Press, 1976.

Bodde D. On Translating Chinese Philosophic Terms[J]. Far Eastern Quarterly, 1955,14(2): 231-244.

Boltz W G,Review of A Translation of Lao-tzu's Tao-te Ching and Wang Pi's Commentary by Paul J. Lin [J]. Journal of the American Oriental Society, 1980,100(1): 84-86.

Boltz W G. The Religious and Philosophical Significance of the "Hsiang Erh" Lao-tzu in the Light of the Ma-wang-tui Silk Manuscripts [J]. Bulletin of the School of Oriental and African Studies, 1982,45(1): 95-117.

Boltz W G. Textual Criticism and the Ma Wang Tui Lao-tzu [J]. Harvard Journal of Asiatic Studies,1984,44(1): 185 - 224.

Boltz W G. The Lao-tzu Text that Wang Pi and Ho-shang Kung Never Saw [J]. Bulletin of the School of Oriental and African Studies, 1985(48): 493 - 501.

Boodberg P A. Philological Notes on Chapter One of the Lao Tzu [J]. Harvard Journal of Asiatic Studies, 1957(20): 598 - 618.

Chan A K. L. Philosophical Hermeneutics and the Analects: The Paradigm of Tradition [J]. Philosophy East and West, 1984(34): 421 - 436.

Chan A K. L. The Formation of the Ho-shang Kung Legend[M]//Ching J. Sages and Filial Sons: Studies on Early China. Hong Kong: Chinese University Press.

Chan W. Review of A Translation of Lao-tzu's Tao-te Ching and Wang Pi's Commentary by Paul J. Lin [J]. Philosophy East and West, 29, 3 (1979): 357 - 360.

Chan W. A Source Book in Chinese Philosophy[M]. Princeton: Princeton University Press, 1973.

Chan W. The Way of Lao Tzu[M]. Indianapolis: Bobbs-Merrill, 1981.

Chang C. The Metaphysics of Wang Pi[D]. University of Pennsylvania, 1979.

Ch'en C. A Confucian Magnate's Idea of Political Violence: Hsün Shuang's (128 - 190 A. D.) Interpretation of the Book of Changes [J]. T'oung Pao, 1968(54): 73 - 115.

Ch'en C. Hsün Yüeh (A. D. 148 - 209): The Life and Reflections of an Early Medieval Confucian [M]. Cambridge: Cambridge University Press, 1975.

Ch'en C. Hsün Yüeh and the Mind of Late Han China[M]. Princeton: Princeton University Press, 1980.

Ch'en K K. S. Buddhism in China: A Historical Survey[M]. Princeton: Princeton University Press, 1973.

Ch'en K. Lao Tzu: Text, Notes, and Comments[M]. Trans. Rhett Y. W. Young and R. T. Ames. San Francisco: Chinese Materials Center, 1981.

Ching J. The Mirror Symbol Revisited: Confucian and Taoist Mysticism [M]// Steven T. K. Mysticism and Religious Traditions. Oxford: Oxford University Press, 1983: 226 - 246.

Creel H G. What is Taoism? And Other Studies in Chinese Cultural History[M]. Chicago and London: University of Chicago Press, 1977.

Creel H G. Shen Pu-hai: A Chinese Political Philosopher of the Fourth Century B. C[M]. Chicago and London: University of Chicago Press, 1974.

de Crespigny R. Portents of Protest in the Later Han Dynasty: The Memorials of Hsiang K'ai to Emperor Huan[M]. Canberra: Australian National University, 1976.

De Woskin K J. Doctors, Diviners, and Magicians of Ancient China: Biographies of Fang-shih[M]. New York: Columbia University Press, 1983.

Erkes E. Ho-shang Kung's Commentary on Lao-tse[J]. Artibus Asiae, 1945,8(2 -4):119,121 - 196.

Forke A. Lun-heng. Part 1. Philosophical Essays of Wang Ch'ung[M]. 2th ed. New York: Paragon Book Gallery, 1962.

Fung Yulan. A History of Chinese Philosophy: 2 vols[M]. Princeton: Princeton University Press, 1983.

Girardot N J. Myth and Meaning in Early Taoism[M]. Berkeley: University of California Press, 1983.

Graham A. C. Being' in Western Philosophy Compared With Shih/Fei and Yu/Wu in Chinese Philosophy [J]. Asia Major, 1959,7(12): 79 - 112.

Graham A. C. How Much of Chuang Tzu Did Chuang Tzu Write? [J]. Chico: American Academy of Religion, 1980:459 - 501.

Graham A. C. Chuang-tzu: The Seven Inner Chapters and Other Writings from the Book Chuang-tzu [M]. London: George Allen and Unwin, 1981.

Hansen C. Language and Logic in Ancient China[M]. Ann Arbor: University of Michigan Press, 1983.

Henderson J B. The Development and Decline of Chinese Cosmology [M]. New York: Columbia University Press, 1984.

Henricks R G. Examining the Ma-wang-tui Silk Texts of the Lao-tzu: With Special Note of their Differences from the Wang Pi Text [J]. In T'oung Pao, 1979,65(45): 166 - 199.

Henricks R G. The Philosophy of Lao-tzu Based on the Ma-wang-tui Texts: Some Preliminary Observations [J]. Society for the Study of Chinese Religions Bulletin (now renamed Journal of Chinese Religions), 1981(9): 59 - 78.

Henricks R G. Hsi K'ang and Argumentation in the Wei [J]. Journal of Chinese Philosophy, 1981(8): 169 - 223.

Henricks R G. On the Chapter Divisions in the Lao-tzu [J]. Bulletin of the School of Oriental and African Studies, 1982,45(3): 501 - 524.

Henricks R G. Philosophy and Argumentation in Third-Century China: The Essays of Hsi K'ang[M]. Princeton: Princeton University Press, 1983.

Hsu, Cho-yun. The Concept of Pre-Determination and Fate in the Han [J]. Early China, 1975(1): 51 - 56.

Hu, Shih. The Concept of Immortality in Chinese Thought [J]. Harvard Divinity School Bulletin, 1946,43(3): 23 - 42.

Hung W. A Bibliographical Controversy at the T'ang Court A. D. 719

[J]. Harvard Journal of Asiatic Studies, 1957(20): 741 -734.

Jan, Yünhua. The Silk Manuscripts on Taoism [J]. T'oung Pao, 1977, 43(1): 65 -84.

Jan, Yünhua. Tao, Principle, and Law: The Three Key Concepts in the Yellow Emperor Taoism [J]. Journal of Chinese Philosophy, 1980,7(3): 205 -228.

Jan, Yünhua. Tao Yüan or Tao: The Origin [J]. Journal of Chinese Philosophy,1980,7(3): 195 -204.

Kierman F A, Jr. Ssuma Ch'ien's Historiographical Attitude as Reflected in Four Late Warring States Biographies[M]. Wiesbaden: Otto Harrassowitz, 1962.

Kohn L,Yoshinobu Sakade. Taoist Meditation and Longevity Techniques [M]. Ann Arbor: University of Michigan, 1989.

Lau D C. Chinese Classics. Tao Te Ching[M]. Hong Kong: Chinese University Press, 1982.

Lau D C. Lao Tzu Tao Te Ching[M]. Harmondsworth: Penguin Books, 1980.

Lau D C. Confucius. The Analects [M]. Harmondsworth: Penguin Books, 1979.

Le Blanc C. Huainan Tzu: Philosophical Synthesis in Early Han Thought [M]. Hong Kong: Hong Kong University Press, 1985.

Legge J. The Sacred Books of the East. vol. 16. The Texts of Confucianism. Part 2. The Yi King[M]. Delhi: Motilal Banarsidass, 1968.

Legge J. The Chinese Classics. vol. 1. Confucius. Confucian Analects, the Great Learning and the Doctrine of the Mean[M]. 2th revised ed. New York: Dover, 1971.

Levy H S. Yellow Turban Religion and Rebellion at the End of Han

[J]. Journal of the American Oriental Society, 1956,76(4): 214 -227.

Lin P J. A Translation of Lao-tzu's Tao-te Ching and Wang Pi's Commentary[M]. Michigan Papers in Chinese Studies, 30. Ann Arbor: Center. for Chinese Studies, University of Michigan, 1977.

Liu J J. Y. Chinese Theories of Literature[M]. Chicago and London: University of Chicago Press, 1975.

Loewe M. Manuscripts Found Recently in China: A Preliminary Survey [J]. T'oung Pao,1977,63(23): 99 -136.

Loewe M. Ways to Paradise: The Chinese Quest for Immortality[M]. London: George Allen and Unwin, 1979.

Loewe M. Chinese Ideas of Life and Death: Faith, Myth, and Reason in the Han Period (202 B. C. -220 A. D.)[M]. London: George Allen and Unwin, 1982.

Maspero H. Taoism and Chinese Religion[M]. Amherst: University of Massachusetts Press, 1981.

Mather R B. The Controversy over Conformity and Naturalness during the Six Dynasties [J]. History of Religions, 1969 -1970,9(23): 160 -180.

Mather R B. Shih-shuo Hsin-yü: A New Account of Tales of the World, by Liu I-ch'ing[M]. Minneapolis: University of Minnesota Press, 1976.

Moore C A. The Chinese Mind: Essentials of Chinese Philosophy and Culture[M]. Honolulu: University of Hawaii Press, 1977.

Needham J. Science and Civilisation in China. vol. 2. History of Scientific Thought[M]. Cambridge: Cambridge University Pres,1972.

Needham J. Science and Civilisation in China. vol. 5, part 2. Chemistry and Chemical Technology. Spagyrical Discovery and Invention: Magisteries of Gold and Immortality [M]. Cambridge: Cambridge University Press, 1975.

Ngo V X. Divination, magie, et politique dans la Chine ancienne[M]. Bibliothèque de l'École des Hautes Études, section des sdences religieuses, vol. 73. Paris: Presses Universitaires de France, 1976.

Pelliot P. Autour d'une Traduction Sanscrite du Tao To King [J]. T'oung Pao, 1912(13): 351-430.

Robinet I. Les Commentaires du Tao To King jusqu'au VIIe siècle: Mémoires de l'Institut des Hautes Études Chinoises, vol. 5[M]. Paris: Presses Universitaires de France, 1977.

Robinet I. Méditation taoiste[M]. Paris: Dervy Livres, 1979.

Robinet I. Metamorphosis and Deliverance from the Corpse in Taoism [J]. History of Religions, 1979,19(1):37-70.

Rubin V A. The Concepts of wu-hsing and yin-yang [J]. Journal of Chinese Philosophy, 1982,9(2): 131-157.

Rump A, Chan W. Commentary on the Lao-tzu by Wang Pi[M]. Monographs of the Society for Asian and Comparative Philosophy, no. 6. Honolulu: University Press of Hawaii, 1979.

Schipper K. The Taoist Body [J]. History of Religions, 1978,17(34): 355-386.

Schipper K. Le corps taoiste[M]. Paris: Fayard, 1982.

Schwartz B I. The World of Thought in Ancient China[M]. Cambridge: Harvard University Press, 1985.

Seidel A K. La Divinisation de Lao Tseu dans le Taoisme des Han[M]. Publications de l'École Française d'Extrême-Orient, vol. 71. Paris: École Française d'Extrême-Orient, 1969.

Seidel A K. The Image of the Perfect Ruler in Early Taoist Messianism: Laot-zu and Li Hung [J]. History of Religions, 1969-1970,9(23): 216-247.

Seidel A K. Tokens of Immortality in Han Graves [J]. with an Appendix by Marc Kalinowski. Numen, 1982,29(1): 79 - 122.

Seidel A K. Imperial Treasures and Taoist Sacraments: Taoist Roots in the Apocrypha[M]//Strickmann M. Tantric and Taoist Studies in Honour of R. A. Stein. :vol. 2. Brussels: Institut Beige des Hautes Études Chinoises, 1983:291 - 371.

Shih V Y. C. The Literary Mind and the Carving of Dragons by Liu Hsieh: A Study of Thought and Pattern in Chinese Literature[M]. Records of Civilization: Sources and Studies, no. 58. New York: Columbia University Press, 1959.

Shryock J K. The Study of Human Abilities: The Jen Wu Chih of Liu Shao[M]. American Oriental Series:vol. 11. New York: American Oriental Society, 1966.

Sivin N. On the Word "Taoist" as a Source of Perplexity. With Special Reference to the Relations of Science and Religion in Traditional China [J]. History of Religions, 1978,17(34): 303 - 330.

Solomon B S. "One is No Number" in China and the West [J]. Harvard Journal of Asiatic Studies, 1954(17): 253 - 260.

Stein Rolf A. Remarques sur les Mouvements du Taoisme politicoreligieux au IIe siècle AP J. C [J]. T'oung Pao, 1963,50(13): 178.

Strickmann M. History, Anthropology, and Chinese Religion [J]. Harvard Journal of Asiatic Studies, June 1980,40(1): 201 - 248.

T'ang, Yung-t'ung. Wang Pi's New Interpretation of the I Ching and the Lun-yü [J]. Harvard Journal of Asiatic Studies, 1947,10(2): 124 - 161.

Tu, Wei-ming. The "Thought of Huang-Lao": A Reflection on the Lao Tzu and Huang Ti Texts in the Silk Manuscripts of Ma-wang-tui [J]. Journal of Asian Studies, 1979,39(1): 95 - 110.

Twitchett D, Loewe M. The Cambridge History of China. vol. 1. The Ch'in and Han Empires, 221 B. C. – A. D. 220[M]. Cambridge: Cambridge University Press, 1986.

Vandermeersch L. La Formation du Légisme [M]. Paris: École Française d'Extrême-Orient, 1965.

Wagner R G. Wang Pi: 'The Structure of the Laozi's Pointers' (Laozi weizhi lilüe) [J]. T'oung Pao, 1986(72): 92 – 129.

Waley A. The Way and Its Power: A Study of the Tao Te Ching and Its Place in Chinese Thought[M]. New York: Grove Press, 1980.

Wang H, Leo S. Chang. The Philosophical Foundations of Han Fei's Political Theory[M]. Honolulu: University of Hawaii Press, 1986.

Ware J R. The Wei Shu and the Sui Shu on Taoism [J]. Journal of the American Oriental Society, 1933, 53(3): 215 – 250.

Ware J R. Alchemy, Medicine, and Religion in the China of A. D. 320: The Nei P'ien of Ko Hung[M]. New York: Dover, 1981.

Watson B. Records of the Grand Historian of China Translated from the Shih Chi of Ssuma Ch'ien. 2 vols[M]. New York and London: Columbia University Press, 1961.

Watson B. The Complete Works of Chuang Tzu[M]. New York and London: Columbia University Press, 1968.

Welch H. Taoism: The Parting of the Way[M]. Revised edition. Boston: Beacon Press, 1965.

Welch H, Seidel A. Facets of Taoism: Essays in Chinese Religion[M]. New Haven and London: Yale University Press, 1979.

Wilhelm H. Eight Lectures on the I Ching[M]. Baynes C E. Trans. Bollingen Series, 62. Princeton: Princeton University Press, 1973.

Wilhelm R, Baynes C F. The I Ching or Book of Changes [M].

Bollingen Series, 19. Princeton: Princeton University Press, 1979.

Wright A E. Review of A. A. Petrov, Wang Pi: His Place in the History of Chinese Philosophy [J]. Harvard Journal of Asiatic Studies, 1947(10): 75 -88.

Yu D C. Presentday Taoist Studies [J]. Religious Studies Review, 1977,3(4): 220 -239.

Yü, Ying-shih. Life and Immortality in the Mind of Han China [J]. Harvard Journal of Asiatic Studies, 1964 -1965(25): 80 -122.

Yü, Ying-shih. New Evidence on the Early Chinese Conception of Afterlife—A Review Article [J]. Journal of Asian Studies, November 1981, 41 (1): 81 -85.

Yü, Ying-shih. Individualism and the Neo-Taoist Movement in Wei-Chin China[M]// Munro D J. Individualism and Holism: Studies in Confucian and Taoist Values. Ann Arbor: Center for Chinese Studies, University of Michigan, 1985:121 -155.

Yü, Ying-shih. "O Soul, Come Back!" A Study in the Changing Conceptions of the Soul and Afterlife in Pre-Buddhist China [J]. Harvard Journal of Asiatic Studies, 1987(47): 363 -395.

Zürcher E. Buddhist Influence on Early Taoism: A Survey of Scriptural Evidence[J]. T'oung Pao, 1980, 66(13): 84 -147.

索引[①]

a

Analects《论语》ix,x,13,28,37,83,88,120,134,177,179,190

Anti-Confucian escapism 反儒家避世者:与清谈 26;与王弼 21,21,28,35,45,82

Appointment of officials 任命官员:王弼 20,24,73;河上公 134

Aristocracy 门阀士族 20,亦见于任命官员:王弼

b

Bauer,Wolfgang 鲍吾刚 1

Benevolence 仁 62,76,85,121

Boltz,William 鲍则岳 112

Boodberg,Peter 卜弼德 46

Buddhism:and the Ho-Shang Kung legend 佛教:与河上公传说 92,94—95,102

[①] 页码为原书页码,即本书页边码。

C

Chan, Wing-tsit 陈荣捷 42,52,63,177

Chang Chih-hsiang 张之象 39

Chang Heng(Taoist Patriarch) 张衡(道教教主) 113

Chang Heng(Poet) 张衡(诗人) 108

Chang Lu 张鲁 109,113

Ch'ao Kung-wu 晁公武 89

Ch'ao Yüeh-chih 晁说之 39,40,41,43

Ch'en Chen-sun 陈振孙 41

Cheng ch'eng-hai 郑成海 3

Cheng Hsüan 郑玄 31,83,120

Ch'eng Hsüan-ying 成玄英 113,117

Cheng-shih（年代）正始 19—21,27,72

Ch'i(life-breath) 气 55—56; 河上公 123,124,125—27,131,139,140,142,161,164,165; 其意义 125

Ch'i(vessels, instruments) 器 69—71,79,86,160,168—169

Chiao Hung 焦竑 10,38

Ch'ien Mu 钱穆 52

Ch'ien Ta-hsi 钱大昕 42

Ch'ien Tseng 钱曾 39

Chi-hsia academy 稷下学官 96

Ching Fang 京房 30

Ch'iu Yüeh 仇岳 109,117,118

Ch'iu-tzu 丘子 106

Chou Yung 周颙 28

Chou, duke of 周公 120

Chou-i lüeh-li 周易略例 32,34,64,82

Chu Te-chih 朱得之 43

Chuang-tzu《庄子》2,30,35,38,43,62,179；王弼引用 33,36,55；关于修身方法 144,145,147；玄学 22,27

Chü-chen（《老子》版本）39,41 聚珍 39,41

Ch'ui-hsiang 垂象 129,176—177

Chung Hui 钟会 9,15,27,35

Ch'ung-hsüan（《老子》注家学派）重玄 9,10

Classics 经：汉代解经 26,34,189；经典的本性 ix,x,188；《老子》之为经 1,188

Commentary 注释：其重要性 1；其本性 1—2,6,161,190,亦见于河上公、王弼之下

Confucianism 儒家 120；其衰退 26；汉代 23,107；王弼 16,28—29,88,亦见于王弼以下

Confucius 孔子 16,22,32,81,134,177,190；王弼的见解 8,28—29,35,83,87

Constancy (*ch'ang*) 常：河上公用于道与自然 124,131,163；王弼 48,53—54,57,59,64,78,163

Cosmological theory 宇宙论：儒家中的 23,26,31；在河上公注中 122—132,173—174,176,189；在王弼注中 173—176,亦见于五行；阴阳

Creel, H. G. 顾立雅 97

d

Desires 欲：河上公 134,139,141—142,145—147,150,153,170—171,184；王弼 72—75,79—80,170—171,183—184,186—187,亦见于无

私;无欲

　　Disputation 辩 16—17,23

e

　　Emptiness (*hsü*) 虚:作为王弼思想的特质 6,8—11,68,189;在河上公注中 122—123,142;与理想的统治者和圣人,王弼 70;等同于无 65,67;与无为 72,74

　　Erkes,Eduard 何可思 3,110,111

　　Ethics 伦理学:与政治 80,119,133,151;与神性 1,177—178,179,188,191

f

　　Fan Ning 范宁 8,10,22,28,87

　　Fang-shih (diviners and magicians) 方士 105—106,145

　　Five Emperors 五帝 120,121,122,167

　　Five grains 五谷 132,149;不食 144—145

　　Five spirits 五神 131—132,135,139,141

　　Fu Hsi 伏羲 120

　　Fu I 傅奕 115,117

　　Fung Yu-lan 冯友兰 63

g

　　Gadamer,Hans-Georg 伽达默尔 12

　　Graham,Angus C 葛瑞汉 46

Great Learning《大学》80

Great ultimate（t'ai-chi）太极 30—31

h

Han Ch'eng-ti, Emperor 汉成帝 94,105,157

Han Ching-ti, Emperor 汉景帝 91

Han Fei-tzu 韩非子:与王弼对堪 69—70,75—76;与黄老学派 96—98;与老子 2,43,137,187,189

Han Wen-ti, Emperor 汉文帝 3,6,91,93,94,103,104,106,137,157

Hatano Tarō 波多野太郎 42,55,174

Heaven 天:河上公 110,122—126,131,139—140,144,150,160,173;天帝 175,176;天命 29;王弼论天与道 47—48,60—62,173,175;天德 77

Heidegger, Martin 海德格尔 13,63

Henricks, Robert 韩禄伯 23

Hermeneutics 诠释学 x,xi,1,5,12—13,32,亦见予河上公之下

Ho Shao 何劭 15,17,21,35

Ho Yen 何晏:论孔子与老子 28;何晏之死 20;其与王弼的友情 16—19;作为《老子》注者 9;与玄学 21—22,23;论成圣与情 35—36,84

Ho-shang Chang-jen 河上丈人:作为《老子》注的作者 114—118;作为河上公 93—94;与黄老传统 94—96,105

Ho-shang Kung 河上公:论吐纳与医术 89,108,140,143—147;河上公注 x,12,38,43;注释的年代 3,107—118;注释的版本 90;与王弼对堪 5—12,62,90,137,159—191;其神性 106,7;论治道 11,132,133—139,147—158,164,169,171—172;其诠释学 xi,12,124,178—188,189;论历史与传统 119—122,134,167,191;论理想圣人 134,135,151—158,

164—166；论理想国家 167—171；论不朽与长生 3,5,11,89—90,104—107,108,127,132,141,143—147,148,152,157,162—163；其对中国传统的重要性 3,44；其传说 6,90—95,106—107,114,118,134,137,157；在当代学术中 3；论修身 5,7,11,132,133,135,137,138—147,164,174；论精神性事物 131—132,139—141,160；论神性之身 139—142,178；与道教 3,5,11,89—90；道家见解 119,158,159,167,177—178,188,190,191；论德性 128,131,138—139,154；亦见于气；常；宇宙论；欲；虚；黄老；一；统治者；守一；自然；无；无为

Hou Chi 后稷 120

Hsia-hou Hsüan 夏侯玄 21

Hsiang-erh《想尔》2,109,115,191；与河上公注的关系 109—114

Hsieh Shou-hao 谢守灏 38,117

Hsien-men Tzu-kao 羡门子高 106

Hsing-ming (form and names) 形名：在河上公注中 150；作为黄老学派的关键学说 96—103,105

Hsi-tz'u (Appended Remarks) 系辞：论大衍之数 30—31；关于其中词句与意义的争论 32—33

Hsiung K'o 熊克 39—41,43

Hsü Shen 许慎 49

Hsüan 玄 6,25

Hsüan-hsüeh (profound learning) 玄学：其意义 6,25；与王弼 4,7,16,29,35

Hsüan-lun (profound discourse) 玄论 22,24；界定 25

Hsüan-tsung, Emperor, 唐玄宗 9,43

Hsüeh Tsung 薛综 108,114,115

Hsün Ts'an 荀粲 34

Huai-nan tzu《淮南子》2,110,126,187,189

Huang-fu Mi 皇甫谧 114,116

Huang-lao (Yellow Emperor and Lao-tzu) school 黄老学派：与方士传统 1056,145；与河上丈人传统 94；与河上公 3,108,115,116,133,137,179—180,185,189；起源 96；其中圣人 1037；与道家 191；其学说 95—103；与王弼 174,179,亦见于统治者

Huang-ti ssu-ching《黄帝四经》96,98—99

Hun (soul) 魂 131,132,140,142,143,186

Hung I-hsüan 洪颐煊 39

i

I-ching《易经》ix,13,16,27,29—34,35,40,53,64,81,120,175,176,179,189

Individualism 个体主义 18,27

Inward vision 内视 145—147

j

Jan Yün-hua 冉云华 98,99

Jao Tsung-i 饶宗颐 109—114

Jen Chi-yü 任继愈 18

Juan Hsiao-hsü 阮孝绪 116,117

k

Kaltenmark, Maxime 康德谟 145

Kanaya Osamu 金谷治 96

Kao Yu 高诱 110,187

Kimura Eiichi 木村英一 107

Ko Hsüan 葛玄 90,92,113,114,118

Ko Hung 葛洪 92—93

Ko Kung 葛公 103,104,105

Kobayashi Masayoshi 小林正美 109

K'ou Ch'ien-chih 寇谦之 117,118

Ku Huan 顾欢 7,9,111

Kuo Mo-jo 郭沫若 96

Kusuyama Haruki 楠山春树 94—95,102,109,114—115

l

Lao-tzu chang-chü《老子章句》6,114,116—118

Lao-tzu Tao-te Ching hsü-chüeh《老子道德经序诀》92—93,94,118

Lao-tzu《老子》:作为经典 ix,x,1,188;对其注重注释 23;与儒家学说 35,84—85,120;与黄老思想 96—97,99;其马王堆手稿 42—44,98;其开放性 85,135,179;与玄学 21—22,27;其结构 41—44;其索统写本 113—114;其解释的类型学 6—11,189

Lao-tzu 老子 3,9,22,28,83,88,91—92

Legalism 法家:与韩非子 2;与黄老传统 96—97,99,102,137;王弼对其的批判 68—70,75;在魏代 22,24

Lei (fetter) 累 36,81

Li (principle) 理 44,47,63,67,81,102;因果之理 52,54—55;其界定 57;统一之理 52,54—57;王弼论理 52—57,162,178,185;与无,见无之下

Li Mu 力牧 99,100

Lieh-tzu《列子》126

Lin, Paul J. 林振述 15, 47, 66

Liu Chih-chi 刘知几 6, 8, 10, 11, 89

Liu Hsiang 刘向 43, 97, 116—117, 191

Liu Hsin 刘歆 116

Lu Chia 陆贾 134

Lu Hsi-sheng 陆希声 8, 10, 87

Lu Hsiu-ching 陆修静 118

Lu Te-ming 陆德明:《老子》文本的分节 39, 41, 42, 43; 论河上公与王弼 6, 8, 10, 11, 118, 119, 188; 论安丘先生与河上丈人 115, 117

m

Ma Hsü-lun 马叙伦 109

Ma Jung 马融 30

Master An-ch'iu 安丘先生 94, 105, 115—118, 157

Master An-ch'i 安期生 103, 105

Ma-wang-tui 马王堆 42, 43, 95, 96, 98—103, 105—106, 144

Ming-chia 名家 22, 24

Ming-li(names and prindples) 明理 21—24, 73; 其界定 23; 与形名 97

Ming-shih(famous men of letters) 名士 21, 23, 27

Mou Tsung-san 牟宗三 18

Mystidsm 神秘主义 87

n

Naitō Motoharu 内藤干治 108, 109

Nan-tzu 南子 29

Nao Yai 姚鼐 89

Naturalism 自然主义 87

Neo-Confucianism 新儒家 44,52,54,65,66,190

Neo-Taoism 新道家 4,16,21,28,35,45

Noma Kazunori 野间和则 19

Nü-kua 女娲 120

Number of the Great Expansion 大衍之数 29—32

o

Ōfuchi Ninji 大渊忍尔 92,93,109,113

One 一:河上公见 127—132,139,149,150,173,176;王弼见 30—31,48,55,63,64,71,亦见于守一;无

Ontological Discussion 本体论:区别于"存在者层面" 63;在王弼注中 47,63,68,100

Ou-yang Chien 欧阳建 34

p

Pan Ku 班固 26,117

P'ei Hui 裴徽 19,28,29

P'ei Sung-chih 裴松之 15

P'eng Ssu 彭耜 38

Petrov, A. A. 彼得罗夫 18,19

Philosophy 哲学 5,11,159,166—167,178,188,190

P'o (soul) 魄 131,132,140,143,175,176,186

Polar star 北极星 131,144,176,177

Polemics 论战 82;在河上公注中 119—122,179,亦见于宗派

Profit (*li*) 利 66,68,79,180

Profound learning 玄学

Pure conversation 清谈 18,25—28

Pure criticism 清议 25—26,27

q

Quietude. Tranquility 清 72,74—75,78,138,147

r

Religion 宗教 5,12,159,166—167,178,190

Return 反 74,77—79,180

Reverse hearing 反听 145—147

Reward and punishment 赏罚 69—70,75,76,149—150,164,172

Ricoeur,Paul 保罗·利科 12

Robinet,Isabelle 贺碧来 47,157

Ruler and ministers 统治者 69—70,98,103,106,121,136—137,154

Rump,Ariane 鲁姆堡 66

s

Sage 圣人:其情 34—36,81,82,84;在黄老思想中 103—107;作为老师 104,157,165,亦见于河上公;王弼

San-hsüan(three profound treatises) 三玄 27

Sectarianism 宗派主义,见于王弼 35,36,82—88
Seidel,Anna 石秀娜 107,109,116
Shen Nung 神农 120
Shen Pu-hai 申不害 96,97,102
Shen Tao 慎到 96,97,102
Shen-hsien chuan(Lives of Immortals)《神仙传》92—93,94
Shih-shuo hsin-yü(New Account of Tales of the World)《世说新语》15,16,19,21
Shima Kunio 岛邦男 109,117
Shou-i(Securing the One)守一 138,141,144—145,147,151,152
Shun 舜 83,120,134
Six feelings 六情 140,141
Smith,Jonathan Z. 史密斯 xi
Spirituality 神性 11,35,36,87,132,177—178,179,188,191
Ssu-k'u ch'üan-shu《四库全书》38,39,42
Ssu-ma Chen 司马贞 8,10,11
Ssu-ma Ch'ien 司马迁 96,102
Ssu-ma I 司马懿 17,20
Ssu-ma T'an 司马谈 191
Ssu-ma Yen 司马炎 21
Ssu-pu pei-yao《四部备要》39,41
Ssu-pu ts'ung-k'an《四部丛刊》90
Su Tan 索统 113
Sun Sheng 孙盛 30
Sun Yu-yüeh 孙游岳 118

t

T'ai-p'ing(理想的最和平之治)太平 36,82—83,122,152,178

T'ai-p'ing Ching（Scripture of Great Peace）《太平经》145

Takeuchi Yoshio 武内义雄 38,43,92,109

Talent and nature 才性 24,73

T'ang Lan 唐兰 99,105

T'ang Yung-t'ung 汤用彤 18,36

T'ao Hung-ching 陶弘景 118

Tao-hsüeh chuan（Lives of Taoist Masters）《道学传》94

Taoism 道家 3,5,44,83,88,91,92,108,113,115,118,190,191

Tao-ist 道士 11

Tao-tsang《道藏》39,43,113

Tao-yin（冥想技术）导引 106,144

Tao 道:其本质 50,129—130,131,139,173;其不可形容 51,57;其无形无名 34,48,50,51,53,100,122—124,173;其运动 59—60,77,81;其超越性 57,59,68,亦见于天;河上公;王弼;无

Three Sovereigns 三皇 120,121,122,167

T'ien Shu 田叔 95

T'ien-shih tao（Celestial Master Taoism）天师道 109,113,116

Tōjō Ichitō 东条一堂 43

Tou, Empress Dowager 窦太后 95,106

Tracy, David 特雷西 ix

Translation 翻译 4—5

Transliterations 音译 4

Ts'ai Tse 蔡泽 174,179

Ts'ang Chieh 仓颉 120

Ts'ao Fang 曹芳 19

Ts'ao P'ei 曹丕 20

Ts'ao Shuang 曹爽 17,19,20,80

Ts'ao Ts'an 曹参 95,104

Ts'ao Ts'ao 曹操 20,24

Tu Kuang-t'ing 杜光庭 8—10,11,68,188,189

Tu Tao-chien 杜道坚 4,9,189

Tu Wei-ming 杜维明 32

Tung Chung-shu 董仲舒 23

Tung Ssu-ching 董思靖 38

Tzu-jan (spontaneity and natural-ness) 自然：河上公 138,173；王弼 18,61—63,67,77,78,81,86,164,165—166,173,174,184

u

Uncarved block (p'u) 朴 67,71

Usami Shinsui 宇佐美濡水 40

v

Vandermeersch, Léon 汪德迈 97

Virtue 德：天地之德 77；人,62,84—85；道之德 51,52,65,66,128,亦见于河上公；王弼

w

Wang Chien 王俭 116,117

Wang Chi 王济 29—30

Wang Ch'ung 王充 29

Wang Fu 王符 23

Wang Hsi-chih 王羲之 108,114

Wang Li 王黎 19

Wang Pi 王弼:其注释 x,12,88;注释版本 39—40;注释结构 40—44;注释流传 37—41;与河上公对堪 5—12,137,159—191;论治道 60,68—80,82—83,172—173;论历史与传统 82—83,88,167,191;其诠释学 xi,1,9,12,33—34,178—188,189;论理想圣人 34—36,53—54,68,70—73,80,81,82,84—88,164—166;论理想国家 167—171;论语言 48—49,57—61,63,64,180;其生平 15—19;当代学术研究 34;与新儒家 44,52,54,65—66,190;与新道家 4,16,21—22,28,35,45;对儒家的再解释 28—32,189;论本 62,64,67,77—80,83;论修身 80—82;论体用 65—68;道家见解 80—88,159,167,177—178,188,190,191;论德 65,66,77,78,180;作为作家 66;其作品 37,亦见于气;常;宇宙论;欲;虚;黄老;一;宗派;自然;无;无为;因;应

Wang Su 王肃 38

Warfare and military strategy 兵与战事 9,24,148—149,168—169,172

Wen (ornaments, expression) 文 85,180

Wen-hsin tiao-lung《文心雕龙》22

Words and meaning 言意:言意之辨 34;河上公的态度 12,13,182—189;汉代解释中的指称模式 26,31,35;与王弼 12,13,32—34,64,87,182—189

Wu (non-being) 无:体无 28,73,83—84;与河上公 123—124,161—162,173,183;同于一 30,32,55—56;玄学的关键学说 21—22,27;与理 57—61,63,64,67,82;作为本体论上的无 46,47,49,50;对其翻译 4—5,46,57,123;与王弼 47—52,160—162,163,173,178,189

Wu Kuang 务光 106

Wu-hsing (five phases or elements) 五行 26,31,131,174

Wu-ssu (without thought of self; impartiality) 无私 72—73,81,101,

162,164

Wu-wei(nonaction)无为:河上公 138,142,147—148,151,164,177;在黄老思想中 95,100,101,191;王弼 9,18,71—77,80,81,84,87,162,164,177

Wu-yü(without desires)无欲 47,72—73,79—81,162

y

Yao 尧 83,120

Yellow Emperor 黄帝 3,96,99,100,104,107

Yellow Turban Rebellion 黄巾之乱 20

Yen Ling-feng 严灵峰 114

Yen Tsun 严遵 2,9,43

Yin(follow)因,concept of 76,77—78,164,174

Ying (response)应 35—36,68,80—84,149,172—173

Yin-yang 阴阳 26,31,123,125—126,130,131,174,175

Yoshioka Yoshitoyo 吉冈义丰 109,113

Yü Ying-shih 余英时 27,107,109,131

Yüan Hung 袁弘 21

Yüeh Chü-kung 乐巨公 94,96,106

Yü 禹 120,134

译后记

在中译本序言中,作者陈金樑教授表示,本书是其"对《道德经》解释史的第一次认真尝试"。对于译者本人而言,这份译稿则是我第一次斗胆尝试完整翻译学术著作。由此而来的临深履薄,使得我自己全方位、沉浸式的学习,占据了这趟翻译之旅中极大的比重。如果说"临深"是面对文本时感受到的思想之深刻、文献之深厚与传统之深远;那么"履薄"则是在落实过程中唯恐有所曲解、疏漏或臆测。但正因如此,在回望时我才如梦初醒般惊觉自己的幸运——得以亦步亦趋追随着本书,经由诠释脉络进入经典世界,进而管窥其中的风光与生命力,实在是与有荣焉!

然而,不论译者多么暗自窃喜,其能力的粗疏与学识的短浅是不争的事实。整个翻译自始至终,都无法离开恩师刘梁剑教授的付出。承蒙刘老师的信任,我才能够获得这次学习的机会。译成初稿后,刘老师在百忙之中通篇逐句校改了译文。译者坦言,时时刻刻保持临深履薄是困难的,在工作中更多的是"偃鼠饮河"之感。但是每次点开刘老师校改后的修订文档,此前的苟且自满总会顿时淹没于红色的海洋中,转而化为无地自容的惭愧。然而,刘老师在斧正错讹、疏通冗絮与朗润辞章之时,纵使是给每句都打上了红标,仍然尽最大努力保留了初稿的"个性"。刘老师指教学生的风格,向来是因材施教而不拘一格,但这之所以可能,我想或许是因为他比我更相信我自己,甚至比我更理解我自己。但是学问和翻译都有其自身的客观尺度。无论是译者主观的轻浮或客观的疏浅致使译作有误,全由本人自负文责。

译者在翻译初稿时,适逢新冠疫情最为猖獗之际。长时间的自我隔离,使我恰好有了专心工作的契机。在翻译中读到"不出户,知天下;不窥牖,见天道",玄想两位先哲在修身与沉思间的遥相唱和,实不失为应景生趣。但在紧张时局中,全社会共克时艰的团结与勇气,无不让这"道之见解"增生"道不远人"的意蕴。转眼已近两年,病毒不断地变异为我们提出新的挑战,但人与天、人与道、人与人自身的伦理精神生活也因此而更为丰厚——这何尝不是经典本身在责求我们"别开生面"?

在翻译过程中,译者有幸得到许多师友的关照。需要感谢蔡林波教授,他的"道教思想史"课程让我初次对"道之世界"有了切身的感受,在我翻译碰到道教相关专业问题时,也多次受到了蔡老师的指点;陈志伟教授通读校阅了全稿,并提出了许多切中肯綮的问题,使译者受益良多;友人黄家光、沈今语、郑鹤杨、祁博贤、王欢、蔡添阳、万思哲与张馨月阅读了部分章节并指出许多错谬,以及在翻译过程中提供了许多文献帮助,在此深表谢意;需要特别感谢的是在南洋理工大学攻读博士学位的胡建萍学姐,她协助刘梁剑老师校改译稿,邀请原作者陈金樑教授为中译本作序,并翻译了这篇序言,在翻译碰到困难时,译者多次请教胡老师并受惠于她。感谢国学大师、CTEXT等电子文献数据库,使得笔者在隔离的非常时期仍然可以查阅相当庞大繁难的文献。另外,译者还要感谢西北大学出版社的任洁老师对翻译工作的无私帮助,感谢向霁编辑不厌其烦的校对指正与辛苦付出。译者愚鲁,错误之处在所难免,望读者多为海涵,不吝赐教!

杨超逸

2021 年 12 月于上海